신학은 본다부터 실천적 학문이다. 삶의 다양한 문제를 놓고 고뇌할 때, 예수님의 십자가를 통해서 하늘로부터 받은 계시가 곧 신학이다. 따라서 신학자는 목회하는 심정으로 신학을 공부하고, 목회자는 신학적 기초를 가지고서 교회와 삶이라는 현장으로 나가야 한다. 개인적 차원을 넘어서 공동체를 위한 목회자가 된다는 것은 바로 공공신학자의 자리에 든다는 것을 의미한다. 목회자가 공적 신학자가 되어야 함을 역설한 이 책을 한국 교회의 목회자 모두가 일독하기를 권한다.

김지철 소망교회 담임목사

공적 세계에서 목회자는 고난받는 종이 불렀던 노래의 바로 그 '학자'(사 50:4)이다. 학자는 곧 제자이다. 그는 배우는 자로서 가르치고, 가르치기 위해 부지런히 배운다. 곤핍한 사람들에게 성경으로 그들의 삶을 해석해주고 소망을 일깨운다. 이 책은 그 길을 구체적으로 살아내는 지혜를 보여주고 용기를 북돋는다. 목회자라면 이 책을 지나칠 수 없을 것이다. 당신 또한 학자 같은 목사로 부름 받았으므로.

김기현 로고스교회 담임목사, 로고스서원 대표

세상과 소통하기를 완전히 포기한 채, 지극히 협소한 개인적 차원의 실존적 구원만이 복음의 전부인 양 선포되는 설교는 신학과 목회의 분리, 교회와 사회의 분리에서 비롯된다고 할 수 있다. 그에 반해 본서는 목회자를 '보편적 언어에 기반한 공적 신학자'라고 규정하는데, 이 표현 하나하나를 따져보고 궁리해볼 만하다. '교역자는 이래야 한다'는 온갖 이야기들이 난무하는 가운데, 본서는 우리 시대 올바른 목회자상에 대한 고민과 논의의 첫걸음이 되기에 충분한 책이다.

김근주 기독연구원 느헤미야 학술부원장

이 책은 시의적절한 책, 나아가 시급한 문제를 다룬 책이다. 이 시대의 주요 신학자 중 한 사람인 케빈 밴후저는 미국 목회자들이 신학을 '제쳐둔' 것에 항의한다. 많은 목회자들이 회중 안에서 신학자의 소명을 버리고 세속 문화에 통제되는 직업을 택함에 따라 '거대한 단절'이 시작되었다. 언제나 그랬던 것은 아니다. 밴후저와 스트래헌은 우리로 하여금 교회가 우리에게 하라고 명령한 일을 되찾게 해주는 통찰과 판단력을 능숙하게 제시한다.

유진 피터슨 리젠트 칼리지, 메릴랜드 주 벨 에어 그리스도 우리 왕 장로교회 원로목사

오늘날 설교자는 성서의 진리에 점점 더 거세게 저항하는 사람들에게 그 진리를 제시해야 한다. 그들이 이해할 수 있는 방식으로 말하기 위해서 설교자는 사상사와 이 시대의 기본적인 문화적 서사를 어느 정도 이해해야 한다. 뿐만 아니라 이 나라 도시에서 목회하는 설교자들은 문화적 배경이 다른 사람들을 향해 동시에 말해야 한다. 나는 현대의 목회자들에게 내가 40년 전에 목회를 시작할 때보다 더 강력한 신학 교육과 훈련이 필요하다는 결론에 이르렀다. 이 책은 교회 안에서 더 높은 차원의 신학적 리더십을 발휘하라는, 현직 목회자와 설교자를 향한 중요하고도 강력한 호소다.

팀 켈러 뉴욕 시 리디머 장로교회

충분한 신학적 갱신으로도 개선할 수 없는 목회 사역이라면 큰 문제가 없다고 말할 수 있다. 이 책은 목회자의 사역을 그의 신학적 헌신에 의해 정당화되고 활력을 얻으며 거룩해지는 일로 이해할 것을 강력히 촉구한다. 활기차며 성령이 충만한 책이다.

윌리엄 윌리먼 듀크 대학교 신학대학원, 연합감리교회 은퇴 감독

여러 해 동안 나는 학생들에게 그들이 너무 똑똑해서 학계에 있을 수 없으며, 그들의 능력을 확장시켜 교회에서 더 어려운 지적 활동을 해야 한다고 말해왔다. 그때 나는 내 생각이 독창적이라고 여겼다. 밴후저와 스트래헌은 근대 사회가 분리시키려고 노력해온 두 가지, 즉 활력 있는 교회와 박식한 목회자가 본래부터, 그리고 종말론적으로 하나임을 보여준다. 갑자기 이 일이 그 어느 때보다 더 어렵고 복된 일처럼 보인다.

제이슨 바이어시 듀크 대학교 신학대학원, 노스캐롤라이나 주 분Boone 연합감리교회 담임목사

목회자란 무엇인가

The Pastor as Public Theologian
by Kevin J. Vanhoozer and Owen Strachan

Copyright © 2015 by Kevin J. Vanhoozer and Owen Strachan
Originally published in the U.S.A. under the title
The Pastor as Public Theologian
by Baker Academic, A division of Baker Publishing Group
P.O. Box 6287, Grand Rapids, MI 49516, U.S.A.
All rights reserved.

Used and translated by the permission of Baker Publishing Group
through rMaeng2, Seoul, Republic of Korea.

This Korean edition copyright © 2016 by Poiema, an imprint of Gimm-Young
Publishers, Inc., Seoul, Republic of Korea.

목회자란 무엇인가
The Pastor as Public Theologian

케빈 밴후저 · 오언 스트래헌
박세혁 옮김

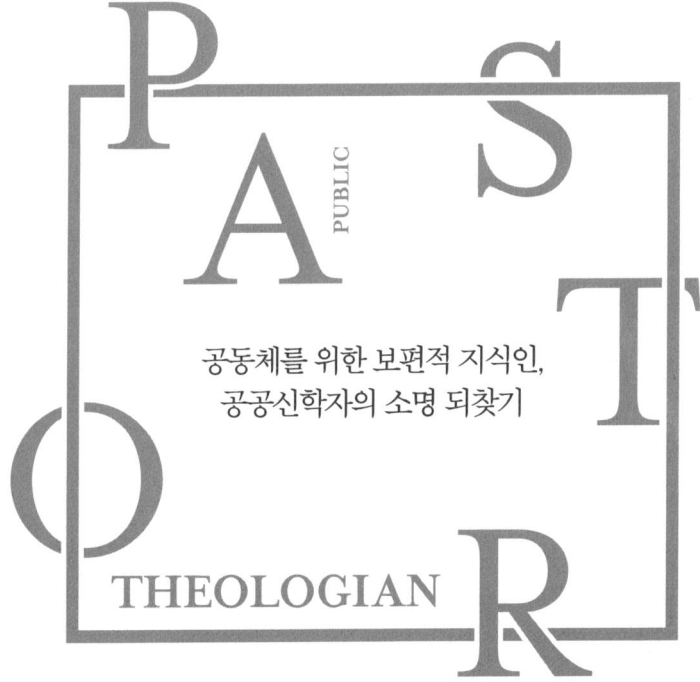

공동체를 위한 보편적 지식인,
공공신학자의 소명 되찾기

포이에마

목회자란 무엇인가

케빈 밴후저, 오언 스트래헌 지음 | 박세혁 옮김

1판 1쇄 발행 2016. 8. 10. | **1판 6쇄 발행** 2024. 9. 20. | **발행처** 포이에마 | **발행인** 박강휘 | **편집** 강영특 | **디자인** 안희정 | **등록번호** 제 300-2006-190호 | **등록일자** 2006. 10. 16. | 서울특별시 종로구 북촌로 63-3 우편번호 03052 | 마케팅부 02)3668-3260, 편집부 02)730-8648, 팩스 02)745-4827

이 한국어판의 저작권은 알맹2 에이전시를 통하여 Baker Publishing Group과 독점 계약한 포이에마에 있습니다. 신 저작권법에 의하여 한국 내에서 보호받는 저작물이므로 무단전재와 무단복제를 금합니다.

값은 뒤표지에 있습니다. ISBN 979-11-5809-055-5 03230 | 메일 masterpiece@poiema.co.kr | 좋은 독자가 좋은 책을 만듭니다. | 포이에마는 독자 여러분의 의견에 항상 귀를 기울이고 있습니다.

차례

서문 | 오언 스트래헌 · 케빈 밴후저 10

서론
목회자, 신학자, 공적 인물

케빈 밴후저

14

문제: 잃어버린 전망 18
학계: 신학의 권력과 지배자? | 교회: 목회자를 사로잡고 있는 그림 | 사회: 공적 담론의 어려움

제안: 독특한 공적 인물로서의 목회자-신학자 38
신학자: 하나님이 그리스도 안에서 행하시는 일을 말함 | 공공: 공동체 안에서, 공동체를 위해 사람들과 대화함 | 목회자: 사람들을 그리스도 안에서 든든히 서게 하는 유기적 지식인으로서의 공공신학자

전망: '그리스도 안에' 있는 바의 사역 55

목회적 관점   목회자-신학자가 되기 위한 실천 여섯 단계
  제럴드 히스탠드 59
  목회자로서 신학하는 일곱 가지 방법 조시 무디 64

1부 성서신학과 역사신학

Chapter 1
예언자, 제사장, 왕:

목회직에 관한 간략한 성서신학

오언 스트래헌

70

구약의 옛 언약 사역 72
제사장: 성별된 백성을 위해 성별됨 | 예언자: 객관적 계시의 선포자 | 왕: 신적 지혜의 화신

예수의 새 언약 사역에 참여함: 신약 90
제사장으로서의 목회자: 은혜를 전함 | 왕으로서의 목회자: 지혜를 전함 | 예언자로서의 목회자: 진리를 전함

결론: 신학적 직분으로서의 목회직 108

목회적 관점   공공신학자로서의 목회자 멜빈 팅커 110
  인간의 기원: 목회자-신학자를 위한 시험 사례
  토드 윌슨 115
  기술에 관한 실천신학 짐 샘라 119

Chapter 2
학자와 성인:
목회직의 간략한 역사

오언 스트래헌

125

초대교회 **128**
이레네우스와 신앙의 규칙 | 초대교회 교회 조직의 발전 | 크리소스토무스와 아우구스티누스, 교사로서의 목회자 | 직분으로서의 목회직

중세 시대: 스콜라주의와 수도원 운동 **137**

종교개혁기의 각성: 개신교 목회자들 **138**

신학적 목자: 청교도와 진리의 실용성 **143**

'하나님 일'을 하는 사람: 에드워즈주의자들과 목회 영역 **147**

현대의 전환: 대중주의와 전문성, 길들여진 목회직 **154**

희미한 희망의 빛: 해럴드 오켕가와 신복음주의의 대담함 **162**

결론: 어떤 목회직을 향하여? **164**

목회적 관점 구원하는 믿음에 관한 신학은 우리 교회에 어떤 영향을 미쳤는가 웨슬리 패스터 **166**
진리를 위한 공간 케빈 드영 **171**

2부 조직신학과 실천신학

Chapter 3
복음의 기분:
목회자-신학자의 목적

케빈 밴후저

178

신학의 다양한 기분: 죽음과 부활 사이에서 **181**

현실의 목회: 직설법의 신학 **187**

이해의 목회: 하나님 말씀의 사역 **194**
하나님 말씀 읽기: 성서 해독력 | 세상 읽기: 문화 해독력 | 소설 읽기: 인간 해독력

(새) 생명의 목회: 명령법의 신학 **208**
"지혜를 얻으라" | "사랑을 더하라" | "그리스도를 본받으라"

신학의 목적: 신학교는 무엇을 위해 존재하는가? **216**

목회적 관점 죽음에 관해 데이비드 깁슨 **222**
진리와 선, 아름다움으로서 복음의 교리를 설교하라 빌 카인스 **227**
설교를 위한 독서 코닐리어스 플랜팅가 **231**

Chapter 4
하나님의 집의 장인들:

목회자-신학자의 활동

케빈 밴후저

236

목회적 대위임: '제자 삼으라', '하나님의 집을 세우라' 240
"이 반석 위에": 어떤 반석? 누구의 기초? | 제자들을 자라게 함: 하나님의 밭 | 성전을 세움: 하나님의 건물 | 에스라-느헤미야: 재건과 개혁 | 에베소서: 살아 있는 성전인 교회

전도자: 그리스도 안에 있는 바를 선포함 258
상담: 목회자의 말씀 사역 | 심방: 몸으로 행하는 말씀 사역 | 설교: 선포하는 말씀 사역

교리문답 교사: 그리스도 안에 있는 바를 가르침 274

예전 집례자: 그리스도 안에 있는 바를 기림 279
모임: 무엇이/어느 곳이/언제가 예배인가? | 기도: 정말로 현실적으로 살아가기 | 성찬: 주의 만찬

변증가: 그리스도 안에 있는 바를 논증함 295

목회적 관점 설교의 드라마 가이 데이비스 **300**
강단 변증가로서의 목회자-신학자 제이슨 후드 **305**

결론
공공신학자로서의 목회자에 관한 55개 논제

케빈 밴후저

310

주 **320**

기고자 소개 **349**

찾아보기 **352**

서문

이 책을 내겠다는 생각은 (묘지에서 받은) 충격과 (신학교에서 경험한) 스캔들로부터 시작되었다. 에든버러 대학교에서 가르치고 있던 케빈은 그레이프라이어스 교회[대부분은 그레이프라이어스 보비(충견 보비를 기념하는 조각상—옮긴이)를 보기 위해 온다]를 방문한 두 미국인 관광객이 하는 말을 우연히 듣게 되었다. 이 부부는 묘지를 둘러보던 참이었는데 그중 아내가 불쑥 이렇게 말했다. "여보, 여기 좀 보세요. 두 사람을 한 무덤 안에 묻었대요." 남편은 "왜 그렇게 생각해요?"라고 물었다. 여자는 "그렇게 쓰여 있어요. '여기 한 목회자와 한 신학자가 누워 있다'고 말이에요"라고 대답했다.

이 이야기가 우스운 까닭, 즉 여자가 그렇게 혼동한 원인을 이해한다면 이 이야기가 희극이 아니라 비극임을 깨달을 것이다. 평범한 미국인은 목회자가 신학자라고, 혹은 신학자가 목회자라고 생각하는 데 익숙하지 않다. 하지만 오늘날 우리가 당연히 여기는 이 구분을 교회사 안에서 대부분의 시기 동안 비정상적인 것으로 보았을 것이다. 무슨 일이 일어났는가? 이유는 복잡하며 이 책에서 그 이유 중 일부를 언급하겠지만, 이 책에서는 어떻게 우리가 이런 상태에 이르렀는가를 이해하는 것이 아니라 앞으로 더 나은 방향으로 나아갈 최선의 방법을 제안하는 것에 초점을 맞춘다.

신학교의 스캔들은 케빈이 학교 연구실에 있을 때 일어났다. 한 똑똑한 학생이 찾아와 장래에 관한 조언을 구했다. 조던(가명을 사용했다)은 신학을 더 공부할 것인지(그의 경우에는 박사 과정 지원을 뜻했다) 교회에서 일할 것인지를 놓고 고민하고 있었다. 그는 자신이 박사 과정에 입학할 정도로 성적이 좋은지 확신하지 못했다(숨은 질문은 "내가 충분히 똑똑한가?"였다). "제발 내가 목회자가 될 만큼만 똑똑하다고는 말하지 마세요"라고 그는 부탁했다. 케빈은 그의 말에는 목회자가 고집스러운 2류 지식인이라는 생각이 담겨 있다는 것을 알아차렸다. 케빈은 의로운 분노를 추스르고 생각을 정리하느라 한참을 보낸 다음 이렇게 대답했다. "유감스럽지만 당신은 문제를 제대로 파악하지 못하고 있습니다. 목회자가 되기 위해서는 지혜와 기쁨이 넘치는 열정이 필요합니다. 박사학위를 받기 위해서는 약간의 지능과 그것을 짜낼 능력만 있으면 됩니다. 안타깝게도 당신은 학자가 될 수 있을 뿐 목회자가 될 자격은 없는 것 같습니다. 목회는 학문보다 훨씬 더 어렵습니다."

이 두 사건은 더 심층적인 문제, 즉 21세기 교회, 특히 북미 복음주의권 교회가 겪고 있는 비전에 관한 문제를 드러낸다. 몇몇 빛나는 예외가 있기는 하지만, 목회자의 성격과 정체성, 역할에 관한 오해가 널리 퍼져 있다.

다른 책에서 케빈은 목회자-신학자가 복음주의권의 기초적인 공적 지식인이 되어야 한다고 말한 바 있다.[1] 그의 박사 과정 학생이었던 오언은 이 주장에 큰 관심을 갖게 되었으며, 결국 케빈에게 이 책을 같이 쓰자고 제안했다. 케빈과 오언은 교회의 신학적 갱신과 신학의 교회적 갱신이라는 쌍둥이 목적을 위해 성서학과 신학을 하는 박사

학위를 지닌 목회자들의 모임인 목회자 신학자 연구소Center for Pastor Theologians(고등교회신학회Society of Advanced Ecclesial Theology의 후신)와 연계해 함께 일한 적이 있다. 우리는 책 제목을 '공적 지식인으로서의 목회자'라고 붙일까 잠시 생각하기도 했다. 하지만 이 제목만으로는 오해를 불러일으킬 수도 있음을 깨달았다. 그럼에도 불구하고 우리가 처음 가지고 있던 생각은 지금 이 책 안에도 녹아 있다. 따라서 독자들에게 우리가 말하는 '공적' 그리고 '지식인'이라는 말이 무슨 뜻인지, 우리가 '신학적'이라는 말로 두 단어를 한정한 까닭에 특별히 주목할 것을 당부한다.

이 책의 기원에 관한 설명은 이 정도면 충분할 것이다. 실제로 이 책을 같이 쓴 과정에 관해 말하자면, 우리는 짧은 난상토론 후에 이 책의 전체적인 구조를 확정할 수 있었다. 오언은 1장과 2장을 썼으며, 케빈은 3장과 4장, 서문, 서론, 결론을 썼다. 그런 다음 우리는 각자의 초고를 읽고 논평했으며, 그 결과를 토대로 수정했다. 우리는 특히 신학적 소명으로서의 목회직이라는 비전을 되찾는 일의 중요성에 대해 증언하는 글을 기고해준 '열두 명'(우리의 제자들이 아니라 복음 사역의 동역자들)에게 특별히 감사드린다. 이 열두 편의 진술서(일상적 목회 경험에서 나온 증언)는 우리가 제시하는 비전이 결코 추상적 이상이 아니라 실제로 현장에서 실천되고 있다는 구체적 증거를 제공한다. 또한 지역 교회에서 우리의 전망을 구체적으로 실현하는 방법에 관해 실질적 조언을 제공하기도 한다. 이 열두 편의 소예언서(길이가 짧다는 뜻에서)는 이 책의 주장이 길거리에서까지는 아니더라도 실제 교회 안에서 통한다는 것을 입증한다.

교수 신학자인 우리 두 사람에게 **목회자**의 성격과 역할에 관한 주장을 할 권리가 있을까? 우리는 자격이 부족함을 잘 알고 있다. 학계에서 신학자로 살 때는 몸과 분리된 지성이 될 위험이 있다. 무덤 이야기를 다시 해보면, 목회자가 아닌 신학자는 죽은 후에 몸(즉, 교회)과 분리된 영혼과 같다. 우리는 자연스럽지 않은 '중간 상태'에 대해 안타깝게 생각하지만, 부활을 믿는 신자로서 몸과 영혼이 다시 결합될 그때를 고대한다.

신학적 지성은 교회라는 몸에 속해 있다. 과장하려는 게 아니다. 학문적 신학을 위한 자리가 있지만, 그것은 **부차적인** 자리일 뿐이다. 첫째 자리(영광스러운 신학의 자리)는 목회자-신학자의 것이다. 그러므로 이 책을 목회자 신학자 연구소의 공동 창립자인 제럴드 히스탠드와 토드 윌슨과 연구소 회원 모두에게 헌정하는 것이 마땅하다. 이 모범적인 목회자-신학자들은 이 책이 되찾고자 하는 비전을 구현하고 있다. 그들이 생육하고 번성하기를!

오언 스트래헌

케빈 밴후저

서론

목회자,
신학자,
공적 인물

케빈 밴후저

"종교가 아예 없을 때가 아니라 더 이상 종교가 사회를 흔들어놓지 못할 때 사회는 세속화된다."[1] 예수의 사회인 교회 역시 세속화될 위험에 처해 있다. 특히 우리가 전혀 예상하지 못했던 곳, 즉 성직자에 대한 교회의 이해에 관해 세속화될 위험에 처해 있다. 이는 교회들이 목회직이 필요 없다고 생각하기 때문이 아니라 더 이상 목회직의 신학적 특성을 특별히 감동적이거나 뚜렷이 이해할 수 있다고 여기지 않기 때문이다. 신학자로서의 목회자, 다시 말해 성서를 해석하여 사람들이 하나님과 세상, 그들 자신을 이해하도록 돕는 사람이라는 관념은 더 이상 대부분의 교인들의 마음을 뜨겁게 하지 못한다(눅 24:32).

너무나도 많은 목회자들이 자신의 소명적 장자권을 경영 기법, 전략 계획, '리더십' 강좌, 심리요법 따위의 팥죽 한 그릇에 팔아버렸다(창 25:29-34; 히 12:16).[2] 회중들은 목회자들이 이런 자격을 갖추기를 기대하며, 목회자가 경영학 석사학위를 갖고 있다면 훨씬 더 좋다고 생각한다. 이런 환경에서 새로 안수받은 목회자들이 신학교에서 목회자로서 '진짜 일'을 하도록 훈련받지 못했다고 불평하는 경우가 너무도 많다는 사실은 전혀 놀랍지 않다. 한편 신학교들은 새로운 기대에 부응하기 위해 앞다퉈 교과과정을 고치고 있으며, 이는 다시 교회 안에서 훨씬 더 심각한 신학의 상실을 야기한다.

상황은 복잡하며 다른 곳에서도 논의되어왔다.³ 기본 요지는 이렇다. 말하자면 신학이 예루살렘으로부터 추방된 상태다. 신학은 유배 중이며, 그 결과 하나님에 대한 앎이 교회 안에서 사라지고 있다. 따라서 약속의 땅, 즉 하나님의 백성의 공동체는 메마른 땅, 더 이상 과거처럼 제자들을 길러내지 못하는 낭비된 기회의 땅이 되고 말았다.

이 책은 신학의 귀환을 재촉하기 위해서 쓰였다. 이 책은 하나님의 백성을 목회자가 하는 일의 주된 매개체로 봄으로써 그 땅(하나님이 거하시는 땅)을 **되찾고자** 한다. 전제가 되는 신념은 신학적 지성을 그것이 본디 속한 곳(그리스도의 몸 안)으로 돌아오게 해야 한다는 것이다. 이 책의 목적은, 세상에서 가장 담대한 직업인 목회직의 신학적 혈통을 되찾고 교회를 일깨워 복음적 목회자로 살아가라는 이 엄청나게 어렵고 흥미진진하며 즐거운 소명을 깨닫게 하는 것이다.⁴ 구체적으로 이 책에서는 세 부류의 사람들을 향한 잃어버린 전망을 되찾고자 한다.

우리는 목회자인 당신(담임목회자만이 아니라!)을 위해 이 책을 쓰고 있다. 범위를 좁혔을 때 당신이 맡은 일이 '청소년 목회'이든, '영성 형성'이든, '회중의 삶'이든, '예배 인도자'이든, 당신이 받은 소명의 신학적 핵심을 회복하는 데는 도움이 필요하기 때문이다. 하나님에 대해 말하거나 사람들을 상대하는 것은 매우 어려운 일이다. 하지만 일차적으로 책임을 맡은 분야가 무엇이든 상관없이 목회자는 흔히(항상?) 두 가지 일을 동시에 해야만 한다. 모든 목회자는 언제나, 모든 사람에게, 다양한 방식으로 그리스도를 선포하고 하나님의 말씀을 전할 책임이 있다. 하나님의 백성에게 하나님의 말씀을 전하는 일이 목회자의 생명이다.

또한 우리는 교회인 당신을 위해 이 책을 쓰고 있다. 당신은 당신을 섬기도록 당신이 임명한 목회자들의 성격과 기능, 자격에 대해 재고할 필요가 있기 때문이다. 특히 당신은 목회자가 공적 신학자(이에 관해서는 아래를 보라)로서 섬기고 성장할 수 있는 조건을 어떻게 만들 수 있을지 더 깊이 생각해볼 필요가 있다. 또한 당신은 하나님의 말씀에 의해 창조되고 하나님의 성령에 의해 유지되는 신학적 공동체로서 당신의 유산을 되찾고, 하나님이 당신의 이야기의 일부가 아니라 당신이 하나님의 이야기의 일부임을 기억할 필요가 있다(목회자-신학자들은 이에 관해 당신을 도울 수 있을 것이다!).

그리고 우리는 신학교인 당신을 위해 이 책을 쓰고 있다. 당신은 목회자를 훈련시키고 교회를 섬기기 위해 존재하기 때문이다. 당신은 더 광범위한 학계 안에 자리 잡고 있지만 거기에 속하지 말아야 한다. 하나님의 말씀은 '세상에 속하지 않기' 때문이다(요 17:16). 특히 당신은 이른바 이론신학과 실천신학 사이의 고약한(그리고 당혹스러운) 간격을 최소화하기 위해 할 수 있는 모든 노력을 다해야 한다. 또한 가장 똑똑한 학생들이 학계가 아니라 교회에서 일하는 것을 고려하도록 격려하기 위해 더 많이 노력해야 한다. 현장에서 예수 그리스도의 지혜를 키우는 일은 학술 논문을 쓰는 것보다 더 큰 지성과 창의성을 요구하기 때문이다.

아무것도 자랄 수 없고 건설할 수도 없는 공간을 가리키는 '메마른 땅'은 가혹하지만 정확한 용어다. 이 '세상'(예수 그리스도에 대한 인격적 앎이나 그분과의 관계가 전혀 없는 사람들)은 정말로 생명을 질식시키는 물질적, 심리적, 사상적 잡초가 우거져 열매를 맺지 못하는 불모지가 되어 버렸다. 정말로 이 땅은 비극적인 황무지다. 이 때문에 우리는 너무나도 가슴이 아프다. 대조적으로 교회는 젖과 꿀이 흐르는 땅, 특히 성령의 열매가 넘치는 땅이 되어야 한다. 목회자-신학자는 사람들을 일구는 농부로서 약속의 땅(예수 그리스도의 복음)을 일구고 가꾸어야 할 책임, 그리스도 안에 있는 새로운 피조물을 길러내기 위해 도시와 교외의 사막에 생명의 물줄기를 끌어다 대야 할 책임을 지고 있다. 하지만 너무 앞서 나갔다. 먼저 나쁜 소식이 있다….

문제: 잃어버린 전망

신학적 전망이 없을 때 목회자는 무너진다. 전망vision이란 우리가 어디에 있는지, 어디로 가고 있는지를 볼 수 있게 해주는 것이다. 때때로 우리가 볼 수 있는 것이 우리를 두렵게 한다. 베드로는 예수께 눈을 고정했을 때 물 위를 걸었지만 바람을 (그리고 아마도 물결을) 본 순간 가라앉기 시작했다(마 14:28-31). 베드로의 경우 육신의 전망이 그리스도에 대한 믿음을 압도해버렸다. 하지만 우리로 하여금 세상을 있는 그대로(하나님이 창조하고 구속하고 사랑하시는 대상으로) 볼 수 있게 해주는 것은 궁극적으로 그리스도에 대한 믿음이다. 이것이 예언자, 즉 자신이 **본 것을 말하는** 하나님의 대변자들의 메시지였다. 즉, 그들은 하나님이 그분의 언약의 종과 언약 백성을 통해 만물을 새롭게 하고 계신다고 말했다. 이것이 그들의 전망이라면 왜 이토록 많은 목회자들이 바닷속으로 가라앉고 있을까?

바다의 폭풍은 문제가 아니다. 목회자들을 가라앉게 (즉, 신학적 책무로부터 뒷걸음치게) 만드는 것은 공적인 정서라는 물결과 공적 여론이라는 바람이며, 이 물결과 바람은 다른 사람들을 그리스도 안에서 성숙해 가도록 이끌라는 그들의 소명을 향한 진보를 방해하는 걸림돌과 유혹으로 작용한다(참고. 엡 4:14). 오해하지 말라. 문화적 풍조에 맞서는 것은 쉬운 일이 아니며, 참된 의미에서 신실한 목회자는 언제나 반문화적 인물일 것이다. 십자가에 달려 죽으신 그리스도를 선포하고 제자들을 향해 자신에 대해 죽음으로써 주를 본받으라고 촉구할 때 목회자가 다른 어떤 인물이 될 수 있겠는가? 주머니와 옷장이 가득 차 있는 사람들에게 자기 비움이라는 요청은 언제나 인기가 없을 것이다.

> **신실한 목회자는 언제나 반문화적 인물일 것이다.**

목회자의 역할을 훨씬 더 어렵게 만드는 것은 세 부류의 사람들, **세 종류의 공중**이 존재하며 각각이 독특한 견해를 갖고 있다는 사실이다. 세 종류의 공중이란 목회자가 하나님과 예수 그리스도에 관해 말할 때 대상으로 삼는 세 가지 사회적 현실, 세 영역을 뜻한다. 바로 (1) 학계와 (2) 교회, (3) 더 광범위한 사회다.[5] 하나님은 보이는 것이든 보이지 않는 것이든, 존재하는 모든 것을 창조하셨기 때문에, 또 자신을 내어주시는 하나님의 사랑이라는 복된 소식은 온 세상을 아우르기 때문에 우주에서 어느 한 뼘도, 인간 실존의 어느 한 영역도 하나님이나 복음과 무관하지 않다. 하지만 우리들 대부분은 하나 이상의 문화적 세계에서 살고 있으며, 우리가 진리나 삶의 의미에 관해 말하는 방식은 우리의 사회적 위치(예를 들어, 교실, 교회, 영화관 등)에 따라 대단히 다양하다. 회중 가운데 대학생이나 교수들이 있다면, 목회자는 때때로 (특히 주일마다) 세 가지 대중을 향해 동시에 말해야 한다. 어떻게 하나님에 관해 십 대 아이와 대학원생, 목수, 직장인 엄마, 시장, 물리학 교수에게 동시에 말할 수 있을까?

데이비드 트레이시의 주장에 따르면, 한 사람이 신학을 하는 방식은 그가 일차적 청중으로 삼은 특정한 공중에 의해 좌우된다. 각 공중은 자신만의 규범과 담론 형식, 특정한 관심사를 갖고 있으며, 이런 요소들이 세 유형의 신학, 즉, 기초신학, 조직신학, 실천신학을 만들어 낸다.[6]

종교가 또 하나의 사적, 개인적 선택으로 축소되는 것을 두고 트레이시가 우려하는 것은 옳다. 하지만 그의 주장처럼 신학을 세 담론 양식으로 분리했을 때 목회자들은 머리를 긁적이거나 아예 모래에 머리를 묻고 말 것이다(현실을 외면한다는 관용적 표현—옮긴이). 분명히 목회자의 일차적 자리는 교회지만, 그렇다고 해서 목회자가 일반 대중과 대학 구성원들에게 말하는 방식으로 진리를 말할 의무가 전혀 없는 것일까? 현실의 사람들을 세 가지 공중으로 나누는 것은 쉽지 않다. 사실 많은 사람들은 이런 사회적 위치 중 둘 이상에서 살아간다. 트레이시는 이를 인식하고 있으며, (교회와 가장 밀접히 연관된) 조직신학의 책무는 동시대 상황과의 비판적 상관관계 속에서 성서를 해석하는 것이라고 주장한다. 이것은 우리가 제안할 목회자-신학자의 역할과 가깝다.

하지만 우리는 동시대적 상황보다는 성서가 중요한 역할을 맡아야 한다고 생각한다. 무엇보다도 세상 안으로 들어온 모든 사람들의 삶의 이야기를 조명하는 것은 바로 성서이기 때문이다.

그럼에도 불구하고 트레이시의 분석은 목회자-신학자의 전망을 되찾는 일의 성격과 범위를 명확히 하는 데 도움이 된다. 목회자-신학자는 세 가지 언어를 구사할 수 있어야 한다. 즉, 세 가지 사회적 위치의 언어를 다 말할 수 있어야 한다. 적어도 방향을 물을 만큼(그리고 방향을 제공할 만큼) 이 언어를 잘 구사할 수 있어야 한다. 이 책에서 우리는 첫째, 목회자가 신학자여야 하고, 둘째, 모든 신학자는 어떤 의미에서는 공적 신학자이며, 셋째, 공적 신학자는 대단히 특수한 종류의 보편적 지식인generalist이라고 주장한다. 그러면 먼저 이 세 가지 공중 속에서 목회자-신학자의 전망이 어떻게 상실되었는지를 추적해보자.

학계: 신학의 권력과 지배자?

정확히 언제 목회자가 신학에 관심을 잃어버렸는지를 말하기는 어렵다. 하지만 신학의 거처가 학계로 옮겨 간 것이 중요한 요인이었음은 분명하다. 교회와 국가의 분리 덕분에 교회는 국가의 통제에서 벗어나 자율적으로 신앙을 실천하고 그 삶의 질서를 세울 수 있게 되었다. 그러나 교회와 학계가 분리되고 신학이 교회에서 학계로 옮겨 간 것은 부정적인 결과를 초래하고 말았다.[7] "한 사람이 두 주인을 섬기지 못할 것이니"(마 6:24). 신학자가 되려는 이들은 교회 공동체의 필요에 봉사하는 동시에 현대 학문의 요구를 충족시킬 수 있는가 하는 심각한 질문을 던져보아야 한다.[8]

신학이 처음으로 교실에서 하는 활동이 된 때는 성당 부속학교들이 최초의 대학들로 발전해가던 중세 시대였다. 그럼에도 불구하고 그 후 몇 세기 동안 신학은 계속해서 교회 안에서 번성했으며, 많은 부분이는 가장 중요한 신학자들이 성직자였다는 사실에서 기인했다.⁹ 가장 결정적인 단절은 19세기 초에 일어났다. 이때 베를린 대학교의 교수로 임명된(그리고 현대 신학의 아버지로 널리 인정받는) 목회자 프리드리히 슐라이어마허는 신학 교과과정을 이제는 익숙해진 네 부문(성서학, 교회사, 조직신학, 실천신학)으로 재편하고 주제가 아니라 소명 훈련의 관점에서 그 통일성을 이해했다. 이 '베를린' 모형은 북미 신학 교육에도 영향력을 미쳤으며, 고전적, 학문적 분과(첫 세 부문)와 전문적, 실천적 분과(네 번째 부문)를 나누는 결과를 초래했다.

학계의 학문이 추상적이며 '이론적'이고, 일상생활의 문제와 분리되어 있고, '실천적' 목회와 관련도 없고 이를 위해 필수적이지도 않다는 생각은 아마도 신학 교육에 대한 가장 큰 편견일 것이다(안타깝게도 이런 생각에는 많은 학문 프로그램에 관한 일말의 진실이 담겨 있기 때문에 '오해'라고만 말할 수는 없다).¹⁰ 또한 다른 한편으로 '실천적' 분과는 신학적이지 않고 실용주의를 강조하며 인문학의 세속적 모형에 영향을 받았다는 생각은 신학자-목회자 관념을 약화시키는 또 다른 편견이다.

나아가 학계 안에서 성서학과 신학이 분리된 상황은 문제를 더 악화시킬 뿐이다. 성서를 연구하는 학자들은 자신들만의 전문 조직(예를 들면, 성서학회Society of Biblical Literature)에 속해 있으며, 자신들의 학술지(예를 들면, 〈성서학회지Journal of Biblical Literature〉)를 읽고, 대개는 구약이나 신약, 더 나아가 한 장르나 저자(예를 들면, 바울신학이나 묵시록)를 전공한다. 마찬가지로 신학자들에게도 자신들만의 전문 조직(예를 들면, 미국종교학회American Academy of Religion)과 학술지(예를 들면, 〈국제조직신학회지 International Journal of Systematic Theology〉), 전공 분야(예를 들면, 분석 신학, 개혁주의 신학, 기독론)가 있다.

목회자-신학자가 되고자 하는 이들은 혈과 육이 아니라 제도 권력 및 학문적 지배권과 싸운다. 특히 목회자-신학자는 두 전선에서 싸워야 한다. 첫째, 목회자-신학자는 많은 신학이 학자(즉, '교수-신학자')를 위해 학자에 의해 쓰인다는 사실과 씨름해야 한다. 이처럼 전문적인 주제에 대한 기술적 논의를 회중의 일상적 필요에 맞게 번역하거나 적용하기가 어려운 경우가 많다. 삼위일체의 위격을 자존하는 관계subsistent relations로 이해하는 토마스 아퀴나스의 사상은 이제 막 췌장암 진단을 받은 집사를 심방하는 일과 무슨 관계가 있을까? 혹은 경륜적 삼위일체는 실직으로 어려움을 겪고 있는 교인과 무슨 관계가 있을까? 아무 관계가 없다고 생각하는 것은 잘못되었을 뿐만 아니라 불행한 일이다. 교수-신학자들이 이를 명확히 설명해내지 못할 때가 있는 것도 사실이지만, 삼위일체 교리는 교회의 생명 자체이며 예수 그리스도의 정체성과 구원 사역과 밀접한 연관이 있다.[11]

둘째, 목회자는 이제 학계에 굳게 자리를 잡은, 성서학과 신학을 나누는 학제 간 베를린 장벽과도 씨름해야 한다.[12] 설교가 대부분의 목회자의 삶에서 가장 중요한 부분을 차지한다는 점을 감안할 때, 목회자가 둘 중 하나를 반드시 선택해야만 한다면 아마도 그는 성서학을 선택하게 될 것이다. 그러나 문제는 대부분의 학문적인 성서 주석은 목회자에게 설교하기가 (불가능하지는 않더라도) 어렵게 느껴진다는 점이다. 현대 학계에서 만들어낸 표준적 성서 주석에서는 하나님이 본문의 주제에 관해 본문 **안에서**, 본문을 **통해서** 오늘날 교회를 향해 말씀하시는 바, 즉 예수 그리스도 안에 집약된 하나님의 구원 계획(참고. 눅 24:27; 엡 1:9-10)에 집중하기보다는, 성서를 역사적 문서로 다루며 본문 **배후의** 세계(예를 들면, 역사적 배경, 고대 근동의 유사한 문서)에 더 초점을 맞춘다. 적지 않은 수의 성서학자들이 성서 주석은 신학의 비행금지 구역이어야 한다고 생각한다.[13]

제도 권력과 학계의 지배자들은 하나님 아래 본디 결합되어 있던 것, 즉 신학과 교회의 삶, 성서학과 신학, 목회자와 신학자를 나누었다. 신학자가 제자도를 위한 교리의 중요성을 논증할 일차적 책임을 져야 하지만, 목회자도 신학을 무시하거나 누군가 나서서 성서학자와 조직신학자, 실천신학자 사이의 평화 회담을 중재해주길 기다려서는 안 된다. 목회자와 신학자가 서로의 짐을 나누어 지고 교회를 잊어버린 학계와 신학을 잊어버린 교회에 함께 대응해가야 한다. 이제 교회에 대해 이야기해볼 차례다.

교회: 목회자를 사로잡고 있는 그림

지난 50년 동안 대단히 다양한 이미지를 통해 목회자가 어떤 사람이며 그들이 무슨 일을 하는지가 묘사되어왔다. 하지만 목회자가 어떤 사람인지를 두고 여전히 많은 사람들이 혼란스러워하고 있다. 사실 '목회자'라는 용어 자체가 '목자'라는 뜻의 라틴어 '파스토르*pastor*'에서 온 은유적 표현이다. 은유는 우리의 일상 경험을 생생히 그려낼 수 있는 강력한 상상력의 도구다. 조지 레이코프와 마크 존슨은 우리가 '시간은 금이다'와 같은 은유에 따라 살아간다고 말한다.[14] 목회자들이 목회 사역의 기준으로 삼는 은유에 관해서도 말해볼 수 있다.

목회자들이 목회 사역의 기준으로 삼는 은유는 때로 제거하기 어려울 정도로 상상력을 사로잡기도 한다. 그런 은유는 우리를 사로잡는 그림이 된다. 이런 그림은 종종 목회자보다는 그런 그림을 만들어낸 시대의 관심사에 대해 더 많은 것을 드러낸다. 목회자를 나타내는 주요한 그림은 거의 언제나 그 시대의 더 광범위한 지적, 문화적 영향력을 반영한다.[15] 더 나아가 목회자에 대한 그림이 물결(즉, 문화적 조류)과 교리라는 바람(즉, 학문적 조류)에 의해 이리저리 흔들린다고 주장할 수도 있다.

이런 주요한 그림에 대해서는 다른 이들이 자세히 논한 바 있으므로 여기서는 짧게만 언급하고자 한다. 윌리엄 윌리먼은 이렇게 말한다. "현대 목회는 성서가 아니라 주변 문화에서 빌려온 리더십 이미지(최고경영자나 심리요법 권위자, 정치 선동가로서의 목회자)의… 희생자다."[16] 물론 프로그램을 기획하고 사람들을 돕는 것은 전혀 잘못된 일이 아니다. 다만 우리가 던져야 할 물음은, 과연 이런 것들이 목회자의 소명을 **구별** 짓는가다. 기독교 목회자의 인격과 사역의 독특한 점은 과연 무엇일까? 바로 이 점에 관해 혼란이 계속되고 있다.[17]

목회자가 하는 일에 대한 이미지는 신학교에서 하는 일에도 영향을 미친다. 모든 것은 목회자의 목회 사역에 지침을 제공하는 지배적 은유에 달려 있다. 조지프 휴와 존 캅은 미국 교회사의 각 시대를 지배한 네 가지 모형의 등장과 퇴조를 추적한다. 그것은 성서와 신학 지식을 가르치는 '교사'(18세기 말과 19세기 초), '부흥운동가'(19세기), 교회와 회중의 '조직가'(19세기 말과 20세기 초), 사람과 프로그램의 '관리자'(20세기)다.[18] 윌리먼은 21세기에 우리를 사로잡거나 사로잡을 위험이 있는 이미지를 추가한다. 계속해서 상당한 영향력을 누리고 있는 더 오래된 이미지(예를 들면, 정치적 협상가, 심리 치료사, 관리자) 외에, 그는 매체 전문가와 지역사회 활동가를 언급한다.[19] 그밖에 '살아 있는 인간 문서'와 지혜로운 바보, 도덕 교사, 희망의 대리인, 진단 전문의, 타고난 이야기꾼, 산파 등의 이미지도 있다.[20]

이처럼 많은 이미지가 사용된다는 사실은 목회자가 누구이며 무슨 일을 해야 하는가에 관해 합의된 의견이 없으며 혼란이 널리 퍼져 있다는 뜻이기도 하다. 한 연구자는 목회 현장에 대해 이렇게 설명한다. "다른 직종에서는 자신들이 종사하는 분야를 설명하기 위해 이토록 다양한 은유를 꾸준히 만들어내는 경우가 대단히 드물다."[21] 물론 '영적 돌봄'이나 '설교자'처럼 목회자의 일을 더 문자적으로 묘사하는 표현도 있다. 하지만 이런 표현에 관해서 어떤 종류의 돌봄이 제공할 가치가 있으며, 설교자가 다른 이들이 말하지 않는 어떤 말을 해야 하는가를 물어보아야만 한다.

목회자는 다른 누구도 하지 않는, 어떤 말과 일을 해야 하는가? 이 물음은 목회자의 독특한 정체성이라는 문제를 제기한다. 1967년에 칼 메닝거는 프린스턴 신학교의 스톤 강연Stone Lectures에 초청을 받았다. 그때 그는 많은 신학생들이 자신의 직업에 회의적인 태도를 갖고 있다는 사실에 놀랐다. 메닝거는 그들이 회의를 품고 있는 이유 중 하나는 죄가 사라졌기 때문이라고 주장했다. 이전에는 '죄'(예를 들면, 폭식)라고 간주되던 많은 비정상적 행동이 이제는 내재된 심리적, 사회적 조건의 증상으로 간주되며, 다른 행동들(예를 들면, 혼전 동거)은 사회적으로 널리 용인되고 있기 때문에 더 이상 죄로 분류되지 않는다. 메닝거는 이런 의미의 변화가 어떤 중요성을 지니는지를 이렇게 설명한다. "'죄'라는 말이 사라짐에 따라 악에 대한 책임 소재 역시 바뀐다."[22] 이처럼 악의 책임이 죄로부터 증상으로 이동했다는 것은, 이제 사람들이 문제를 이해하는 이들에게서 도움을 구할 가능성이 더 높아졌음을 뜻한다. 문제가 더 이상 죄가 아니라 내재된 심리적, 사회적, 심지어는 생물학적 조건이라면, "목회자가 어떤 독특한 도움을 줄 수 있을까? 목회자가 어떤 독특한 서비스를 제공할 수 있을까?" 하는 의문이 생긴다.

목회자가 무엇에 유익한가에 관해 확신을 갖지 못하는 태도는 목회자의 영혼에 유익하지 않다. 이는 "젊은 성직자들의 당혹과 환멸"이라는 1971년 4월 9일자 〈시카고 선 타임스Chicago Sun-Times〉의 기사 제목을 설명하는 하나의 요인이다. 그 이유를 이해하기는 어렵지 않다. 당신이 목회의 준거로 삼는 은유가 '돕는 전문직'이라면, 당신이 어떤 종류의 도움을 주어야 하는지를 말할 준비를 갖추고 있어야 한다.[23] 하지만 바로 이것이 문제였다. 목회자들은 돕는 직업에 종사하는 다른 사람들(심리학자, 정신과 전문의, 사회복지사 등)이 이미 하고 있거나 더 잘하는 것 외에 어떤 말과 어떤 일을 해야 할까? 오늘날 다양한 개인적 문제를 해결하기 위한 해법과 전략을 제공하는 다양한 돕는 직종의 '전문가'들이 많다. 정신적, 사회적 건강 서비스에서는 우리를 괴롭히는 문제를 해결하기 위한 다채로운 이론과 요법을 제공한다. 목회자-신학자들은 복음 사역이 또 하나의 돕는 전문직 이상의 의미를 지닌다는 확신을 갖고 있어야 한다.

> 목회자–신학자는 복음 사역이 또 하나의 돕는 전문직 이상의 의미를 지닌다는 확신을 갖고 있어야 한다.

존 리스는 비슷한 주장을 하면서 "교회는 다른 기관이 할 수 없는, 어떤 말과 일을 해야 하는가?"라고 묻는다. 개혁주의자인 그는 설교와 교육, 상담을 통해 하나님의 말씀을 전하는 것이라고 답한다. 여기에 우리는 "그리고 하나님의 백성을 만들어내어 그리스도 안에 있는 새로운 인류를 반영할 수 있게 하는 것"이라고 덧붙일 것이다. 이어서 리스가 장로교인에게 던지는 물음은 범위를 넓혀 복음주의자들에게도 적용될 수 있다. "오늘날 우리는 장로교의 설교가 능력이라는 관점에서 최고의 전문직 종사자들의 책무 수행에 견줄 만하다고 주장할 수 있을까?"[24] 목회자가 전문직 종사자(**무엇에** 전문일까?)라는 주장을 받아들이지 않더라도 리스의 주장에는 동의할 수 있다. 즉, 목회자가 하는 (혹은 해야 하는) 일이 무엇인지를 먼저 결정하지 않으면 목회자가 하는 일에 탁월성이라는 기준을 적용하기 어렵다.

목회자에 대한 특히 강력한 은유는 심리 치료사, 즉 개인적 문제나 대인 관계의 문제를 해결하고 치유하는 사람이다.[25] 여기에는 '전문적'으로 보이기 위해 다른 광산(즉, 임상심리학)에서 취한 금에 지나치게 의존하려는 유혹이 도사리고 있다. "신학생들은 인간 본성의 근본 원리를 알고 있는 정신과 전문의, 심리학자, 사회복지사들, 즉 현재 이 원리의 정의를 통제하는 전문가들에게서 이 원리를 배우려고 한다."[26] 하지만 이처럼 과도한 개념적 차용의 결과 성직자 집단은 "개인적 문제에 대한 문화적 관할권을 완전히 상실하고 말았다."[27] 그리하여 '죄'뿐만 아니라 '은총'과 심지어는 '하나님'까지 사라지고 말았다.[28]

목회자에 대한 또 하나의 강력한 은유는 종교적인 사람과 프로그램의 관리자다. 관리자로서의 목회자라는 이미지는 현재 메인라인(복음주의와 대비를 이루는 개념으로, 신학적 자유주의를 수용하는 전통적인 교단을 가리킨다. 용어의 기원과 용례를 감안하여 음역했다─옮긴이) 개신교, 로마 가톨릭, 복음주의 교회의 상상력을 사로잡고 있는 현대 문화를 그대로 반영한다. 조지 와이글에 따르면, 20세기에 로마 가톨릭 교회는 "로마 주교가 전 지구적 사업체의 최고 경영자이며, 이 기업 안에서 지역 지도자들(주교들)이 사실상 각 지역에서 교황의 대리자(혹은 지사 간부) 역할을 한다고 인식하게 되었다."[29] 개별 교구 사제는 "유아 세례, 고해성사, 미사 봉헌, 결혼식과 장례식 집례처럼 특정한 종류의 교회 사업을 수행하도록 면허를 부여받은 사람"으로 간주되었다.[30]

유진 피터슨은 관리자의 은유에 대해 특히나 비판적이다. "목회자의 소명은 사업 계획을 지닌 종교 사업가의 전략으로 대체되었다. … 나는 미국인이라는 사실이 자랑스럽지만, … 하나님을 판매할 상품으로 취급하는 방자한 소비주의는 좋아하지 않는다."[31] 이 중에서 가장 교활한 이미지는 목회직을 전문 **직종**으로 보는 것이다. "무슨 일이 일어나고 있는지 미국 목회자들이 제대로 알아차리지 못하는 가운데, 우리의 소명은 미국식 경력지상주의라는 관점에서 재정의되고 말았다."[32] 하나의 문화적 그림이 교회 안에서조차도 목회자들을 사로잡고 있다. 따라서 이제 더 광범위한 사회 안에서 목회자-신학자의 전망이 상실된 것에 대해 논할 차례다.

사회: 공적 담론의 어려움

오래전에, 최근으로는 19세기에도 목회자들이 다양한 정도의 사회적 지위를 지닌 공적 인물로 존경을 받았다. 소규모나 중간 규모의 마을에서 목회자들은 교육 수준이 가장 높은 사람, 마을의 지식인인 경우가 많았다. 백 년이 지나면 상황이 완전히 달라진다. 요즘 목회자의 이미지는 희화화되고 정형화된 인물(예를 들면, 독선적이며 억압된 성향을 갖고 있고 혼자 고상한 척하는 사람, 우월감으로 가득 차 있으며 좋은 옷을 입고 다니는 과대망상증 환자)에 불과한 경우가 많다. 안타깝게도 이런 정형화된 이미지가 상당한 진실을 담고 있다. (실화에 기초한) 데이비드 램보의 1999년 연극 〈텍사스에 사는 하나님의 사람God's Man in Texas〉에는 젊은 부목사에게 권력의 고삐를 넘겨주기 싫어하는 81세의 대형교회 목회자가 등장한다. 연극에서는 이 목회자의 교만과 완고함, 편집증, 자기 회의가 두드러지게 묘사된다.

데이비드 웰스는 평균적인 교인이 그리스도에 대한 믿음을 고백하면서도 다른 모든 사람과 똑같은 문화적 음식을 섭취한다고 우려한다. 텔레비전 드라마와 영화가 좋은 삶으로부터 '평범한' 가정에 이르기까지 모든 것에 대한 우리의 인식을 규정한다. 웰스가 언급하지 않았지만, 대중문화는 사람들이 목회자를 바라보는 방식을 반영하는 동시에 그 방식에 영향을 미친다. 소설과 텔레비전, 영화는 연극보다 일반 대중에게 훨씬 더 큰 영향력을 행사한다. 이런 매체에서는 목회자를 어떤 종류의 공적 인물로 묘사하는가?

  트리니티 복음주의신학교의 설교학 명예교수인 데이비드 라슨은 수 세기 동안 서양 문학에 묘사된 목회직의 다양한 유형을 꼼꼼히 살펴보았다. 이것은 중요한 일이다. 소설은 허구의 영역일 뿐만 아니라 인간의 조건을 검토하고 시험하는 인간 가능성의 실험실이기도 하다. 교과서보다 소설을 통해서 더 효과적으로 목회자의 삶과 일에 닥치는 어려움을 살펴보고 그것에 대한 통찰을 얻을 수 있다. 소설은 독자에게 현실을 맛보게 하며, 교훈이 아니라 대리적 경험을 제공하기 때문이다.[33] 목회자는 다른 이들이 여러 특수한 상황에서 반응하고 행동하는 방식을 바라봄으로써 자신의 소명의 가능성과 위험에 관해 중요한 것을 배울 수 있다.[34] 뿐만 아니라 소설은 인간이란 무엇인가(그리고 목회자란 어떤 사람인가)에 관한 한 사회의 이해를 반영하는 동시에 그것에 영향을 미친다. 라슨은 이렇게 말한다. "서양 문학에서 목회직을 긍정적으로 바라보는 경우보다 부정적으로 바라보는 경우가 더 많다. 이러한 증거에 대해 즉각적으로 반응하기보다는 곰곰이 성찰해보아야 한다."[35]

  신실한 목회자가 주인공인 소설 작품을 말해보라(주인공이 **복음주의** 목회자인 작품을 떠올릴 수 있다면 가산점을 주겠다). 고통스럽지만 흥미로운 사고 실험이다. 두 작품이 떠오른다. (1927년에 발표되었지만 17세기를 배경으로 한) 존 버컨의 《마녀의 숲 Witch Wood》과 (2004년에 출간되었으며 20세기를 배경으로 한) 메릴린 로빈슨의 《길리아드 Gilead》(마로니에북스 역간)이다. 라슨은 그의 책에서 신실한 목회자의 이미지에 한 장("인격과 용기를 갖춘 등장인물")을 할애해 초서의 《캔터베리 이야기 Canterbury Tales》(한국

외국어대학교출판부 역간)에 실린 "교구 사제 이야기"와 올리버 골드스미스의 《웨이크필드의 목사The Vicar of Wakefield》(크리스챤다이제스트 역간), 앤서니 트롤럽의 《관리인The Warden》, 잰 캐런의 《미트포드 이야기Mitford》연작(문예출판사 일부 역간)에 등장하는 팀 신부에 대해 이야기한다. 하지만 안타깝게도 목회자들을 부정적으로 묘사하는 소설을 논하는 장은 무려 다섯 장에 이른다. 여기서는 부적합과 부도덕, 지적 불성실, 가족의 불안정, 소명의 모호함을 드러내는 등장인물들을 만날 수 있다. 독자들은 제인 오스틴("박식한 체하는 사람")과 조지 엘리엇("근엄하고 딱딱한 사람들"), 찰스 디킨스("목회자의 탈을 쓴 짐승")의 소설에 등장하는 목회자들을 만난다.

앞서 성서 주석처럼 목회자에 대한 이미지는 더 광범위한 사상적, 문화적 조류에 대한 풍향계 역할을 한다는 나의 지론을 언급했다. 이 가설을 다듬기 위해서는 많은 연구가 필요하다. 영화에서 하나님이나 예수 그리스도가 어떻게 묘사되는지를 다룬 책들은 많이 나와 있지만, 교회 지도자에 초점을 맞춘 연구는 훨씬 더 적다.[36] 하지만 영화와 텔레비전이 목회자에 대한 대중의 인식에 책보다 더 직접적인 영향을 미칠 것이다. 리처드 울프의 《TV 속의 교회: 미국 텔레비전 드라마가 그리는 사제와 목사, 수녀The Church on TV: Portrayals of Priests, Pastors, and Nuns on American Television Series》[37]는 대중문화가 교회와 그 지도자에 대한 미국인들의 태도에 관해 우리에게 무엇을 말해주는지를 알아보고자 하는 몇 안 되는 연구서 중 하나다. 그의 책에서는 성직자가 등장하는 텔레비전 연속극(예를 들어, 〈비행 수녀The Flying Nun〉, 〈다울링 신부 미스터리Father Dowling Mysteries〉, 〈일곱 번째 하늘7th Heaven〉)을 다룬다. 목회자-

신학자보다는 목회자-형사를 다룬 텔레비전 연속극이 훨씬 더 많다는 사실은 목회자에 관해서나 현대 문화에 관해서 무엇을 말하는가?

목회자-신학자가 된다는 것, 즉 공중 앞에서 하나님에 관해 말한다는 것은 공적 시선을 직시한다는 것이다. 그리고 이것이 목회자-신학자가 처한 곤경이다. 즉, 공적 담론의 요구사항을 충족시키는 방식으로 하나님에 관한 진리 주장을 하는 것이다. 목회자-신학자인 카를 바르트는 이 곤경을 이렇게 설명했다. **"목회자로서 우리는 하나님에 대해 말해야 한다. 하지만 우리는 인간이며, 따라서 하나님에 대해 말할 수 없다."**[38] 여기서 바르트는 인간 언어와 이성의 한계에 대해 말할 뿐만 아니라 하나님에 관한 주장을 할 만한 **권위**를 설명하고자 할 때의 어려움에 대해서 지적한다. 어떤 피조물이 창조주에 대해 말할 만한 자격을 갖출 수 있겠는가? 감히 우리가, 아니 그 누가 하나님에 대해 말할 수 있는가?

누가 하나님에 대해 말할 권위를 가지고 있을까? 누구의 권위가 중요하며, 왜 그런가? 만족스러운(공적 광장에서 받아들여진다는 의미에서 만족스러운) 답을 생각해내는 것은 결코 쉬운 일이 아니다. 의심의 해석학이 그곳을 장악하고 있기 때문이다. 잘 알려진 대로 후기근대적 의심의 해석학에서는 모든 진리 주장이 한 사람의 특정한 사회적 위치를 반영하므로 편파적이거나, 권력 의지를 반영하므로 억압적이라고 주장한다. 우리의 공적 담론의 주제가 하나님이고 담론이 (지위나 돈, 권력의 관점에서) 개인이나 특수한 이익 집단을 이롭게 하는 것처럼 보일 때 이런 의심은 기하급수적으로 커진다.

싱클레어 루이스의 소설 《엘머 갠트리*Elmer Gantry*》는 하나님에 관한 공적 담론이라는 현대의 곤경을 집약해서 보여준다. 소설은 엘머 갠트리가 대학 시절 회심하여 전국적 명성을 누리는 목회자가 되는 과정을 보여준다. 이 책은 1927년에 가장 많이 팔린 소설이 되었고, 1960년에는 버트 랭커스터 주연으로 영화화되었다.[39] 이 이야기에서 엘머 갠트리는 목회의 소명과 칭송받고 싶은 욕망을 혼동한다. 그는 '연설이라는 마약'에 중독되고 가장 적극적으로 호응하는 군중이 교회 안에 있음을 알게 된다.

엘머 갠트리는 후기근대주의자들이 우리에게 경고하는 바, 즉 진리와 진리를 말할 때 수반되는 고통보다 수사에 대해, 극적 연설을 통해 얻는 명성에 더 관심을 기울이는 사람을 표상한다. 루이스는 "엘머는 자신이 우주의 중심이라고 생각했다"고 말한다. 갠트리는 자신이 하나님의 이야기 안에서 작은 배역을 맡은 사람이 아니라 하나님이 갠트리 자신의 이야기를 이루는 한 요소라고 생각했다. 밀턴의 책에 등장하는 사탄의 말을 고쳐서 표현하자면, 하나님의 이야기 안에서 보잘것없는 등장인물이 되는 것보다는 나 자신의 이야기 안에서 왕이 되는 것이 더 낫다(밀턴의 《실낙원Paradise Lost》에서 사탄은 "천국에서 섬기는 것보다 지옥에서 다스리는 것이 더 낫다"고 말한다―옮긴이).

《엘머 갠트리》는 목회자의 위선을 경고하는 이야기다. 갠트리는 유진 피터슨이 우려한 바를 그대로 표상한다. 즉, 목회자가 소명이 아니라 성공적 경력을, 예수 그리스도의 이름이 아니라 자신의 이름을 크게 알리는 것을 추구할 위험을 보여준다. 싱클레어 루이스는 젊은 전문가로서의 목회자를 그려냈다. 이 이야기는 이제 거의 백 년이 되었지만 어떤 점에서는 놀라울 정도로 현대적이다. 목회자가 자신을 자기 이야기의 주인공으로 보고 싶어 하는 유혹은 텔레비전 부흥사와 대형교회의 시대에 훨씬 더 생생하게 느껴진다. "만약 목회가 단지 하나의 직업일 뿐이라면, 목회의 모든 것은 직업화된다. 그렇게 될 때 목회자는 '이것이 나의 목회 경력에 도움이 될까, 방해가 될까?'라는 질문만 할 것이다."[40]

> 목회자는 사람들을 자신의 사고방식이 아니라 하나님의 길로 이끌기 위해 진리 주장을 해야 한다.

여기에 핵심적 역설이 존재한다. 목회자는 (오늘날 대부분의 유명인사들과 달리) 자신을 아무것도 아닌 존재로 만들고, 자신에게 관심이 모이지 않고 오히려 자신에게서 관심이 멀어지도록 말해야 하는 공적 인물이다. 목회자는 사람들을 자신의 사고방식이 아니라 하나님의 길로 이끌기 위해 진리 주장을 해야 한다. 목회자는 자신의 사회적 지위를 확대함으로써가 아니라, 필요하다면 그것을 축소시킴으로써 성공을 거둔다.[41] 뿐만 아니라 목회자가 자신에 대해 말할 때는 사도 바울을 본받아서, 자신이 하나님의 은총과 자비를 이미 받았지만 여전히 그 은총과 자비가 계속해서 필요한 공적 죄인임을 인정해야만 한다(딤전 1:15). 마지막으로 (역시 바울처럼) 목회자는 삶의 의미와 같은 일반적인 문제에 관해 공적으로 말해야 한다. 그리고 이런 문제에 관해 말할 때, 공적으로 인정받는 전문 지식을 갖춘 전문가들과 달리 그들에게는 공적으로 인정받을 만한 자격 요건이 전혀 없다.[42] 공적 인물조차도 믿을 만하지도 않고 진실하지도 않다는 생각이 널리 퍼져 있음을 감안할 때 상황은 훨씬 더 어렵고 역설적이다. 최근의 여론 조사가 분명히 보여주듯이, 사람들은 공적 인물, 특히 자신이 연관된 기관이나 조직의 이익을 대변하는 것처럼 보이는 이들에게 대체로 환멸을 느끼고 있다.

물론 사람들은 수술을 받아야 할 때 신경외과 의사를 신뢰하고 비행기를 탈 때 조종사를 신뢰하는 경향이 있다. 그러나 신경외과 의사와 조종사는 입증가능한 도구적 지식을 갖춘 전문가들이다(즉, 그들은 뇌수술을 하고 제트 비행기를 조종한다). 바로 여기에 목회자들이 처한 어려움이 있다. 그들이 공동선에 어떤 기여를 하는지 설명하기 위해서 목회자는 그들이 어떤 종류의 전문 지식을 갖고 있는지를 구체적으로 설명하거나 지식인—일반적인 철학적, 사회적 중요성을 지닌 문제(예를 들면, 삶의 의미)에 관해 말할 수 있는 특정한 종류의 지성과 권위를 주장하는 사람—의 망토를 입어야 한다. 알렉산드르 솔제니친이 1978년에 하버드 대학교에서 행한 졸업식 연설 "쪼개진 세상A World Split Apart"[《서방세계에 대한 경고》(크리스챤다이제스트 역간)에 수록되어 있음—옮긴이]은 서양 문명의 궤적이라는 거대한 주제를 다룬다. 솔제니친은 서양이 그 문명적 용기를 상실했으며, 아마도 이는 서양이 물질적으로 풍요로워졌고 책임과 목적보다는 권리와 자유에 초점을 맞추는 법적인(즉, 절차적인) 방식으로 스스로를 조직화했기 때문이라고 (공적으로!) 주장한다. 그가 과연 양심을 거스르지 않고 서양을 자신의 나라가 따라야 할 본보기로 제안할 수 있을까 하는 문제를 논할 때(당시 그는 소련에 살고 있었다) 많은 미국인들은 놀라움을 금치 못했다. "아니, 나는 당신의 사회를 우리 사회의 변화를 위한 이상으로 추천할 수 없다. 깊은 고통을 통해 우리 나라 사람들은 이제 영적으로 탈진한 서양의 체제가 매력적으로 보이지 않을 정도로 강력한 영적 발전을 이루었다."

솔제니친의 연설은 막바지에 다가갈수록 더 신랄해졌으며 거의 설교에 가까웠다. 그는 지구를 위한 싸움은 '육적인 동시에 영적인 싸움, 우주적 차원의 싸움'이라고 말했다. 솔제니친은 강단 초청과 비슷한 말, 즉 물질성을 넘어서는 영성을 회복하라는 촉구로 연설을 마무리했다. 그는 악(대문자 E로 쓴 'Evil')을 언급하며, 문제는 근대 사상의 토대, 즉 "자신을 초월하는 모든 종류의 고등한 힘으로부터 자유로워진 인간의 자율성을 선언하고 실천하는 태도"라고 지적했다. 그가 하버드에서 강연했으며, 수백 개의 전공 분야가 있는 세속 대학교에서 이런 거대한 주장을 했음을 기억하라. 그는 하나님을 언급함으로써 사회적으로 통용되는 규범을 거스르는 위험을 감수했다. "서양은 마침내, 심지어는 과도할 정도로 인간의 권리를 성취했지만, 하나님과 사회에 대한 인간의 책임 의식은 점점 더 희미해졌다."

솔제니친의 연설은 그 주장의 광범위함 때문에 깊은 인상을 남겼다. 그는 몇몇 거대한 주장을 펼쳤다. 그것은 예상이 아니라 단언이었다. '단언'한다는 것은 무언가에 관해 무언가를 주장하는 것이다. 단언predication은 설교자가 가장 많이 하는 행동이다(프랑스어로 '설교'는 'prédication'이다). 또한 '단언'은 '곤경predicament'이라는 말과도 어원상 연관이 있다. 솔제니친의 연설이나 한편의 설교에 대해 생각해보기만 해도 그 이유를 알 수 있다. 하나님은 말할 것도 없고 서양 문명처럼 거대한 무언가에 관해 무언가를 주장한다는 것은 결코 쉬운 일이 아니다. 특히 청중 앞에서 말할 때는 더욱 그렇다. 대중 앞에서 말하는 것이 사람들이 느끼는 가장 큰 두려움이라면, 하나님과 세상에 관해 공적으로 단언하는 것은 훨씬 더 두려운 일일 것이다! 내가 이 책에서 공적 지식인이라고 부르는 사람의 특징은 바로 이 능력—사회의 궁극적 관심사에 해당하는 광범위한 주제에 관해 의미 있고도 진실하게 말하는 능력—이다. 우리 앞에 놓인 문제는 목회자-신학자도 공적 지식인인가 하는 물음이다.[43]

제안: 독특한 공적 인물로서의 목회자-신학자

지금까지 우리는 현재의 상황을 부정적으로 묘사해왔다. 많은 교회들이 목회자가 어떤 사람이며 무슨 일을 해야 하는지에 관한 진망을 상실해버렸다. 우리가 살펴보았듯이, 목회자들이 택할 수 있는 목회의 유형을 보여주는 은유는 넘쳐난다. 그 결과 목회자는 수많은 방식과 다양한 방향으로 하나님의 백성을 이끌고 있다. 목회자에 대한 성서적 전망이 없을 때 하나님의 백성은 소멸해버릴 수도 있다. 번성하지 못할 것이 분명하다. 그렇다면 목회자는 어떻게 이끌어야 하는가? 이 책의 나머지 부분에서는 긍정적인 제안을 제시하고 이를 통해 근대성이라는 광야를 방황하고 있는 교회를 이끌어냄으로써 이 물음에 답하고자 한다.[44]

우리의 주장은 이렇다. 첫째, 목회자는 신학자이며 언제나 그래왔다. 둘째, 어떤 의미에서 모든 신학자는 공공신학자, 특별한 종류의 지식인, 특수한 유형의 보편적 지식인이다. 우리의 주장의 토대를 이루는 확신은, 지식인이 되기 위해 학자가 될 필요는 없다는 것이다. 목회자-신학자는 지능지수IQ가 높은 사람일 필요는 없지만 반드시 신학지수TQ, theology quotient가 높아야 한다.[45] 셋째, 목회자-신학자가 공적 지식인이 되고자 하는 목적은 하나님의 백성이 "성도에게 단번에 주신 믿음의 도" 안에 든든히 서게 함으로써 그들을 섬기기 위함이다(유 1:3). 이제 이 세 논점에 대해 간략히 설명해보겠다.

신학자: 하나님이 그리스도 안에서 행하시는 일을 말함

목회자는 신학자이며 언제나 그래왔다. 하지만 잊지 말아야 할 것 중의 하나인 이 점을 잊었으며 잃어버렸다. 위에서 보았듯이, 신학자와 목회자가 분리되었으며 다른 공중(각각 학계와 교회)을 담당하게 되었다. "'신학자'가 기독교 신앙에 관한 권위 있는 전문가라는 관념이 생겨난 것은 교회사에서 일어난 대단히 유해한 일 중의 하나일 것이다."[46] 이 주장은 놀랍게 들릴지도 모르지만, 논거는 분명하다. '전문' 신학자의 존재는 목회자와 평신도―신학하기를 직업으로 삼지 않는 사람들―가 (그들이 '지성'을 갖추고 있지 않기 때문에) 신학을 할 수 없거나 (올바른 학문적 자격을 갖추고 있지 않기 때문에) 할 권위가 없음을 암시한다.

신학은 너무나도 중요하기 때문에 '전문가'에게 맡겨둘 수 없다. 모든 사람은 하나님 앞에서 인간의 마음을 비롯해 창조된 모든 것 안에 드러난 하나님에 대한 지식에 응답할 책임이 있다(롬 1:19-21). (만약 그런 사람들이 있다면) '평범한' 그리스도인들은 일정한 이해력을 가지고 하나님의 말씀을 읽을 수 있으며, 사랑과 신뢰, 순종으로 응답할 책임이 있다. 신학은 더 큰 이해를 얻고자 하는 믿음의 끊임없는 충동질이다. 신학은 불가피하다. 윌리엄 에임스는 신학이 '하나님을 향해 사는 삶'에 대한 가르침[doctrina]이라고 말한다.[47] 신학의 핵심은 예수 그리스도 안에 신적으로 계시된 진리를 말하고 행하는 것이다.

> **기독교 신학자가 된다는 것은 하나님이 그리스도 안에서 세상을 위해 행하신 일에 대한 이해를 추구하고 말하고 보여주는 것이다.**

따라서 신학은 기록된 하나님의 말씀(신약과 구약) 안에 있는 하나님의 이야기에 근거해 하나님에 대해 잘 말하고 하나님의 영광을 위해 살고자 하는 노력이다. '기독교적'이라는 수식어는 예수 그리스도가 신학의 기획의 중심이심을 뜻한다. 예수 그리스도는 하나님의 최종적 말씀(히 1:2), 하나님의 가장 온전한 계시(1:3상), 하나님의 가장 위대한 일을 행하신 분(1:3하)이시다. 예수 그리스도는 계시와 구속의 처음이자 마지막이시다. 그분은 하나님의 지혜의 총화이시며 세상을 향한 하나님의 계획의 성취이시다(엡 1:8-10). 부활하신 그리스도께서는 자신이 바로 성경의 모든 것의 중심이라고 주장하셨다(눅 24:27). **기독교 신학자가 된다는 것은 하나님이 그리스도 안에서 세상을 위해 행하신 일에 대한 이해를 추구하고 말하고 보여주는 것이다.** 기독교 신학은 그리스도 안에 있는 바, 즉 하나님, 참 사람, 보이든 보이지 않든 창조된 모든 것, 세상과 하나님의 화해를 말로 표현한다(고후 5:19).

공공: 공동체 안에서, 공동체를 위해 사람들과 대화함

신학자들이 하나님에 대해 말하는 세 가지 공적, 사회적 현실에 대해서는 이미 간략히 다뤘다. 공공신학자로서의 목회자에 대해 말할 때 우리는 어떤 공중—교회, 학계, 사회—을 염두에 두고 있는가? 우리가 제시한 세 용어 중에서 '공공'이 가장 명백하다고 생각할지도 모르지만, 사실 가장 파악하기 어렵다. 이는 공공신학이라는 말이 이미 확립된 의미로 사용되고 있기 때문이다(아래를 보라). 이 통상적 의미는 우리가 이 용어를 사용할 때 염두에 둔 바와 부분적으로는 일치하지만 전적으로 일치하지는 않는다. 우리의 용법은 '공공'이라는 용어의 어원적 뿌리*radix*('성인成人 주민'을 뜻하는 라틴어 *pubes*와 '사람들'을 뜻하는 라틴어 *populus*에서 왔다)를 되찾고자 하기 때문에 훨씬 더 근원적*radical*이다. 목회자는 공중/모든 곳에 있는 사람들을 위해, 공중/하나님의 백성 안에서 그들을 위해 일하기 때문에 공공신학자다.

공공신학: 지배적인 견해. 공공신학의 표준적 의미는 '공적 광장 안에서 이루어지는 공적 광장을 위한 신학'이다. 여기서 '공적'이란 말은 사회, 즉 더 광범위한 폴리스*polis*를 가리킨다. 그러므로 공공신학은 특정한 신조나 신앙고백이 우위를 점하지 않는 열린 토론장에서 공동의 관심사를 다루는 신학이다. 구체적으로 공공신학은 개별 그리스도인(과 교회)이 공적 광장(즉, 사회 전반) 안에서 자신의 신앙을 증언하고자 할 때 활용할 수 있는 형식과 수단을 다룬다. 이런 종류의 공공신학이 공공 정책과 정치신학, 사회복음과 어떤 관계가 있는지에 대한 간략한 논의가 목회자가 공공신학자라는 우리의 제안이 어떤 점에서

독특한지를 분명히 이해할 수 있도록 도와줄 것이다.

공공신학은 무엇보다도 신앙을 사사화私事化하여 개인 구원의 문제로 국한시키는 경향에 대한 대응이다. 뒤에서 살펴보겠지만, 교회는 구원받은 개인들로 이루어진 집단이 아니라 하나님의 **백성**을 창조하겠다는 구원 계획의 정점이다. 뿐만 아니라 그리스도께서는 삶의 모든 영역을 다스리시는 주시다. 그리스도인은 (주일과 가정의 사생활에만 적용되는) 제자로서의 삶discipleship과 (주일을 제외한 날과 학교, 직장에 적용되는) 시민으로서의 삶citizenship을 분리하지 않기 위해 이원론적 사고를 피해야 한다. 공공신학의 주요한 개척자 중 한 사람인 맥스 스택하우스는 제자들이 그들의 신앙을 삶으로 실천해야 할 곳은 바로 공적 세상(학교와 기업, 병원, 극장, 식당, 공장 등)임을 상기시킨다. "이런 공적 세상들이 우리가 하는 목회의 더 광범위한 맥락이라면, 우리에게는 그런 현실을 다룰 공공신학이 필요하다."[48]

스택하우스에 따르면 공공신학과 정치신학 사이에는 뚜렷한 차이가 있다. 정치신학은 정치(통치의 기법) 또는 정치학(통치에 관한 학문), 교회와 국가의 관계에 대한 분석과 비판이며, 조직, 분배, 사회 문제 해결을 위한 정치권력의 사용에 초점을 맞춘다. 그와 대조적으로 공공신학에서는 마치 모든 문제가 정치적 문제인 것처럼 다루지 않으며, 국가를 개혁하거나 도덕적 다수를 만들어냄으로써 모든 공적 문제를 해결하려고 하지도 않는다.[49] 공공신학은 선거가 아니라 논쟁에서 승리하는 것을 목표로 삼는다. "세상에 '우리의 신앙고백적 관점'이 아니라 궁극적으로 참인 동시에 모두에게 관계가 있는 것에 관한 보증된 주장을 제공하고자 한다."[50] 스택하우스는 "사람들이 세상 속에서 하나님의 진리와 정의의 흔적이 어떻게, 어디에서 드러날 수 있는지 분별할 수 있도록 그들을 훈련시킬 수 있는 … 보편적으로 타당한 진리와 정의의 철학적–신학자"라는 의미에서 목회자가 공공신학자가 되어야 한다고 말한다.[51] 따라서 스택하우스는 신학, 즉 "다른 이들이 이미 그보다 더 나은 것을 제공하지 못한 것으로서, 목회자만이 세상에 제공할 수 있는 유일한 것"[52]이 마치 아무런 공적 근거가 없다는 듯 공적 담론에서 배제되는 경우가 많다고 우려한다. 따라서 스택하우스는 목회자들에게 "공적 담론이라는 더 광범위한 영역에서 진리와 정의라는 근본적인 개념을 회복하고 새롭게 제시하는 추가적인 노력"을 하라고 촉구한다.[53]

맥스 스택하우스에게 헌정하는 책을 편집한 이들은 이렇게 설명한다. "그리스도인들이 세상 안에 있듯이 교회도 그래야 하며, 따라서 교회는 공공신학을 가지고 있어야 한다."[54] 공공신학에서는 어떻게 그리스도인들이 공적 광장에서 복음을 증언할 것인가에 대해 비판적으로 성찰한다. 핵심 논점 중 하나는, 그리스도인들이 다른 신앙인이나 신앙이 전혀 없는 이들과 사회 문제의 해결을 위해 공동의 노력을 할 수 있고 해야 하는지, 그렇다면 어느 정도까지 노력할 수 있고 해야 하는지다. 스택하우스가 대변하는 지배적 관점은, 공공신학이 신앙(혹은 신앙 없음)에 상관없이 원칙적으로 모두가 이해할 수 있으며 받아들일 수 있는 담론과 주장을 사용해야 한다는 것이다. 간단히 말해, 공공신학은 일반 대중을 대상으로 삼는 신학적인 담론이다. 흥미롭게도 스택하우스는 신학교에서 목회자들이 공공신학자가 될 수 있도록 그들을 훈련시켜야 하며, 목회자들은 교인들이 "평신도 공공신학자

들"이 될 수 있도록 그들을 가르쳐야 한다고 믿는다.[55]

리처드 마우는 이전 세대 북미 복음주의자들이 교회의 주된 책무는 사람들로 하여금 천국 갈 준비를 시키는 것이라고 믿었다고 말한다. "공공 정책의 주요 쟁점에 너무 많이 주의를 기울이는 것은 하나님을 모욕하는 '세속적 태도'와 가깝다고 보았다."[56] 오늘날의 분위기는 사뭇 다르다. 특히 이삼십 대의 복음주의자 다수는 "당파적 정치 의제에 휘둘리지 않는 공적 지식인들"이다.[57] 이제 복음주의자들은 낙태와 빈곤처럼 익숙한 도덕적 문제부터 이민과 보건처럼 새로운 문제에 이르기까지 다양한 공공 정책 문제에 대해 목소리를 높이고 있다.[58]

공공신학자가 된다는 것은 목회자가 사회복음의 지지자가 되어 자신의 사역과 에너지를 현세의 문제(경제적 불평등과 인종 차별 등과 같은 평화와 정의의 문제)에 집중해야 함을 뜻하는가?[59] 이른바 사회복음에 관한 20세기 초의 논쟁이 드러낸 근본적 문제점은 논쟁이 너무 양극화되었다는 것이다. 지지자들은 하나님나라의 현세적 성격, 이 땅에서 사람들을 억압적 제도에서 해방시키는 것에 관한 선포와 실천을 강조했다. 반대자들은 하나님나라의 내세적 성격, 개인을 죄와 사망에서 해방시키는 것에 관한 선포를 강조했다. 목회자-신학자에게 '사회적' 복음과 '영적' 복음 사이에서 하나를 선택하도록 강요해서는 안 된다. 오직 **하나의** 복음(갈 1:6-7), 하늘**과** 땅을 아우르는 '영원한 복음'(계 14:6)만 있을 뿐이기 때문이다.

복음이란 개인의 영혼이 천국에 가는 것일 뿐만 아니라 하나님이 '제사장 나라'와 '거룩한 백성'을 세우시고(벧전 2:9; 출 19:6; 계 1:6), 그분이 유대인과 이방인을 화해시켜 사회적 평화를 이루시며(엡 2:14), 이 모든 것이 새 땅에서 온전히 성취된다는 소식이다. 복음은 공적 문제에 대해 함의를 지니지만—결국 창조 질서 전체가 그리스도 안에서 새로워지고 있다(고후 5:17)— 공공 정책 문제에 관한 몇 가지 입장으로 환원되어서는 안 된다. 오히려 공공신학은 그리스도 안에 있는 생명을 (하나님의 영광을 위해, 세상을 위해) 교회가 입증해내는 활동이며, 그런 활동이어야 한다.

> 목회자-신학자에게 '사회적' 복음과 '영적' 복음 사이에서
> 하나를 선택하도록 강요해서는 안 된다.
> 오직 하나의 복음만 있을 뿐이기 때문이다(갈 1:6-7).

공공신학: 고대적-미래적 대안. 그러므로 우리가 염두에 둔 것은 통상적인 공공신학이 아니다. 우리는 시류에 편승하려는 게 아니라 잃어버린 전망을 되찾으려 한다. 미로슬라브 볼프가 우리가 염두에 둔 바에 더 가깝다. 그는 사회복음이라는 스킬라와 낡은 복음이라는 카리브디스 사이를 항해하면서(바다에 사는 괴물인 스킬라가 자신의 동굴과 카리브디스라는 의인화된 소용돌이 사이를 지나가는 선원들을 잡아먹으려 했다는 고대 그리스 신화에서 유래한 표현으로서 진퇴양난을 뜻함—옮긴이), 그리스도인들에게 사회 안에서 지배적 세력이 되려 하거나 내세에만 초점을 맞추느라 사회로부터 사라져버리는 대신에 사회 안에 머물면서 증언할 것을 촉구한다. 모든 문화적 접촉의 목적은 하나님과 좋은 삶에 대한 기독교적 전망을 공적 영역에 전해줌으로써 소금과 빛이 되는 것이지만, 교회가 동시대 문화와 관계를 맺는 방식이 하나만 있는 것은 아니다.

"인간 번영과 공동선의 전망이 기독교 신앙이 공적 토론에 기여할 핵심 사항이다."⁶⁰ 볼프에게 공공신학은 교회가 좋은 삶의 구현이신 예수 그리스도를 공적으로 증언하는 것에 관한 문제다. 하나님 앞에서 (다시 말해서, 그리스도 안에서 새로워지고 있는 창조 질서의 결을 따라) 잘 사는 것이 바로 공공신학의 주제다. 기독교 교리는 사랑과 정의, 인간됨의 의미와 실천에 구체적 내용을 제공한다.

로언 윌리엄스 역시 공공신학자의 좋은 본보기다. 《공적 광장 안에 있는 신앙*Faith in the Public Square*》이라는 책으로 발간된 강연에서 그는 세속주의와 환경, 종교의 다양성 등 학계와 교회, 더 광범위한 사회 모두에 관계되는 문제를 다룬다. 이 강연은 "다양한 공적 질문과 그리스도인들이 모든 문제에 관해 생각할 때 출발하는(나는 그러기를 바란다) 창조와 구원에 관한 근원적 신념 사이에 연결점을 찾고자 하는 노력을 보여주는 몇몇 사례"다.⁶¹ 그의 목표는 공공 정책에 직접 영향을 미치거나 공적 광장에서 직접적으로 복음을 선포하는 것이 아니라, 하나님을 중심으로 삼는 공동체의 삶 안에 있는 기독교 신앙의 전망을 간접적으로 전달하는 것이다. 종교적인 삶은 특정한 장소 안의 물질적 삶, "인간의 삶이 공간을 부여하고 하나님께 환대를 베풀 때만 가시화되는 하나님의 처소를 확보할 책무"를 담당하는 삶이다. 따라서 "이 공간, 이 정체성 자체가 하나의 증언이 된다."⁶²

본서에서는 공공신학을 이해하고 실천하는 '또 하나의 탁월한 방식'을 보여준다. 이것은 '**공공**public'이라는 말의 어원적 뿌리(앞을 보라)로 돌아가기 때문에 근원적이다. 우리가 사용하는 용어로서 공공신학은 '사람으로 이루어진 신학'이다. "하나님은 그분의 공간 안 그분의 통치 아래에 있는 한 백성을 만들기 위해 일하고 계신다. 그러므로 하나님의 백성이라는 사상이 성서신학의 핵심을 차지한다."[63] 교회(건물이 아니라 말하고 행동하고 어쩌면 고통당하는 하나님의 백성)는 하나님과 하나님나라에 가장 뚜렷이 초점을 맞추는 '공간'이다.

레슬리 뉴비긴은 회중의 삶이 곧 '복음의 해석학', 즉 그리스도 안에 있는 새 피조물에 대해 말한다는 것이 참으로 무엇을 뜻하는지를 가장 잘 보여주는 실체라고 설명한다.[64] 이것 역시 공공신학(그리고 공적 진리)이다. 교회가 삼위일체 하나님의 해석학이 되는 것은 바로 교회가 복음의 해석학이기 때문이다. 왜냐하면 교회가 하나님의 백성으로 살아가는 삶은 예수 그리스도의 삶이자 그리스도의 인격과 사역으로 가능해진, 성령을 통해 성자 안에서 누리는 하나님과의 사귐이기 때문이다. 삼위일체 신앙은 사적 견해가 아니라 공적 진리다. 삼위일체 교리는 성부께서 성자와 성령을 통해 가족처럼 친밀한 관계를, 전에는 그분의 백성이 아니었던 사람들에게 확장시킨다는 점을 강조한다.[65] 따라서 교회는 공적 광장 안에 있는 공적 첨탑, 즉 그리스도 안에 화육化肉한 하나님의 사랑 안에 '연합'된 *symbibazō* 구조물의 가시적이며 끝이 뾰족한 일부다(골 2:2, 19).[66]

하나님의 백성—예수 그리스도의 공중—이 삼위일체 하나님에 대한 믿음과 그분 안에서의 사귐을 실천하는 곳은 어디나 교회다. 이것이 공공신학이다. 빛의 자녀가 '세상의 빛'이 되고(마 5:14), '영원부터 감추어졌던 비밀의 경륜'(엡 3:9), 즉 만물을 그리스도 안에 통일시키시겠다는 계획(엡 1:9-10)을 드러내는 것이다. 뉴비긴의 말처럼, "이 코이노니아 *koinōnia* 야말로 하나님이 온 인류를 위해 뜻하신 목적의 상징이자 도구, 선취先取인 교회의 본질이다."⁶⁷ 공적 첨탑으로서 교회는 이 계획을 실현하는 선봉대다. 따라서 교회는 예수 그리스도의 공적 진리이며, 진리일 뿐만 아니라 하나님의 구속 계획의 공적인 선善이자 공적 아름다움이다.

> 따라서 교회는 공적 광장 안에 있는 공적 첨탑이다.

교회는 그 삶과 증언으로 더 광범위한 공중—즉, 모든 사회 계층과 계급뿐만 아니라 "모든 민족과 종족"(계 14:6)—의 이익에 봉사하는 구별된 공중이다. 공공신학은 하나님의 백성을 하나님의 사랑의 해석학으로 만드는 것과 관계가 있다. 유진 피터슨은 이렇게 설명한다. "하지만 하나님이나 사랑의 삶에 관하여 우리가 하는 일에서 우리의 소명은 대단히 공적이다. … [사람들은] 우리가 하나님에 대해 우리가 얼마나 진지함과 경외심을 갖고 반응하느냐(이 반응이 가장 잘 드러나는 것이 주일 예배다)를 바라보며 좋든 나쁘든 그것에 의해 영향을 받는다. 또한 그들은 우리가 가족이나 친구들과 더불어 어떻게 살아가는가를 바라본다."⁶⁸ 요약하자면, 하나님의 백성은 그리스도가 기억되고 기념되고 탐구되고 전시되는 공적 공간이다. 더 간단히 말하자면, 목회자의 책무는 회중이 "그들이 부르심을 받은 그런 존재가 되도록" 돕는 것이다.⁶⁹ 이것이 공공신학자인 목회자의 고대적·미래적 책무다.

목회자: 사람들을 그리스도 안에서 든든히 서게 하는 유기적 지식인으로서의 공공신학자

모든 그리스도인이 그리스도 안에서 서로를 든든히 세워주는 사역에 참여하지만, 목회자의 독특한 직무는 특히 말씀과 성례전의 사역을 통해 다른 이들을 그리스도 안에서 세워줌으로써 그들을 섬기는 것이다. 목회자가 안수받는 것은 한 사람이 특별한 목적, 즉 하나님의 집 안에서 행하는 특별한 섬김을 위해 구별됨을 뜻한다. 따라서 목회자는 (유일하지는 않지만) 가장 중요한 일꾼, 동등한 일꾼 중에서 첫 번째 일꾼이다. 목회자는 집안을 관리하는 사람[oikonomos]—"하나님의 비밀을 맡은 자"(고전 4:1)—이다. 우리의 즉각적 관심사는 공공신학자, 즉 그들과 더불어 일한다는 의미에서뿐 아니라 목회 사역의 매개체('재료'라는 말은 너무 비인격적으로 들린다)인 사람들을 대상으로 일한다는 의미에서 사람들과 함께 일하는 사람으로서 목회자의 일을 설명하는 것이다. 목회자의 특수한 역할은 사람들을 든든히 서게 하는 것, 특히 그들을 하나님의 집, 그리스도의 몸, 성령의 공동체로 만들어가는 것이다.

나의 고등학교 시절 프랑스어 교사인 스탠리 우드워스는 자신의 소명에 대한 특별한 열정을 이렇게 묘사한 적이 있다. "가르침의 기쁨은 학생에 대한 열정, 심지어는 주제에 대한 열정이 아니라 학생에게 주제를 소개하고자 하는 열정을 통해서 누릴 수 있다." 이 말이 프랑스어나 화학, 역사에 적용된다면, 목회자의 열정에는 얼마나 더 잘 적용되겠는가? 목회자의 열정은 그저 하나님에 대한 사랑이나 사람들에 대한 사랑이 아니라 사람들에게 하나님을 소개하는 일에 대한 사랑이기 때문이다. 목회자의 특별한 책임은 하나님의 진리와 사랑을 말하고 보여줌으로써, 그것이 되고 그것을 행함으로써 하나님의 백성을 돌보는 것이다. 목회의 성공은 숫자(예를 들어, 교인 수, 프로그램, 돈)로 결정되지 않고 하나님에 대한 앎과 사랑에 관해 사람들이 얼마나 자랐는가에 의해 결정된다. 이것이 모든 사람을 그리스도 안에서 성숙하도록 만드는 유일한 방법이다(골 1:28).

이제 왜 목회자가 공공신학자여야 하는지가 분명해졌을 것이라고 믿는다. 하지만 왜 목회자-신학자가 진리를 전하기 위해 '지식인'이 되어야 하는가? 솔제니친의 예를 떠올려보라. 지식인은 궁극적인 사회적 관심사가 되는 폭넓은 주제에 관해 의미 있고 진실하게 말하는 사람이다. 세상을 위한 하나님의 계획에 관한 진리는 분명히 그런 주제다! 사실 '하나님'에 대해 말한다는 것 자체가 보편적 관심사가 될 수 있는 주제에 대해 말하는 것이다. 당연히 우리는 세상을 위한 하나님의 계획에 대해 말하는 이들이 **반**지성적이지 않기를 원하지 않는가?

논의를 진척시키기 위해서는 '지식인'이라는 말이 무엇을 뜻하는지를 명확히 해야 한다. 학계만이 아니라 사회에서도 지식인인 사람들이 있기는 하지만 극소수다. 대부분의 학자들은 전문가다. 그들은 작은 것에 관해 많은 것을 알고 있지만 거대한 물음에 대해 논해야만 할 때는 제대로 말을 못하는 경우가 많다. 하지만 목회자들은 거대한 물음(삶과 죽음, 의미와 무의미, 천국과 지옥, 육적인 것과 영적인 것의 문제)에 대해 자주 말한다. 물론, 지식인이라는 말이 지성만 강조하고 다른 사람들에게 제대로 설명할 수 없는 관념에만 사로잡힌 사람이라는 뜻이라면,

어떤 교회도 목회자가 지식인이기를 원하지 않는다. 이런 종류의 지식인은 지나치게 이론적이어서 실천적으로는 아무런 유익도 되지 못한다. 우리가 염두에 두고 있는 지식인은 거대한 진리를 현실의 사람들에게 설명하는 법을 알고 있는 특정한 종류의 보편적 지식인이다.

> 우리가 염두에 두고 있는 지식인은 거대한 진리를 현실의 사람들에게 설명하는 법을 알고 있는 특정한 종류의 보편적 지식인이다.

톰 오든은 목회자를 가리키는 많은 호칭(예를 들어, '사목자curate', '관할사제rector', '사제priest', '목사reverend' 등)을 조사한 후 각각이 목회자의 사역의 한 양상을 말해준다는 사실을 발견했다. 결론적으로 그는 양치기라는 중추적 유비를 가지고 있는 목회자라는 용어를 핵심적 패러다임으로서 선호한다고 주장한다.[70] 영어의 'pastor(목회자)'는 라틴어 'pastor(목자)'에서 왔다. 더 중요한 사실은, 예수께서 자신을 선한 목자(요 10:1-18)라고 부르셨으며 베드로에게 "내 양을 먹이라"(요 21:17)고 말씀하셨다는 것이다. 성서에서 목자가 양떼와 어떤 관계를 맺는지를 분명히 말해주고 있기 때문에 오든은 양치기의 유비가 후기근대사회에서도 여전히 유효하다고 생각한다. 흥미롭게도 선한 목자의 특징 중 하나는 지식인의 특징이기도 하다. "목자는 그들보다 '앞서' 가면서 그들을 인도할 뿐만 아니라 앞을 내다보면서 그들의 행복을 위해 주위를 살핀다."[71]

예수 그리스도의 양떼는 사자나 곰, 늑대(삼상 17:34-35)가 아니라 거짓 종교, 바르지 않은 교리, 경건하지 않은 관행―'통치자들과 권세들'은 말할 것도 없이(엡 6:12)―에 의해 위협을 받는다. 따라서 회중보다 앞서 가기를 원하는 목회자는 복음 안에 뿌리를 내리는 동시에 문화적 역량을 갖추고 있어야 한다. 공공신학자는 사람들로 하여금 자신이 살고 있는 세상을 이해하도록, 더 중요하게는 특별한 상황뿐 아니라 일상적 상황 속에서 그리스도를 따르는 법을 이해하도록 돕는다. 그리스도를 따르기 위해서는 자신이 어디에 있으며 무슨 일이 일어나고 있고 어떤 길이 진리와 생명의 길인지를 알아야 하지만, "목회자의 리더십은 무엇보다도 먼저, 그리고 최종적으로 제자도다."[72] 목회자-신학자는 그리스도의 몸을 위한 유기적 지식인, 즉 '구원에 이르는 지혜'(딤후 3:15)를 갖춘 복음적 지성인이다.[73]

유기적 지식인은 천재(다른 모든 사람과 분리되어 있는, 자신만의 독창적 사상을 지닌 사상가)나 지식인 엘리트가 아니다. 오히려 유기적 지식인은 자신이 속한 사회 집단의 필요와 신념, 갈망을 명확히 표현해낸다. 유기적 지식인은 공동체의 가르침과 바람을 말로 표현한다.[74] 유기적 지식인은 아이비리그가 아니라 말하자면 고향에 있는 농장의 산물이다. 가장 중요한 점은, 유기적 지식인이 높은 곳에서 아래에 있는 사람들을 향해 하듯이 말하지 않는다는 것이다. "새로운 지식인 유형은 외적, 일시적으로 감정이나 열정을 움직이는 말의 유창함에 있지 않으며, 단순한 연설가가 아니라 건설자, 조직가, '항구적 설득자'로서 실천적 삶에 적극적으로 참여함에 있다."[75]

> 목회자-신학자는 그리스도의 몸을 위한 유기적 지식인,
> 즉 '구원에 이르는 지혜'를 갖춘 복음적 지성인이다.

4장에서 우리는 문화적 헤게모니(너무나도 많은 방식으로, 많은 곳에서 유포되어서 많은 경우 우리가 인식조차 하지 못하는 지배적 세계관)을 폭로하고 그에 맞서 싸우는 유기적 지식인의 역할에 대해 다시 논할 것이다.[76] 직접적으로는, 소수 집단이나 억압받는 사회 집단에 예언자적이며 시적인 목소리(상황을 명확히 하고, 그 공동체의 목적과 목표를 표현하며, 그 공동체로 하여금 공동체의 전망과 일치하는 방식으로 행동하도록 일깨우는 언어)를 부여함으로써 그들의 이익을 위해 봉사하는 사람으로서의 유기적 지식인에 초점을 맞출 것이다.[77] 유기적 지식인은 사상이 중요하며 특정한 형태의 삶을 빚어낼 힘을 지니고 있음을 알고 있다. 그러므로 유기적 지식인은 추상적 이론가가 아니라 사회 활동가이며 정치 조직가다.

우리는 '유기적 지식인'이라는 용어가, 목회자가 목자라는 유비에 구체적 내용을 제공한다고 주장한다. 목회자-신학자는 하나님의 백성의 공동체를 위한 대변자다. 목회자-신학자는 모든 거짓 사상을 사로잡아 건전한 교리—생명과 생명의 부여를 나타내는 기독론적 '사상'(즉, 진리)—에 굴복시킨다(고후 10:5). 데이비드 웰스는 역사적으로 교회 지도자들이 학자이자 성인, 즉 "영혼의 질병에 익숙할 뿐 아니라 책과 학문에도 익숙한" 목회자들이었다고 지적한다.[78] 책 읽기—신학 책뿐만 아니라 소설책까지도(3장을 보라)—는 양떼보다 앞에 머물고자 하는 모든 목회자의 실천 계획의 일부가 되어야 한다.

이 점을 반복할 필요가 있다. 목회자-신학자는 학자가 아니라 지식인, 특히 유기적 지식인이어야 한다. 목회자-신학자가 그 방에서 가장 똑똑한 사람일 필요는 없다. 사도들도 그렇지 않았다. 베드로와 요한이 복음을 전하다가 체포되어 산헤드린 앞으로 끌려왔을 때, 그들은 즉흥적으로―사실 성령의 영감으로―공적인 연설을 해야 했다. "이 예수는 너희 건축자들의 버린 돌로서 집 모퉁이의 머릿돌이 되었느니라. 다른 이로써는 구원을 받을 수 없나니"(행 4:11-12). 대제사장과 장로, 서기관들―모두 랍비 학교에서 고도의 훈련을 받은―은 베드로와 요한의 '담대함'을 보고 깜짝 놀랐다. "그들을 본래 학문 없는 범인으로 알았"기 때문이다(4:13). 베드로와 요한은 천재가 아니라 사도였다. 그들은 산헤드린이 알지 못했던 바("그분은 부활하셨다!")를 알았다. 그들은 똑똑해서가 아니라 들었기 때문에 알았다. 그들은 무언가를, 유대 지도자들을 깜짝 놀라게 한 무언가를 배웠지만, 이를 학교에서 배우지는 않았다. 누가는 유대 지도자들이 베드로와 요한이 "전에 예수와 함께 있던" 것을 깨달았다고 말한다(행 4:13). 소극적이기는 했지만 그들이 받은 교육을 인정했다는 뜻이다.

목회자-신학자는 다른 이들이 알지 못하는 무언가를 알며, 그들은 성서가 그들에게 말해주었기 때문에 이것을 안다. 성서의 학교에서 성령께 가르침을 받는다는 것은 베드로와 요한이 그랬듯이 "예수와 함께" 있는다는 것이다. 목회자-신학자가 아는 바는 매우 특수한 것(하나님이 그리스도 안에서 행하신 바)이지만 거대한, 심지어는 보편적인 함의를 지닌다. 유기적 지식인은 많은 것을 아는 여우가 아니라 큰 것 하나―이 경우에는 하나님이 그분의 소중한 백성을 만들기 위해 행하신 일(출 19:5; 신 7:6; 14:2; 26:8; 말 3:17; 딛 2:14; 벧전 2:9)—를 아는 우화 속의 고슴도치를 닮았다(고대 그리스 시인 아르킬로코스의 시구에서 유래했으며 영국 정치학자 아이자이어 벌린의 책 《고슴도치와 여우The Hedgehog and the Fox》를 통해 널리 알려짐—옮긴이).[79] 목회자-신학자는 솔제니친처럼 보편적 지식인이지만 한 가지 차이가 있다. 목회자-신학자는 생명의 의미— 더 정확히 말하면 그리스도 안에 감춰진 생명의 의미(골 3:3)—에 대한 교회의 이해에 목소리를 제공한다. 목회자-신학자는 특수하고 명확한 무언가를 알지만, 엄밀히 말해 이는 전문화된 지식이 아니다. 목회자-신학자는 특수한 종류의 보편적 지식인, 즉 **삶의 모든 것을 하나님이나 예수 그리스도의 복음과 관계된 것으로 바라보는 일을 전공으로 삼는 보편적 지식인**이다. 목회자-신학자는 **그리스도의 몸**을 살아 움직이게 하는 **그리스도의 지성**으로서 존재하는 유기적 지식인이다.

> 목회자-신학자는 그리스도의 몸을 살아 움직이게 하는
> 그리스도의 지성으로서 존재하는 유기적 지식인이다.

전망: '그리스도 안에' 있는 바의 사역

내가 너희 중에서 예수 그리스도와 그가 십자가에 못 박히신 것 외에는 아무것도 알지 아니하기로 작정하였음이라(고전 2:2).
또한 모든 것을 해로 여김은 내 주 그리스도 예수를 아는 지식이 가장 고상하기 때문이라(빌 3:8).

이 책에서는 목회자-신학자의 소명을 되찾겠다는 전망을 제시하지만, 그렇다고 해서 이것이 목회자만을 위한 것이라는 뜻은 아니다. 반대로 우리가 이 책을 쓴 것은 회중을 위해서이기도 하다. 그들 역시 잃어버린 전망을 되찾을 필요가 있다. 모든 그리스도인은 성서에 대한 살아 있는 해설로서, 하나님의 말씀에 응답해 성령의 은사를 사용하여 교회를 든든히 세워야 할 책임이 있다. "그리스도의 말씀이 너희 속에 풍성히 거하여 모든 지혜로 피차 가르치며 권면하고 시와 찬송과 신령한 노래를 부르며"(골 3:16). 하지만 우리는 일차적으로 목회자-신학자가 하는 일에 초점을 맞춘다. 유기적 지식인—그리스도의 몸을 약동하게 하는 지성—은 실제로 무엇을 해야 하는가?

우리는 목회자가 공공신학자, 즉 '공적인 일'인 하나님의 경륜에 참여하는 사람이라고 주장했다. 목회자는 사람들과 함께 일하며 사람들을 하나님의 집으로 만들어가기 위해 예수 그리스도라는 실체를 전한다. 그리스도라는 실체를 전한다는 것은 그저 다른 이들에게 그분을 알리는 것 이상을 뜻한다(하지만 그 이하는 결코 아니다). 사도 바울은 그리스도를 아는 것이 탁월한 가치를 지닌다고 말한다. 바울은 그리스도를 알고자 했다. 그리스도를 온전히, 오직 그리스도만을 알기 원했다. 목회자-신학자는 사람들의 머리를 부풀리기 위해서가 아니라 그들의 마음을 변화시키기 위해서 이 지식을 전한다. 궁극적으로 목회자-신학자는 사람들이 "지식에 넘치는 그리스도의 사랑"을 알기를 원한다(엡 3:18).

이어질 내용을 간략히 소개하면 도움이 될 것이다. 네 장에 걸쳐 각각 목회직의 성서신학, 역사신학, 조직신학, 실천신학을 다룬다. 1장에서는 신구약성서가 하나님의 백성을 이끄는 이들을 어떻게 묘사하는지 검토한다. 하나님은 절대로 그분의 귀한 백성이 그들을 인도할 목자-지도자 없이 지내도록 내버려두지 않으셨다. 여기서는 목회직의 독특한 신학적 성격에 특별히 초점을 맞춘다. 2장에서는 교회사 안에 있는 풍성한 목회자-신학자 전통을 살펴본다. 목회직의 신학적 성격의 본보기가 되거나 이에 관해 글을 쓴 인물에 특별히 초점을 맞춘다. 이 두 장에서 우리는 새로운 전망을 만들어내기보다는 잃어버린 전망을 되찾으려고 한다고 주장한다.

3장과 4장(하나님의 말씀의 목회직의 조직신학과 실천신학)은 같은 검의 양날(히 4:12)로 볼 수 있으며, 함께 묶어서 읽는 것이 가장 좋다. 3장에서는 '그리스도 안에' 있음에 대해 일관성 있으며 문화적으로 이해할 수 있는 방식으로 말하고자 하는 시도인 조직신학에 초점을 맞춘다. 우리는 신학의 삼중적 사역, 즉 실체reality와 이해, 하나님의 백성을 위한 건덕建德의 사역을 제시한다. 4장에서는 목회자-신학자를 하나님의 집을 건축하는 일을 담당하는 장인에 비유한다. 특히 설교와 교리문답, 주의 만찬 집전, 사람들을 조직하여 복음의 진리를 드러내는 사랑의 사역을 행하게 하는 일 등 목회자-신학자의 실천적 사역에 초점을 맞춘다.

이 책은 공공신학자로서의 목회자에 대한 55개의 간추린 명제로 끝을 맺는다. 이 명제들은 하나님의 백성과 함께 행하는 목회자의 신학적 사역을 선명히 부각시킨다. 일부 독자들은 우리의 전망이 너무 이상주의적이라고 반론을 제기할지도 모른다. 목회자들은 너무 바쁘거나 여러 한계 때문에 우리가 주장하는 모든 것을 할 수는 없다는 것이다. 우리는 그런 우려를 이해한다. 하지만 문제의 핵심은 시간이나 에너지, 타고난 지능이 아니라 전망과 우선순위라고 생각한다. 신학은 목회직에서 사치품이나 (자동차 가죽 시트처럼) 추가적인 선택사항이 아니라 (운전대처럼) 표준적인 필수요건이다. 이 책 곳곳에 배치된 열두 명의 목회자들이 쓴 짧은 글들은 우리의 전망의 가능성과 실용성을 다양하게 입증해준다. 이 글들은 신학이 현장 목회의 필수요소라는 증거를 제공한다. 이는 무엇보다도 여기 이 땅에서 제자들을 하늘에 계신 그리스도의 모습으로 변화시키는 것이 목회자의 책무이기 때문이다.[80]

> 목회적 관점

목회자–신학자가 되기 위한 실천 여섯 단계

제럴드 히스탠드

목회자로서 내가 배운 한 가지가 있다면 그것은 이렇다. 목회자–신학자가 되기 위해서는 무신학의 늪, 즉 현대 복음주의의 조류를 거슬러 헤엄쳐야 한다는 것이다. 나도 이 과제를 다 해결했다고 주장할 수는 없다. 하지만 여러 해 동안 목회자–신학자라는 이상에 다가가기 위해 목회자가 사용할 수 있는 몇 가지 방법에 대해 점점 더 잘 이해하게 되었다. 내가 생각하기에 유익한 여섯 단계는 다음과 같다. 대략 중요한 순서대로 배치했다.

1. 같은 뜻을 지닌 직원을 고용하라. 당신의 교회에 왕성한 신학의 문화를 만들기 위한 긴 과정은 신학을 소중히 여기는 직원을 갖추는 일로부터 시작된다. 오로지 목회자–신학자라는 이상만을 고려하여 직원을 교체하는 것은 추천하지 않는다. 하지만 당신이 교회에서 직원 채용을 관장하고 새로운 목회자가 필요한 상황이라면 신학적 리더십에 대한 당신의 소명 의식을 공유하는 목회 동역자를 찾을 것을 강력히 권한다. 신학적 리더십을 중요하게 여기며 같은 생각을 지닌 목회

동역자를 찾을 수 있다면 목회자-신학자의 가장 중요한 장애물, 즉 고립을 극복할 수 있을 것이다. 고립은 목회자-신학자에게 중대한 장애다. 내가 이전에 섬기던 교회에서는 갑자기 옆방 문을 열고 들어가 (예를 들면) 아퀴나스가 어떻게 회심에서 지성을 우선시하는 태도로 인해 구원의 서정ordo salutis을 칼뱅과 다른 방식으로 이해하게 되었는지, 그리고 이것이 전적 타락 교리에 어떤 함의를 갖는지에 대해 이야기할 만한 환경이 갖춰지지 않았다. 이제는 그럴 만한 환경이며, 이는 중대한 차이를 만들어냈다.

2. 네트워크를 이루라. 우리 모두가 목회자-신학자를 동역자로 고용할 만한 입장에 있는 것은 아니다. 어쩌면 당신의 교회는 너무 작을 수도 있다. 어떤 경우든 당신이 할 수 있는 그다음으로 중요한 일은 같은 생각을 가진 목회자들의 네트워크에 참여하는 것이다. 교단 모임이든, 외부 동료들과 갖는 비공식적 모임이든, 신학 활동에 참여하고 싶은 마음을 가진 동료 목회자들과 네트워크를 이루는 것은 당신의 신학적 소명을 유지하는 데 필수적이다. 스카이프Skype를 활용하거나 복음주의신학회ETS에 참여하거나 블로그를 시작하라. 나는 매달 다른 두 명의 목회자들과 스카이프를 통해 우리가 읽고 쓴 것에 대해 토론한다. 정기적으로 대화를 나눔으로써 동지 의식을 얻을 수 있고 신학적 예민함을 유지할 동기부여를 받을 수 있다. 어떤 방법이든 신학 활동에 열심인 목회자들의 모임을 찾으라.

3. 당신의 주간 일정에서 공부하는 시간에 우선순위를 부여하라. 당신

의 회중의 기대와 요구 때문에 아마도 당신은 신학 공부와 글쓰기로부터 멀어질 수밖에 없을 것이다. 신학 공부를 하고자 한다면 당신의 일정에서 거기에 우선순위를 부여할 필요가 있다. 내 경우는 아침 시간을 떼어놓는 것이 가장 효과적이었다. 나는 첫 한 시간 정도를 기도하고 성서를 읽는 데 사용한다. 다음 시간은 라틴어 독본에 할애하고 (나는 고전학 박사과정을 하고 있다) 다음 세 시간 정도는 신학 공부를 한다. 올해 나는 월요일마다 아우구스티누스를, 수요일마다 바르트를, 목요일마다 현대 신학/학문에 관한 책을 읽는다. 화요일 아침에는 교회의 전망에 관한 주제를 공부한다. 오후는 직원 회의와 상담 약속, 행정 업무를 위한 시간으로 잡아두었다. 물론 장례식이나 응급 상황처럼 갑작스러운 일이 발생하면 공부를 하지 못할 때도 있다. 그저 다음 설교나 강의만을 위해서 공부하지는 말라. 너무 많은 목회자들이 신학이라는 기차보다 딱 한 걸음만 앞서 있다. 목회자의 생명줄은—당신의 회중이 깨닫든 그렇지 않든— 풍성한 신학과 기도, 성서 읽기를 통해 꾸준히 영양을 공급받는 것이다. 기도하면서 칼뱅의 《기독교 강요》나 아타나시우스의 《성육신에 관하여》나 아우구스티누스의 《삼위일체론》을 읽는 것에 대해 더 이상 죄책감을 느끼지 말라. 신학 공부는 목회자가 다른 목회적 의무를 다 이행한 다음 시간이 남으면 할 수 있는 일이 아니다. 신학 공부 자체가 목회자의 의무다. 당신 회중의 유익을 위해—당신의 설교와 교육, 상담, 목회적 돌봄을 제공할 수 있는 능력을 위해— 당신이 스스로 양분을 공급받는 일을 게을리 하지 않는 것이 대단히 중요하다.

4. 당신의 교회 지도자들의 동의를 얻으라. 당신이 맡은 일을 제대로 한다면 당신 교회의 지도자들은 결국 당신이 공부에 쏟는 시간을 소중히 여기게 될 것이다. 그들은 다른 누구보다도 당신이 행한 신학적 노고의 혜택을 누릴 것이기 때문이다. 하지만 당신 교회의 전통이 어떠하냐에 따라, 왕성한 신학 공부가 목회적 의무에 집중하지 못하게 하는 방해 요소로 간주될 수도 있다. 그렇다면 서두르지 말라. 신학이 그토록 오랫동안 교회와 분리되어 있었던 탓에 많은 회중들에게는 자신들의 목회자가 꾸준히 신학 공부를 하는 것이 좋은 일이라는 사실이 더 이상 자명하지 않다. 이를 단순히 주장해서는 안 되고 입증해 보여야 한다. 어떤 경우든 당신의 교회 지도자들이 당신의 신학 공부가 목회자로서 당신의 소명에 부가적인 일이 아니라 그 소명의 핵심 요소임을 깨닫도록 도와주어야 한다. 이는 다음의 주장과도 연결된다.

5. 신학이 교회를 위해서, 무엇보다도 먼저 당신의 교회를 위해서 존재함을 잊지 말라. 당신이 교인들을 최우선순위로 삼고 있다고 느끼지 못한다면, 당신이 아무리 똑똑해지더라도 당신은 보잘것없는 목회자-신학자가 될 뿐이다. 교인들은 당신이 공부하는 시간이 그저 당신의 다음 저술 계획이나 설교를 위한 시간이 아니라 그들을 위한 시간이라고 느껴야 한다. 당신이 공부하는 시간을 그들이 못마땅하게 여기기 시작한다면(예를 들어, "목사님이 사무실에만 틀어박혀 있어"), 당신 자신과 당신의 우선순위를 냉철하게 돌아보아야 한다. 당신이 공부하는 시간이 당신 생각처럼 하나님과 그분의 나라를 위한 시간이 아닐 가능성이 매우 높다. 신학이 교회를 섬겨야 하며, 그 반대가 아니다. 하

나님과 그분의 백성을 위한 사랑 때문에 우리는 책을 읽어야 한다. 만약 하나님과 회중에 대한 사랑이 우리를 공부하게 만드는 원동력이 아니라면 우리는 정말로 무엇을 위해 공부하고 있고 있는 것일까?

6. 이제 당신이 일하는 곳을 '사무실'이라고 부르지 말고 '서재'라고 부르라. 목회자-신학자 모임에서 쫓겨나기 싫다면 서재를 '사무실'이라고 부르지 말라. 만약 이 규칙을 지금 처음 듣는다면 세 번까지는 이를 어겨도 괜찮다. 그다음부터는 목회자-신학자 면허가 정지될 것이다. 단어의 의미는 중요하다. 당신이 '서재'를 '사무실'로 부른다면, 교인들은 당신이 일과 동안 하는 일에 특정한 기대를 갖게 될 것이다. 당신이 그곳을 '서재'라고 부른다면, 그들은 다른 종류의 기대를 갖게 될 것이다. 당신의 책이 있는 방, 당신이 성서를 읽고 기도하는 방, 그 방은 당신의 서재다. 그곳을 그렇게 부르기 시작하라. 그러면 교인들은 공부가 당신의 소명의 일부라고 생각하게 될 것이다.

| 목회적 관점 |

목회자로서 신학하는 일곱 가지 방법

조시 무디

이 책의 주제에 관해 몇 가지 생각을 나눌 기회를 얻은 것에 대해 감사한 마음이다. 나는 이 책무가 대단히 중요하다고 생각한다. 하지만 이상하게도 나는 이 주제 자체가 아이러니라고 생각한다! 아마도 이 점은 아래의 간략한 논평에도 드러날 것이다.

1. 나는 목회자가 어떤 종류든(좋든 나쁘든 이도저도 아니든) 전혀 신학을 하지 않는다는 것은 불가능하다고 생각한다! 우리가 속한 신학 전통에서 목회자의 역할을 어떻게 이해하든지, 거기에는 사람들로 하여금 하나님이라는 현실과 마주하게 하고, 그들의 삶을 향한 하나님의 부르심에 응답하게 하고, 영원한 진리로 그들의 존재를 빚어가는 일이 포함된다. 만약 이 일이 **신학적**이지 않다면 무엇이 신학적인 일인지 모를 일이다. 이것은 너무나 명백해 보여서—아마 당신도 그렇게 생각할 것이다— 이런 말로 이 글을 시작한다는 사실이 당혹스럽게 느껴진다. 어쩌면 바로 다른 논점으로 넘어가도 좋을 것이다. 하지만 그러기 전에 한 가지를 지적하고자 한다. 목회자는 어떤 형태로든 신

학을 하지 않을 수 없다. 이 점이 모든 사람에게 명백하지는 않은 까닭은, '신학'이라는 말 자체가 '학문'이라는 뜻을 가지는 것처럼 보이고 그래서 사람을 두렵게 만들기 때문일 것이다. 하지만 사실 신학은 '하나님에 관한 것, 하나님이나 하나님의 말씀에 대한 공부'라는 뜻이다. (이 글의 목적은 신학을 정의하는 것이 아니다.)

2. 내가 생각하기에 목회자로서 우리의 **핵심** 책무는, 강단에서든, 병원 침대 옆에서든, 소모임에서든, 개인 대화에서든, 어떤 식이로든 '말씀을 선포하는 것'이다(딤후 4:1-2). 그렇다면 우리는 신학을 하고 있는 셈이다. 말씀 선포라는 핵심 책무에 전념하고 최선을 다함으로써 우리는 신학을 하고 있는 셈이다.

3. 목회적(실천적) 물음/문제는 **신학적** 근거를 지닌다. 예를 들어, 다른 사람들과의 관계를 희생시켜서라도 자신의 뜻을 관철하기 위해 은밀한 책략과 조작을 일삼는 것처럼 보이는 교회 지도자와 만난다고 가정해보라. 자신이 직접 나서지 않아도 하나님이 그 상황을 선하게 이끄실 수 있음을 그가 받아들이지 못한다는 것을 당신이 알게 되었다고 치자. (그 이상은 아니더라도 적어도) **근본적으로** 당신은 하나님의 주권에 관한 신학적 주제를 다루고 있다. 목회자로서 성장하기 위한 핵심 과제는 이처럼 실천적인 문제를 신학적 문제와 연결시키는 것이라고 말할 수 있다. 예수께서도 "마음에 가득한 것을 입으로" 말한다고 말씀하지 않으셨는가?(참고. 눅 6:45)

4. 신학자-목회자가 된다는 것은 **시간**을 말씀 사역에 할애한다는 뜻이다. 이것은 일과표 안에 성서를 공부하는 시간을 잡아두고 방해하는 요소를 피하고 설교 준비를 최우선으로 삼는 것처럼, 언뜻 보기에 단순한 문제인 것 같다. 나처럼 규모가 크고 잘 뒷받침해주는 직원들이 있는 목회자만 그렇게 말할 수 있다고 생각하지 않도록 하기 위해, 나의 첫 담임목회지에 관해 짧게 언급하고자 한다. 침체에 빠져 있던 그 교회에 부임해서 나는 임대한 집 거실에 상자를 놓고 책상을 삼았다. 나는 노트북컴퓨터 배경화면에 "말씀을 선포하라"라는 글귀를 띄워놓고 그 일을 최우선으로 삼았다. (심방이나 상담, 행정을 꺼렸다는 말이 아니다. 매일 아침 공부 시간을 마친 후에 이런 사역을 했다.)

5. 신학자-목회자가 된다는 것은 **번역** 전문가가 된다는 뜻이다. 즉, 우리는 조직신학의 거대한 단어들과 거창한 학문적 담론을 일상생활에서 사용하는 쉬운 말로 번역해내야 한다. 전문 용어가 대개는 약어의 기능을 한다는 사실을 기억하고 잘난 체하지 않으면서 번역해내야 한다. 전문 용어를 피한다는 것은 해당 주제에 관해 덜 말해야 한다는 뜻이 아니다. 말하기 위해 더 많은 시간을 들여야 한다는 뜻일 뿐이다.

6. 신학자-목회자가 된다는 것은 (단지 성서에 관한 책들이 아니라) 말씀 자체에 관한 **자신감**을 계속해서 키워가는 것을 뜻한다. 그렇게 할 때 당신이 직면한 특정한 상황에 대처하기 위한 새로운 통찰을 성서에서 발견할 수 있다. 긴 책을 쓰는 엘리트 대학교의 엘리트 교수들을 보면서 사람들은 지레 겁을 먹고 그들처럼 말하거나 그들을 모방해야 한

다고 생각할 수도 있다. 하지만 전혀 그럴 필요가 없다. 반드시 그들의 책을 읽으라. 하지만 그렇게 한 다음 성서 자체에서 당신이 필요한 것을 찾아내라(sola Scriptura, 오직 성서만으로).

7. 신학자-목회자가 된다는 것은 **전도**의 책무를 수행한다는 뜻이다. 누구라도 신학자가 되기 위해서 개인 전도나 말씀을 선포하는 전도, 전도 행사를 포기해야 한다고 느낀다면, 나는 차라리 그들이 신학을 포기하고 계속 전도를 하길 바랄 것이다. 그렇긴 하지만 전도자는 주의를 기울여야 한다. 역사적으로 기독교 교회 내 이단의 대부분은 사람들에게 다가가고자 했던 전도를 위한 선의의 노력에서 시작되었다. 그들은 사람들이 더 쉽게 받아들일 수 있도록 중요한 신학 개념을 바꾸려 했다. 하지만 신학 개념을 바꾸자 예상하지 못했던 결과가 생겼다. 당신이 전도에 초점을 맞추는 사람이라면, 나는 신학을 읽되 쓰려고 하지는 말 것을 강력히 권한다. 전도에만 집중하는 편이 훨씬 더 나았을 탁월한 전도자들이 쓴 좋지 않은 책들이 너무나도 많다. 물론 전도자들은 우리 중에 가장 재능이 뛰어난 사람들인 경우가 많지만, 하나님이 그들에게 주신 잃어버린 영혼에게 다가가고자 하는 놀라운 열망은 오히려 그들을 신학적으로 호도하는 경향이 있다. 물론 목회자도 전도를 해야 하며, 그들도 전도를 할 때 신학적 어려움, 변증론적 어려움에 직면할 것이다. 그들은 교회의 전도를 방어하고 지도하기 위해 이런 어려움에 대한 신학적 대답을 마련해둘 필요가 있다.

근본적으로 성서에서는 목회자를 '목사와 교사'(참고. 엡 4:11)라고 부르기 때문에, 목회자로서 교회에서 급여를 받는 이들은 가르쳐야 한다. 하지만 교사로서 학교에서 급여를 받는 이들 역시 교회와 교회의 번영을 위해 헌신해야 하기는 하지만, 그들이 꼭 목회를 할 필요는 없다.

1부

성서신학과 역사신학

Chapter 1

예언자, 제사장, 왕
목회직에 관한 간략한 성서신학

오언 스트래헌

세계 최대의 도시 한가운데서 그는 기도했다.

전설적인 인물들, 처칠, 히틀러, 루즈벨트의 시대였던 1944년 6월 18일 오전 11시 20분 런던이었다. 온 세계가 화염과 연기에 휩싸인 듯했던 끔찍한 전면전이 진행되던 시기였다. 대영제국은 사실상 막을 내렸다. 수십 년 동안 이 제국은 인류 역사상 가장 강력한 나라로서 지구상 거의 4분의 1을 지배했다. 이제는 제국의 수도가 공격을 받고 있었다. 공습으로 사이렌이 요란하게 울리고 사방이 혼돈에 빠진 상황에서 마틴 로이드 존스는 교인들 앞에 섰다. 그는 버킹엄 궁에서 불과 몇십 미터 떨어진 곳에 있었지만 더 높은 왕국을 섬기고자 했다.

이때 런던은 공포에 사로잡혀 있었다. 독일의 원격 조종 폭격이 시작된 지 며칠 되지 않았건만, 이미 엄청난 사상자가 발생했다. 역사가 이언 머리에 따르면 한 주 만에 1만 명 이상이었다.[1] 파멸이 찾아온 듯 도시는 공포에 사로잡혀 있었다. 하지만 '박사'는 포기하지 않았다. 모든 교인들이 비행기가 다가오는 소리를 들을 수 있었지만, 로이드 존스는 이미 '긴 기도', 즉 목회 기도를 시작했으며 멈추지 않았다. 하지만 웅성거리는 소리가 너무 커져서 더 이상 기도를 계속할 수 없었고, 그래서 그는 멈추었다. 온 회중이 숨을 죽이고 기다렸다.

그때 폭탄이 떨어졌다. 엄청난 폭발이 있었고, 천장에서 잔해가 떨어졌으며, 예배당 구조물에 금이 갔다. 눈을 감고 있던 한 여인이 눈을 떠 보니 곱고 흰 먼지가 옆에 있는 교인들을 덮고 있었다. 그는 천국에 와 있다고 생각했다. 회중이 자리에서 일어났다. 그들은 두려움에 휩싸였다. 교인들은 자기네 목회자가 어떻게 반응할지를 기다리고 있었다. 그는 울까? 도망칠까? 아니면 공포에 사로잡힐까?

그는 그러지 않았다. 사이렌이 울리는 와중에도 박사는 목회 기도를 계속 이어갔다. 기도를 마쳤을 때 그는 교인들을 향해 원하는 사람은 좀 더 안전한 2층 좌석 아래로 이동해도 좋다고 말했다. 한 집사가 앞으로 나와 강단을 덮은 먼지를 떨어내고 자리로 돌아갔다. 로이드 존스는 예배당 앞에 있는 자기 자리로 가 성경책을 폈다. 그는 조금도 주저하지 않고 교인들에게 하나님의 말씀을 선포하기 시작했다.

본문은 유다서 1장 20절과 21절이었다. "사랑하는 자들아, 너희는 너희의 지극히 거룩한 믿음 위에 자신을 세우며 성령으로 기도하며, 하나님의 사랑 안에서 자신을 지키며 영생에 이르도록 우리 주 예수 그리스도의 긍휼을 기다리라."[2]

구약의 옛 언약 사역

—

이 놀라운 장면에서 우리는 공적인 용기를 지닌 탁월한 인물, 타락한 세상 안에서 기독교 사역의 본질을 잘 보여주는 인물을 만난다. 세상이 불타고 있을 때조차도 목회자는 교회가 성령의 능력 안에서 든든히 서 있도록 교회를 이끈다.

우리 모두가 이처럼 극단적인 상황에서 목회를 하는 것은 아니지만, 사실 모든 목회자는 전투에 임하고 있다. 목회 사역은 살아 계신 하나님과 통치자들과 권세들 사이에 벌어지는 더 광범위한 전쟁 안에서 일어나는 지역적인 전투에 해당한다(엡 6:12). 우리는 이 갈등이 초래한 결과를 목격한다. 낙심한 사람들. 싸움. 직원들의 계속되는 비판. 간음. 거짓 가르침에 넘어감. 가장 잘못으로 깨진 가정. 한때는 열심이었지만 신앙에서 멀어진 제자들. 재정적 어려움. 우울증. 개개인이 영적인 싸움을 해나간다. 이 갈등이 일어나는 곳은 인간의 마음, 하나님의 형상을 지닌 인간의 모든 희망과 생각, 꿈, 계획, 갈등을 아우르는 내면의 중심부다.

이 갈등이 인간의 마음 안에서 일어나고 있다면, 목회자는 회중의 싸움터 한가운데 서 있는 셈이다. 하나님과 악마 사이의 중대한 갈등 속에서 목회자는 사람들보다 앞서 나가 하나님 앞에서 그들을 대변하고 사탄으로부터 그들을 보호한다. 하지만 오랜 세월 계속되는 거대한 전쟁에서 그리스도의 왕국을 확장하는 교회의 사역에서 목회자가 중심적인 역할을 맡고 있는데도 이에 대한 성서신학적 성찰은 비교적 드물었다. 따라서 주석가나 신학자들도 구약에서 '언약의 담당자'로 부를 수 있는 사람들과 신약의 목회자-신학자를 연결시키려는 노력을 거의 하지 않았다. 제사장이나 예언자, 왕들이 교리의 진영에서 배제되었다는 뜻이 아니다. 칼뱅과 다른 많은 이들이 '삼중직*munus triplex*'이라는 유익한 용어를 사용하며 그리스도께서 어떻게 이를 성취하셨는지를 논한 바 있다. 신구약을 이렇게 연결시켜 이스라엘의 기대가 그리스도 안에서 어떻게 실현되는지를 살펴봄으로써 우리는 큰 유익을 얻을 수 있다.

> 목회 사역은 살아 계신 하나님과 통치자들과 권세들 사이에 벌어지는 더 광범위한 전쟁 안에서 일어나는 지역적인 전투에 해당한다(엡 6:12).

칼뱅과 그의 뒤를 따랐던 이들의 수고에 감사하기는 하지만, 제사장과 예언자, 왕의 직무가 어떻게 목회자와 연결되는가에 대해서도 생각해보아야 한다. 아래에서 우리는 고대인들을 회의실로 다시 불러들이고자 한다. 우리는 제사장과 예언자, 왕들의 사역이 우리가 목회자의 사역을 이해하는 데 도움을 줄 수 있다는 중요하고도 매우 상식적인 주장을 할 것이다. 물론 새 언약의 목회자가 이런 역할들을 직접적으로 성취하는 것은 아니다. 예를 들어, 제사장의 계보는 예수 그리스도의 인격과 사역 안에서 종결되고 성취되었다. 그러나 옛 언약에서 제사장과 예언자, 왕이 담당했던 사역의 핵심 요소는 새 언약의 목회직으로 이전되었다. 더 분명하게 말하자면, 구약의 삼중직은 성서신학적 유산을 통해 목회자가 어떤 사람이고 어떤 사람이어야 하는가를 개략적으로 보여준다. 즉, 목회자는 하나님과 사람들 앞에서 언약 담당자로서의 직무를 맡고 있다.

따라서 우리는 목회직을 최근에 이뤄진 혁신이 아니라 과거 인물이 했던 사역을 본받아 실천하는 직무로 이해한다. 목회자는 특히 화해라는 새 언약의 사역을 통해 하나님의 백성을 이끄는 특권과 책임을 물려받은 사람들이다. 앞으로 살펴보겠지만, 하나님이 맡기신 이 직무를 담당하기 위해 목회자는 (그들보다 먼저 예언자와 제사장, 왕이 그랬듯이) 하나님의 백성에게 하나님의 말씀을 전하고, 하나님 앞에서 그 백성의 중재자 역할을 하고 구원의 삶의 지혜의 본보기가 되어야 한다.

제사장: 성별된 백성을 위해 성별됨

구약을 통해 우리는 언약을 담당하는 세 집단을 만난다. 이 역할을 맡는 이들은 제사장이나 예언자, 왕이었다.³ 공통점은 이들이 창세기 12장에서 하나님이 아브라함과 맺으셨고, 하나님이 이삭과 야곱, 모세, 다윗에게 확증하셨던 은혜로운 언약에 따라 살도록 하나님의 백성을 이끄는 데 핵심적 역할을 했다는 것이다.⁴ "나는 너희의 하나님이 되고 너희는 내 백성이 될 것"이라는 말씀이 구약에서 가장 중요한 약속이다. 이 약속을 주시면서 야훼께서는 아브라함에게 하늘의 별을 보라고 말씀하셨고 하늘의 별처럼 수많은 자손을 주심으로써 이 약속을 놀랍게 성취하실 것이라고 다짐하셨다. 은혜는 야훼께서 그의 후손에게 약속하신 바이며, 은혜는 그분이 부어주신 바다.

야훼께서는 수많은 성별된 개인을 통해 그분의 은혜를 주셨다. 그분은 이렇게 행동하실 의무가 없으셨지만, 그분의 백성에게 복을 내리고 그들을 인도하시기 위해 인간 매개자를 사용하기로 작정하셨다. 주께서는 언제나 그분의 창조의 절정인 인류와 거룩한 관계와 사귐을 갖기를 바라셨으며, 그들을 섬기고 그들로 하여금 그분의 자비와 은총을 더 깊이 경험하도록 도울 청지기들을 세우셨다. 이는 세 언약의 직분을 통해 가장 분명히 드러난다. 제사장은 하나님과 인간 사이의 관계에서 핵심적인 역할을 했다. 제사장은 하나님과 백성 사이에서 거룩함의 매개자가 되도록 주께서 성별하신 사람이었다. 레위 지파의 제사장들은 수많은 의례와 명령, 예식을 수행하고 감독하고 심지어는 강제할 책임을 맡았다. 백성이 하나님의 율법으로부터 벗어나 그것을 지키지 못했을 때, 제사장은 그들에게 돌아올 것을 촉구했으며 그들의 거룩하지 못함을 치유하기 위해 제사를 드렸다. 제사장 사역의 주된 관심사는 백성의 정결함이었다. 화해든 교육이든 맡겨진 모든 의무에서 제사장은 이스라엘의 삶 속에서 하나님의 거룩하심, 그분의 구별된 본성을 현실화하고 심지어는 구체화하고자 했다. 야훼께서 거룩하시므로 그분의 백성도 거룩해야 했다.[5]

> 고대 이스라엘에서 거룩함은 결코 추상적 개념이 아니었다.

제사장은 이 현실을 포착하고 실제적으로 만드는 책무를 맡았다. 그는 부정한 백성이 거룩하신 하나님과 생명의 유대를 공유할 수 있게 해주는 수단을 제공하도록 부르심을 받았다. 그가 행하는 교육과 예식 사역을 통해 제사장은 백성의 일상적 경험이 율법에 의해 더 많이 규정될 수 있게 만들었다. 고대 이스라엘에서 거룩함은 결코 추상적 개념이 아니었다. 이는 시내 산에서 간략한 형태로 선언된 바 있다. 이 선언의 출처가 그 본질적 속성을 드러낸다. 하나님이 하신 말씀은 땅보다 훨씬 높은 곳, 하늘에서 왔다. 하지만 율법 자체는 하나님의 백성의 삶과 철저히 연결된다. "너는 나 외에는 다른 신들을 네게 두지 말라"라는 말씀은 명령일 뿐만 아니라 현실에 관한 진술이기도 하다. 야훼 외에는 다른 신이 없다.

산에서 내려오면서 모세는 율법을 들고 왔다. 그의 하산은 하나님의 법전이 해야 할 일을 상징했다. 그것은 이스라엘의 혈류 안으로 흘러들어가야 했다. 백성의 삶에 녹아들어야 했다. 거룩함은 하나님의 백성과 잘 어울리는 것에 그치지 않는다. 그들 자신이 거룩해져야 했다. 그들은 열방 중에서 자신을 성별함으로써, 율법을 실천하고 율법이 그들의 삶의 모든 부분을 규정하게 함으로써 하나님의 성품을 나타내야 했다. 그들이 결국 실패했을 때 제사장이 그들의 죄를 위해 속죄해야만 했다. 율법의 목적은 거룩한 삶의 방식을 위해 그들을 성별함으로써 그들의 삶에 영향을 미치는 것이다. 그들이 율법에 순종함으로써 이 고귀한 부르심을 지켜내지 못했을 때, (아래에서 설명하듯이) 그들은 제사장의 제사 사역에 의존했다. 따라서 율법은 하나님의 백성에게 모든 것을 아우르는 현실이었다. 그들의 기준이자 한결같은 지침이었다. 이 시점에서 계시록을 인용해보면, 백성은 율법을 먹고 소화하고 율법에 의해 건강해지고 거룩해져야 했다(계 10:10). 따라서 제사장은 백성에게 가서 "이 율법을 먹으라" 하고 말하는 사람이었다.[6]

구약의 제사장은 고귀하고 거룩한 책무를 담당했다. 제사장의 일을 맡은 이들 중에서 이 일의 거룩한 성격을 가장 분명히 보여주는 사람들은 레위인들이었다. 민수기 18장 3-7절에서 야훼께서 레위인들의 수장 아론에게 하신 말씀을 통해 우리는 레위인들이 주를 직접 섬기고 하나님의 거룩한 명령을 수행했으며 이를 바르게 하지 못했을 때는 죽음의 벌을 받았음을 알 수 있다.

레위인은 네 직무와 장막의 모든 직무를 지키려니와 성소의 기구와 제단에는 가까이 하지 못하리니 두렵건대 그들과 너희가 죽을까 하노라. 레위인은 너와 합동하여 장막의 모든 일과 회막의 직무를 다 할 것이요, 다른 사람은 너희에게 가까이 하지 못할 것이니라. 이와 같이 너희는 성소의 직무와 제단의 직무를 다하라. 그리하면 여호와의 진노가 다시는 이스라엘 자손에게 미치지 아니하리라. 보라, 내가 이스라엘 자손 중에서 너희의 형제 레위인을 택하여 내게 돌리고 너희에게 선물로 주어 회막의 일을 하게 하였나니, 너와 네 아들들은 제단과 휘장 안의 모든 일에 대하여 제사장의 직분을 지켜 섬기라. 내가 제사장의 직분을 너희에게 선물로 주었은즉 거기 가까이 하는 외인은 죽임을 당할지니라.[7]

이 중대한 소명을 성취한다는 것은, 민족이 통전적 의미에서 주를 예배할 때 레위인을 따라야 하며 따르지 않을 때는 죽임을 당할 것이라는 뜻이었다. 삶 전체가 하나님의 율법에 의해 규정되어야 했으며, 제사장은 백성이 하나님의 율법의 은혜롭고 유익한 다스림을 반드시 받아들이게 할 책임이 있었다. 일상생활에 관한 금지와 명령―어떤 옷을 입어야 하며, 어떤 음식을 먹어야 하며, 간음 사건을 어떻게 처리해야 하는지에 관한―은 몇몇 대중적인 책에서 주장하는 바와 반대로 작위적이지 않았다.[8] 율법은 하나님의 백성으로 하여금 주변의 다른 모든 이들과 독특하게 구별되는 방식으로 살아가게 만들었다. 따라서 율법의 초점은 기이한 의례를 수행하는 것이 아니다. 온 백성이 율법에 순종할 때, 주를 예배할 뿐만 아니라 예배를 통해 의로워진 백성, 하나님이 옳은 일을 하시듯이 옳은 일을 행하고자 하는 거룩한 백성으로 변화된 공동체가 만들어진다. 성별된 하나님께서 성별된 나라를 섬길 성별된 계급, 제사장들을 세우셨다.

거룩하게 하는 이 과정에 사용될 도구가 바로 율법이었다. 율법은 선하며, 백성에게 유익이 되었다(시 119편을 보라). 하지만 순수하며 의로움에도 불구하고 율법은 백성을 구할 수 없고 결코 구하지 못했다(창 3:21; 15:6을 보라). 율법의 청지기로서 제사장은 백성의 죄를 상징적으로 씻어주는 구약 제사 제도를 감독할 책임을 맡았다. 이 역할을 할 때 제사장은 "하나님과 인간 사이에 서서 중재자 역할을 수행했다."[9] 따라서 제사장은 단순히 고대 이스라엘의 법률 집행자가 아니었으며, 두루마리와 규정에 파묻힌, 하나님께 임명받은 단속자團束者가 아니었다. 레위인들은 하나님의 은혜의 전령이었다.

이는 레위기 16장에 분명히 드러난다. 대속죄일에 레위인들은 신앙 공동체의 핵심적 희생 제의를 수행했다. 해마다 반복되는 이 예식은 죄의 악한 속성을 보여주는 동시에 하나님이 베푸시는 속죄를 위해서 반드시 피 흘림이 있어야 함을 생생히 보여주었다. 대속죄일은 근원적 감각을 건드리는 행사였으며 피와 물, 죽음으로 가득했다. 그리고 이 모든 것의 역동적인 중심에는 회개를 통한 용서가 이루어진다는 소망이 자리 잡고 있었다. 백성은 정결해질 수 있었다. 제사장은 자신과 자신의 주변, 자신의 민족의 만연한 부정에 대해 속죄함으로써 이 모든 것을 상징적으로 보여주었다.

또 백성을 위한 속죄제 염소를 잡아 그 피를 가지고 휘장 안에 들어가서 그 수송아지 피로 행함같이 그 피로 행하여 속죄소 위와 속죄소 앞에 뿌릴지니, 곧 이스라엘 자손의 부정과 그들이 범한 모든 죄로 말미암아 지성소를 위하여 속죄하고 또 그들의 부정한 중에 있는 회막을 위하여 그같이 할 것이요(레 16:15-16).

우리는 레위기 16장 전체와 더 나아가 율법의 사역 전체를 주께서 언약 백성에게 주신 약속의 일차적(궁극적이지는 않지만) 성취로 보아야 한다. 죄 때문에 이 백성은 정화가 필요했다. 제사장은 의례적 정화를 제공했다. 제임스 해밀턴이 말했듯이, "예배자로부터 제물로 바치는 짐승에게 죄책이 전가되고, 그런 다음 그 짐승이 죽을 때 예배자는 죄로부터 깨끗해진다." 따라서 "예배자는 제물에 임한 심판을 통해 믿음으로 구원받는다."[10] 구약에서 예배자를 구원하는 것은 예식이 아니라 이 극적인 예식을 연출하신 분에 대한 믿음, 하나님이 베푸신 죄에 대한 은혜로운 해결책에 대한 신뢰였다. 이렇게 속죄를 상징적으로 재연再演한 다음 제사장은 이 정화된 정체성이 민족의 일상생활에도 영향을 미칠 수 있게 하기 위해 날마다 노력했다.

따라서 제사장의 목회는 소망의 사역이다. 제사장은 물리적으로 전달할 수 있는 방식이 아니라 공동체의 참회하는 모든 사람들에게 제공되는 정화의 약속을 통해 민족에게 은혜를 제공했다. 따라서 이것이 직접적인 **신학적** 사역임을 놓쳐서는 안 된다. 레위인들은 단순히 불가사의한 의례를 준수한 것이 아니라 하나님의 백성 앞에서 구속救贖의 이야기를 실연實演했다. 그들은 백성의 부정함과 이 문제를 해결하기 위해 피 흘림이 필요함에 주목하게 함으로써 백성에게 그들이 누구인지를 보여주었다. 가장 중요한 점은, 그들이 백성에게 야훼가 누구신지 보여주었다는 사실이다. 그분은 자기 백성을 부정함 가운데 버려두지 않으셨다. 야훼는 제사를 규정하셔서 그들이 그분의 임재 안에 서고 열방에 대해 그분을 대표할 수 있게 하셨다.

야훼께서는 인간 매개자를 통해 그분의 백성에게 그분의 은혜로운 행위를 전달하셨다. 그분이 그렇게 하신 것은 그들로 하여금 내적 우월감을 느끼게 하기 위함이 아니라 그들이 소망 안에서 다른 이들에게 다가가고 "그분의 임재를 세상에 전하게" 하기 위해서였다.[11] 성서적 견지에서 성별됨은 어떤 의미에서도 도피가 아니다. 사실 그것은 다른 이들을 구원하는 사역에 뛰어들라는 부르심이다. 하나님이 이스라엘을 만드시고 택하신 것은 그들의 영적 유익을 위해서만이 아니었다. 민족이 아브라함의 눈에 희미한 빛, 즉 한밤중 모래 위에 비친 헤아릴 수 없이 많은 별빛에 지나지 않았을 때도 야훼께서는 그들을 온 세상을 위한 축복으로 만들고자 하셨다(창 12:2; 참고. 22:18).

> 성서적 견지에서 성별됨은 어떤 의미에서도 도피가 아니다.
> 사실 그것은 다른 이들을 구원하는 사역에 뛰어들라는 부르심이다.

예언자: 객관적 계시의 선포자

제사장이 만질 수 있는 형태로 백성에게 제공했던 바를 예언자는 말로 전했다. 예언자는 하나님의 뜻을 말하고 그분의 생각을 선포하도록 주께 성별되었다. 선언과 권면, 통렬한 책망, 아낌없이 베푸시는 하나님의 자비를 맛보라는 탄원을 통해 예언자는 단호하게 하나님 중심적 관점에서 시대를 해석했다. 하나님을 위한 바보들이었던 그들은 야훼께 사로잡혀 그분을 위해 말했다. 월터 브루그먼이 말했듯이, "그들이 나타남으로써 야훼께서 이스라엘 안에 직접적으로, 명백하게 임재하셨다고 여겨졌다."¹² 예언자는 하나님의 생각뿐만 아니라 그분의 임재 자체를 드러냈다. 그분은 그분의 백성과 함께 계셨다. 그들을 떠나지 않으셨다. 그들이 방황할 때마다 그분은 그들이 돌아오기를 원하셨다.

만물의 통치자이신 야훼께서는 신적 권위를 갖고 말할 예언자들을 세우셨다. 예레미야를 예언자로 부르시는 장면을 보면 그에게 바로 이 역할이 맡겨졌음을 알 수 있다.

> 여호와께서 그의 손을 내밀어 내 입에 대시며 여호와께서 내게 이르시되, 보라, 내가 내 말을 네 입에 두었노라. 보라, 내가 오늘 너를 여러 나라와 여러 왕국 위에 세워 네가 그것들을 뽑고 파괴하며 파멸하고 넘어뜨리며 건설하고 심게 하였느니라 하시니라(렘 1:9-10).

예수께서 이 말씀을 그분의 왕 되심에 관한 진술로 해석하기에 앞서 예레미야는 초월적 선포 행위로서 이렇게 말했다. 예레미야의 말에는 권위가 있었다. 듣는 이들이 그의 선언과 하나님으로부터 오는 가르침을 거부할 수는 있지만, 그렇다고 해서 그들이 주께서 약속하신 것과 다른 길을 선택할 수 있었던 것은 아니다.

예언자는 진리를 말하는 사역을 수행했다. 진리는 하나님 밖이나 그분 너머에 있는 무언가가 아니다. 진리는 하나님의 말씀과 언약에 대한 하나님의 신실하심에 관한 문제다. 예언자들에 따르면 그분이 진리시다(사 25:1; 65:16을 보라). 야훼의 약속보다 더 믿을 만한 것은 없기 때문이다. 그분의 성품은 절대로 흔들리지 않는다. 그분의 말씀은 절대로 허무하게 사라지지 않는다(사 55:11). 예언자는 이스라엘 백성에게 이 사실을 끊임없이 상기시킴으로써 그들을 섬겼다. 하나님의 약속은 절대로 허무하게 사라지지 않을 것이다. 그렇지 않게 보일 때조차도, 그분께 신실한 남은 자들이 아시리아와 페르시아에 짓밟힐 때조차도 야훼는 그분의 언약 백성을 잊지 않으셨다. 하나님께 택함 받은 이들이 최악의 시간을 겪는 동안에도, 결국에는 죄에 대한 심판이 찾아오겠지만 은혜가 가까이 있었다.

하나님은 아무도 없는 땅에서 외치지 않으셨다. 공허한 위협은 없었다. 하나님의 경고 역시 제멋대로인 사람들, 신실하게 하나님을 신뢰하고 거룩하게 살 것을 촉구하는 은혜의 언약으로부터 계속해서 벗어나는 사람들을 향해 선포된 진리다. 포로 생활을 할 때조차도 백성에게는 하나님이 맡기신 사명이 있었다. 예언자들은 목이 쉬도록 외치며 야훼의 백성에게 언약을 지키고 잊지 말라고 경고했다.

귀 기울여 듣는다면 하나님의 백성은 파괴에 이르지 않는 또 다른 길을 발견할 것이다. 이것은 보호와 구원의 길이었다. 두려움을 자아내는 야훼의 공의에도 불구하고, 씨름하는 자인 야곱의 백성은 그들의 주 앞에서 겁먹지 말아야 했다.

> 내 종 야곱아, 두려워하지 말라.
> 이스라엘아, 놀라지 말라.
> 보라, 내가 너를 먼 곳에서 구원하며
> 네 자손을 포로 된 땅에서 구원하리니,
> 야곱이 돌아와서 평안하며 걱정 없이 살게 될 것이라.
> 그를 두렵게 할 자 없으리라(렘 46:27).

이런 본문을 통해 우리는 예언자가 무슨 일을 했는지에 관해 많은 것을 배울 수 있다. 예레미야는 심판에 대해 경고하며 주께서 백성을 결코 놓치지 않으실 것이라고 말했다. 그는 그들에게 죄에 대한 책임을 물으며 그들에게 회개하라고 촉구했고, 주를 따르면—뿐만 아니라 그들이 그렇게 하지 않더라도 야훼의 오래 참으심 때문에— 하나님의 은혜를 얻을 것이라고 약속했다. 월터 카이저는 다른 예언자들처럼 예레미야가 참된—참될 뿐만 아니라 '예언자 자신의 영혼을 위한 음식', 예언자적 증언의 생생한 성격을 포착해내는 핵심을 보여주는— '객관적 계시'를 전한다고 지적했다.[13] 예언자는 하나님의 말씀, 신적이며 한결같고 참된 말씀을 전달하는 매개체였다. 하나님이 하신 말씀은 그대로 이루어졌다. 백성이 이를 의심하거나 하나님의 길이 진실하며 그분의 계획이 확실히 이루어질 것임을 부인할 때, 예언자는 그들 가운데서 일어나 전혀 지혜라고 할 수 없는 그들의 지혜를 논박했다.

예언자가 된다는 것은 변하지 않는 진리를 선언할 뿐만 아니라 하나님 중심의 관점에서 하나님의 백성이 경험하는 변하는 시대의 문

> 예언자가 된다는 것은 변하지 않는 진리를 선언할 뿐만 아니라 하나님 중심의 관점에서 하나님의 백성이 경험하는 변하는 시대의 문제에 대해 말한다는 것이다.

제에 대해 말한다는 것이다. 이집트가 전도유망해 보일 수도 있다. 바빌로니아가 파괴될 수 없는 것처럼 보일 수도 있다. 하지만 예언자는 이러한 도전에 대응하고 야훼를 따르는 이들에게 더 큰 주권자께서 인간 세상을 다스리고 계심을 상기시키기 위해 존재했다. 그런 점에서 예언자의 직분은 다른 직분과 전혀 달랐다. 폴 하우스가 말했듯이, "하나님의 뜻을 정확히 매개하는 사람, 세상을 해석하는 사람, 후히 베푸시는, 심지어 깜짝 놀라게 하는 은혜의 전령"이 바로 예언자였다.[14] 요약하자면, 예언자는 야훼를 대변했다. 사람들이 자신의 생각조차도 대변하려고 하지 않는 이 시대에 이런 주장은 대담하게 들린다. 예언자는 목소리 높여 말하지 못하는 것에 대해 인지부조화라는 핑계를 대는 여유를 부릴 수 없었다. 그들은 전능하신 하나님께 그분의 생각을 말하라는 명령을 받았다. 그들에게는 전해야 할 하나님의 말씀이 주어졌다. 이것은 강력한 위임이었다. 웨인 그루덤이 설명했듯이, "예언자의 말은 하나님의 말씀이다. 그러므로 백성에게는 그 말씀을 믿고 순종해야 할 의무가 있다. 하나님을 믿는다는 것은 그분의 예언자를 믿는 것이다(대하 20:20; 29:25; 학 1:12). 예언자의 말이 곧 하나님의 말씀이기 때문이다(대하 36:15-16)."[15]

예언자는 이 책임에 대해 두려워했다. 야훼께 부르심을 받았을 때 예언자는 가슴을 치며 부르짖곤 했다. 예를 들어 에스겔을 생각해보라. 하나님이 나타나신 것 같은 환상을 맞닥뜨렸을 때 그는 본능적으로 거룩함의 빛을 편안히 누리지 못했다. 그는 바닥에 엎드렸고, 하나님의 임재의 거룩함을 본 후 눈에서는 거의 피가 나오는 것 같았고, 화려하며 숨 막히게 하는 주의 영광을 벗어나 숨을 곳을 찾기 위해 필사적으로 바닥을 기었다(겔 1장). 하지만 그런 다음 에스겔은 일어났고, 놀랍게도 그 말씀을 원하지 않을 때가 많았던 백성에게 주의 말씀을 전할 수 있도록 성령께서 그에게 능력을 주셨다. 이사야와 예레미야, 다른 많은 예언자들도 마찬가지였다.

일반적으로 예언자는 지상의 권력을 행사하는 지위를 가짐으로써가 아니라 백성의 고통 속으로 들어감으로써 그들을 섬긴다. 아브라함 헤셸은 호세아의 목회가 "함께 고통당하는" 목회였다고 설명한다.[16] 많은 예언자들은 하나님의 말씀에도 불구하고 고통을 당한 게 아니라 그 말씀 때문에 고통을 당했다. 거짓말―창세기 3장에서 사탄은 세 문장으로 거짓말을 했을 뿐이다―로 인해 타락한 세상 속에서 진리를 말하는 것은 쉽지 않으며 쉽게 받아들여지지도 않는다. 거짓 신들을 예배하라는 유혹이 넘치는 상황에서―우상숭배가 만연하지 않은 때가 있었는가?― 예언자는 진리를 말하며 온갖 편리한 환상을 무너뜨린다.

왕: 신적 지혜의 화신

왕의 직분만큼 이스라엘 민족과 더 밀접하게 연결된 구약의 직분은 없다. 고대 이스라엘은 신정국가, 야훼께서 다스리시는 대단히 종교적인 색채를 띤 국가였다. 사실 야훼는 인간 중재자 없이 그분을 따르는 이들을 직접 다스리는 편을 선호하신 듯하다. 사무엘상 8장에서 "모든 나라와 같이" 왕을 세우게 해달라는 백성의 요구에 주께서는 사무엘을 통해 백성에게 이렇게 말씀하신다.

> 사무엘이 왕을 요구하는 백성에게 여호와의 모든 말씀을 말하여 이르되, 너희를 다스릴 왕의 제도는 이러하니라. 그가 너희 아들들을 데려다가 그의 병거와 말을 어거하게 하리니 그들이 그 병거 앞에서 달릴 것이며, 그가 또 너희의 아들들을 천부장과 오십부장을 삼을 것이며 자기 밭을 갈게 하고 자기 추수를 하게 할 것이며 자기 무기와 병거의 장비도 만들게 할 것이며, 그가 또 너희의 딸들을 데려다가 향료 만드는 자와 요리하는 자와 떡 굽는 자로 삼을 것이며, 그가 또 너희의 밭과 포도원과 감람원에서 제일 좋은 것을 가져다가 자기의 신하들에게 줄 것이며, 그가 또 너희의 곡식과 포도원 소산의 십일조를 거두어 자기의 관리와 신하에게 줄 것이며, 그가 또 너희의 노비와 가장 아름다운 소년과 나귀들을 끌어다가 자기 일을 시킬 것이며, 너희의 양 떼의 십분의 일을 거두어 가리니 너희가 그의 종이 될 것이라. 그날에 너희는 너희가 택한 왕으로 말미암아 부르짖되 그날에 여호와께서 너희에게 응답하지 아니하시리라 하니 (삼상 8:10-18).

분명히 이 메시지는 지상의 왕을 원하는 이들에 대한(그리고 오늘날 하나님의 백성을 이끄는 목회자들에 대한) 경고로 받아들여야 한다. 거듭 사용되는 '데려다가/가져다가'라는 말은 이 군주가 근본적으로 자신의 이익을 추구할 것이며 신민의 번영보다 자신의 이익을 우선시할 것임을 암시한다. 주께서는 그분의 백성에게 복을 주시고 그들에게서 아무것도 빼앗지 않으신다. 하지만 사무엘이 약속한 왕에게는 그런 성품이 전혀 없을 것이며 그런 사역을 전혀 수행하지 않을 것이다. 백성이 그의 '종'이 되고 그로 인해 '부르짖을' 정도로 그는 가혹한 왕이 될 것이다. 이는 과거에 이집트에서 하나님의 백성이 했던 경험을 암시할지도 모른다. 그렇다면 이 민족은 출애굽 이후 주께 불평했을 뿐만 아니라 사실상 이집트 같은 통치자에게 다시 스스로 굴복하고 만 셈이다.

이 같은 무서운 경고에도 백성은 계속 왕을 달라고 고집했다. 그리하여 왕의 직분이 시작되었으며, 장차 큰 부침을 겪게 되는 사울이 처음으로 왕좌를 차지했다. 사울의 뒤를 이어 다윗이 왕위에 올랐다. 이때 왕의 직분에 중요한 조정이 가해진다. 다윗은 지혜롭게 잘 다스렸으며, 그의 죄에도 불구하고 주께 가까이 머물렀다. 주께서 그에게 "[하나님의] 마음에 맞는 사람"이라는, '왕'보다 더 위대한 호칭을 주셨다(삼상 13:13-14; 행 13:22). 좋은 왕은 의롭게 다스린다. "다윗 가문 왕들의 통치는 하나님나라에 대한 그분의 통치를 상징한다."[17]

왕 역시 제사장이나 예언자와 더불어 언약의 담당자 역할을 했다. 특히 왕은 겸손과 지혜로 하나님의 백성을 이끌었으며, 민족의 영적 삶을 위해 봉사하도록 하나님께서 세우신 목회자들의 말에 귀를 기울였다. 하지만 왕 역시 은혜 언약을 담당하는 종이자 지도자였으며, 그의 역할은 우리의 논의와 직접적으로 연관된다. 왕은 "하나님께 직접

지시를 받았으며"¹⁸ 예를 들어, 솔로몬이 나라를 다스리면서 거둔 가장 큰 승리는 그가 이룬 수많은 군사적 정복이 아니라 그가 분별력을 발휘해 가짜 어머니와 진짜 어머니를 밝혀낸 것이었다. 이 사건에서 그는 아기, 즉 자신을 보호할 능력이 없는 무고한 사람의 목숨을 구해냈다(왕상 3장).

성서에서는 이러한 초자연적 지혜가 솔로몬 자신이 아니라 그가 지혜를 구했던 대상이었던 하나님께로부터 왔다고 분명히 말한다. 하나님께 지혜와 힘, 백성을 잘 이끌 은혜를 구했던 솔로몬은 장차 올 더 위대한 왕을 예표했다.[19] 지혜로운 왕은 하나님의 말씀에 귀를 기울인다. 다른 군주들을 판단하는 기준은 군사적 역량과 용맹함, 작은 자들과 싸워 이기고 심지어는 그들을 수치스럽게 만드는 힘의 과시였다. 그에 반해 야훼의 백성을 이끈 왕을 판단하는 기준은 주께서 보시기에 그가 옳은 일을 했는가, 그가 하나님의 말씀에 순종했는가였다. 왕은 율법 위에 군림하지 않았다. 오히려 그는 '가장 먼저 섬기는 자', 민족 중에서 가장 먼저 예배하는 자로서 하나님과 그분의 백성 앞에서 참된 겸손과 언약적 순종을 실천하고 나타내도록 부르심을 받았다.

하나님은 허세가 아니라 기도에 관심을 기울이셨다. 가장 위대한 왕이 이 땅에 오시기 전 구약의 의로운 왕들은 비록 불완전하기는 했지만 그리스도께서 어떤 왕이 되실지를 미리 보여주었다. 거대한 권력과 엄청난 자원을 축복으로 받았던 이스라엘의 왕은 거룩함으로 다스리고 지혜로 이끌었으며 의로움을 구현했다. 그는 "여호와 보시기에 정직하게" 행했다(왕상 15:5; 참고 15:11; 왕하 10:30; 12:2; 14:3; 15:3 등).

예수의 새 언약 사역에 참여함: 신약

제사장으로서의 목회자: 은혜를 전함

지금까지 두 가지 핵심 사상에 대해 논했다. 첫째, 우리는 구약의 언약 담당자들(제사장, 왕, 예언자)이 목회자의 사역, 특히 목회자의 불가피한 **신학적** 사역을 예상하게 했으며 지금 그 사역을 어떻게 해야 하는지를 알려준다고 지적했다. 이전 논의에서는 이스라엘 역사에서 언약에 관해 목회자의 선례가 되는 직분에 초점을 맞췄다. 여기서는 새 언약 시대에서 목회자의 사역에 초점을 맞춘다. 어떻게 신약성서가 이미 존재하는 자료를 토대로 이를 더 풍성하게 만들었는지를 살펴봄으로써 목회자에 관한 '성서신학'을 제시하고자 한다.

> 제사장의 사역은 율법을 가르치고 수행하는 것에 초점을 맞췄다.
> 목회 사역은 그리스도의 인격과 사역에 초점을 맞춘다.

제사장의 사역은 율법을 가르치고 수행하는 것에 초점을 맞추었다. 목회 사역은 그리스도의 인격과 사역에 초점을 맞춘다. 예수께서는 교회를 향한 그분의 사랑에 관해 말씀하실 때 그분의 희생이 핵심임을 강조하기 위해 많은 은유와 이미지를 사용하셨다. 요한복음에서 우리는 그분이 선한 목자이심을 배운다.

내가 문이니 누구든지 나로 말미암아 들어가면 구원을 받고 또는 들어가며 나오며 꼴을 얻으리라. 도둑이 오는 것은 도둑질하고 죽이고 멸망시키려는 것뿐이요, 내가 온 것은 양으로 생명을 얻게 하고 더 풍성히 얻게 하려는 것이라. 나는 선한 목자라. 선한 목자는 양들을 위하여 목숨을 버리거니와, 삯꾼은 목자가 아니요 양도 제 양이 아니라. 이리가 오는 것을 보면 양을 버리고 달아나나니 이리가 양을 물어 가고 또 헤치느니라. 달아나는 것은 그가 삯꾼인 까닭에 양을 돌보지 아니함이나, 나는 선한 목자라. 나는 내 양을 알고 양도 나를 아는 것이, 아버지께서 나를 아시고 내가 아버지를 아는 것 같으니 나는 양을 위하여 목숨을 버리노라(요 10:9-15).

예수께서는 '선한 목자'로서 그분의 사역이 단지 일반적인 보호에 관한 것이라는 뜻으로 이렇게 말씀하지 않으셨다. 그와 반대로 여기서 복회는 양떼, 즉 하나님의 백성을 구하기 위해 원수(도둑)와 피 흘리기까지 싸우는 것으로 그려진다. 선한 목자는 방어 작전을 통해서가 아니라 양떼를 위해 자기 목숨을 내어놓음으로써 양떼를 보호한다(요 10:11, 15). 예수께서는 여기서 시편 23편에서 묘사하는, 양을 돌보는 야훼의 사역에 관한 시편 기자의 사상을 확장하신다. 그리스도께서는 그분의 백성을 참되며 항구적인 평화로 이끄실 뿐만 아니라 대리적이며 유효한 죽음을 통해 이 일을 하실 것이다. 이토록 처절한 자기희생이 없이는 잔잔한 물가에서 누리는 항구적인 평화를 누릴 수도 없고 푸른 초장에서 평안하게 잠을 잘 수도 없을 것이다.

유월절 식사가 십자가를 통해 성취되었음을 상징하는 주의 만찬을 제정하심으로써 예수께서는 대제사장으로서 자신이 하실 일을 더욱 더 분명히 밝히셨다. 예수께서는 제자들에게 다락방에서 그분을 먹으라고 명하심으로써 그분의 피가 그들의 죄에 대한 해결책이 될 것이라고 가르치셨다. 옛 언약은 사라질 것이다. 그리스도 안에서 새 언약이 찾아왔다.

그들이 먹을 때에 예수께서 떡을 가지사 축복하시고 떼어 제자들에게 주시며 이르시되 받아서 먹으라. 이것은 내 몸이니라 하시고 또 잔을 가지사 감사기도 하시고 그들에게 주시며 이르시되, 너희가 다 이것을 마시라. 이것은 죄 사함을 얻게 하려고 많은 사람을 위하여 흘리는 바 나의 피 곧 언약의 피니라. 그러나 너희에게 이르노니 내가 포도나무에서 난 것을 이제부터 내 아버지의 나라에서 새 것으로 너희와 함께 마시는 날까지 마시지 아니하리라 하시니라(마 26:26-29).

이 식사를 마치시고 나서 몇 시간이 지나지 않아 예수께서는 십자가로 가셔서 자신의 몸을 내어주셨고 자신의 피를 흘리셨다. 새 언약이 임했으며, 그 시작을 알리는 사건의 절정에서 만물의 중심이신 예수께서 '죄 사함'을 위해 저주받은 나무에 달리셨다. 오랫동안 기다리고 오랫동안 바랐던 위대한 대제사장은 그분 이전의 대제사장들처럼 하나님의 백성을 위해 제사를 드림으로써 그들을 섬겼다. 하지만 예수께서는 황소나 염소의 피를 드리지 않으셨다(히 9:13; 10:4). 그분은 자신을 드리셨으며, 그분의 이름을 부르고 그분의 거룩한 식사를 먹는 이들에게 와서 단번에 영원히 씻음을 얻으라고 말씀하셨다.

우리가 살펴보았듯이 제사장에게는 하나님의 백성에게 율법을 가르칠 책임과, 훨씬 더 직접적으로는 가르치고 의의 훈련을 시키고 계속되는 죄에 대해 피의 희생을 제공하여 그 백성을 '거룩하게 함'으로써 율법에 생명을 불어넣을 책임이 있었다. 성별된 언약의 담당자는 성별된 백성이 성별된 하나님을 영화롭게 하는 성별된 삶을 살도록 그들을 훈련시켰다. 목회자의 역할은 예수의 피 안에 있는 새 언약을 전하는 것이다(눅 22:20; 고전 11:25). 제사장처럼 목회자는 교회 안에서 거룩함을 구체적으로 예시함으로써 모든 하나님의 백성이 그리스도 안에서 "왕 같은 제사장들"(벧전 2:9)로서 찬양의 제사와 중보의 기도를 드릴 수 있도록 그들의 삶을 인도하라는 부르심을 받았다. 목회자는 모든 민족과 방언에 퍼져 있는 거룩한 백성을 이끌어 그들이 대제사장이신 예수(히 4장; 10장)의 이름으로 주를 예배하게 한다. 목회 사역은 바로 성령을 통해 예수 그리스도 안에서 얻을 수 있게 된 하나님의 은혜라는 복된 소식을 전하는 사역이다. 은혜를 전한다는 것은, 십자가에서 성취하신 화해의 사역을 통해 그리스도께서 직접 매개하신 하나님의 언약적 용서와 사랑을 전달하는 것이다. 목회자는 신체적 활동이나 영적 공식을 통해 은혜를 '나눠주지' 않는다. 오히려 목회자는 그리스도 안에 있는 은혜의 복음이 절실하게 필요한 사람들에게 그것을 선포할 뿐이다.

사도들과 그들이 훈련시킨 초대교회의 목회자들에게 복음은 그저 여러 자원 중 하나가 아니라 그들이 하는 일의 핵심이었다.

바울이 한 사역의 근본 요소는 복음 선포였다(고전 1:17). 이 사역이 하나님이 사람들에게 자신을 알리시는 수단임을 그는 깨달았다(고전 1:21). 이것은 구원을 주시는 하나님의 능력이다(롬 1:16; 고전 1:18). 그는 이 복음을 선포할 의무가 있으며 이 일을 하지 않는다면 화를 입을 것이라고 말했다(고전 9:16-17).[20]

목회자의 사역은 복음의 메시지, 즉 그리스도 안에 있는 화해, 하나님과 더불어 사는 삶에 관한 복된 소식을 중심으로 삼으며 거기서 시작된다. 제사장이 율법과 화해의 제사를 통해 옛 언약 백성을 하나님께로 이끌었듯이, 이제 목회자는 말씀과 십자가에 못 박히신 그리스도의 복음을 선포함으로써 그 백성을 하나님께로 이끈다. 제사장처럼 목회자는 그 백성을 유진 피터슨이 '구원의 삶'이라고 부른 것, 즉 하나님의 거룩하심에 의해 주어졌고 그리스도 안에서 하나님과의 연합을 통해 가능해졌으며 하나님의 말씀으로 형성된 독특한 실존으로 인도한다.[21]

목회자는 교회를 위한 성별된 삶의 본보기가 되어야 한다는 점에서 옛 언약의 제사장과 비슷하다. 이처럼 의로운 본보기가 되어야 하는 까닭은 사람들에게 영감을 주고, 그들이 영적으로 성숙하게 하고, 필요하다면 그들을 비판하기 위함이다. 이 모두가 그들이 열심히 주를 따르도록 권면하고 그렇게 함으로써 그들 역시 변화될 수 있도록 하기 위함이다. 목회자라고 해서 사람들보다 더(혹은 덜) 의로운 것은 아니다. 목회를 한다고 해서 개인적 불완전함이나 약점이 제거되지는 않으며 오히려 더 커진다. 목회자는 사람들에게 하나님의 은혜를 전하기 전에 먼저 그 은혜를 구해야만 한다. 목회자는 사람들과 분리되지 않고 그들 가운데서 살며 움직이고, 그들이 세속적 삶이 아니라 구원의 삶을 살 수 있도록 상담하고 심방하고 훈련시킨다. 은혜의 목회는 목회자를 사람들로부터 분리시키지 않는다. 그분의 삶과 사역을 통해 목회자에게 생명을 주시는 위대한 대제사장처럼 목회자는 나가서 양떼를 찾으며 그들이 하나님께 다가갈 수 있도록 하기 위해 그들에게 가까이 다가간다.[22]

요약하자면, 목회자는 제사장을 본받아 자기희생적 복음 사역에 임하며, 이 땅에서 그리스도의 대리자로서 그분이 대제사장으로서 행하시는 사역에 동참한다. 그렇다면 교회는 목회자의 것이 아니다. 교회는 그리스도의 것이다. 따라서 교회를 섬기는 목회는 목회자의 능력이나 자질에 의존하지 않는다. 오직 은혜의 복음에, 그리스도의 사역에 의존할 뿐이다. 목회자가 사람들에게 제공해야 하는 것은 바로 그리스도 안에 있는 하나님의 용서와 한결같은 사랑이다.

이와 관련해 목회자가 무엇을 선포해야 하는가에 관한 질문을 받았을 때 카를 바르트가 했던 유명한 대답을 떠올려볼 수 있다. 바르트는 잔뜩 기대를 품은 청중에게 설교 기법을 알려주는 대신 그저 "그리스도!"라고 대답했다. 마찬가지로 목회자들이 어떻게 사람들에게 은혜를 전할 수 있을지 고민할 때, 우리는 그저 "그리스도!"라고 대답할 수 있다.[23] 피 흘림의 제사는 이미 끝났다. 하지만 설교와 교육, 상담, 훈련, 심방 등 그들이 하는 모든 일을 통해서 목회자는 자신보다 먼저 은혜를 전했던 제사장처럼 사람들에게 은혜의 양식, 즉 모든 생명을 위한 그리스도의 전부를 제시한다.

> 목회자들이 어떻게 사람들에게 은혜를 전할 수 있을지 고민할 때, 우리는 그저 "그리스도!"라고 대답할 수 있다.

왕으로서의 목회자: 지혜를 전함

고대 이스라엘의 왕들은 냉혹한 권력이나 고압적인 권위로 다스리거나 자신만 아는 신탁에 의지해 나라를 다스리지 말아야 했다. 그들은 다른 종류의 왕이 되어야 했다. 그들은 겸손과 분별, 지혜를 수용함으로써 위대해질 수 있었다. 실제로 이스라엘의 왕은 야훼의 은혜로운 부르심과 공급하심에 따라서만 통치했던 일종의 '부왕副王'이었다. 하나님의 백성의 군주적 지도자는 오만하거나 강력하지 않고 겸손하고 약했으며, 백성에 대해 이런 성품의 본보기를 보여야 할 책임이 있었다.

왕의 직분은 목회자의 직분과 무슨 관계가 있을까? 한편으로 목회자들은 그리스도께서 모든 사람의 왕이시라고 주장한다(이 땅은 그분의 '발등상'이다). 그들은 통치자들과 권세자들이 패배하고 생명이 새로워지며 우주가 재정향再定向된다는 메시지를 선포한다. 하지만 세상이 사탄의 마법에 걸려 있기 때문에 목회직의 영광과 하나님나라의 진리가 베일에 가려 있다. 어두워진 세상 속에서 복음은 어리석게 보인다. 그리스도의 메시지, 하나님의 지혜는 거꾸로 된 세상 속에서 어리석거나 얼토당토않거나 너무 좋아서 진리일 리가 없는 말처럼 들린다. 그리스도의 사역을 수행하는 새 언약의 목회자는 십자가에 달려 죽으신 왕에 관한 메시지의 지혜를 전달해야(따라서 어리석은 말을 한다는 소리를 들을 각오를 해야) 한다.

고린도전서 1-2장에서 바울은 이 문제에 관해 이렇게 말한다.

> 십자가의 도가 멸망하는 자들에게는 미련한 것이요 구원을 받는 우리에게는 하나님의 능력이라. 기록된 바 내가 지혜 있는 자들의 지혜를 멸하고 총명한 자들의 총명을 폐하리라 하였으니 지혜 있는 자가 어디 있느냐. 선비가 어디 있느냐. 이 세대에 변론가가 어디 있느냐. 하나님께서 이 세상의 지혜를 미련하게 하신 것이 아니냐. 하나님의 지혜에 있어서는 이 세상이 자기 지혜로 하나님을 알지 못하므로 하나님께서 전도의 미련한 것으로 믿는 자들을 구원하시기를 기뻐하셨도다. 유대인은 표적을 구하고 헬라인은 지혜를 찾으나 우리는 십자가에 못 박힌 그리스도를 전하니, 유대인에게는 거리끼는 것이요 이방인에게는 미련한 것이로되, 오직 부르심을 받은 자들에게는 유대인이나 헬라인이나 그리스도는 하나님의 능력이요 하나님의 지혜니라. 하나님의 어리석음이 사람보다 지혜롭고 하나님의 약하심이 사람보다 강하니라(고전 1:18-25).

그리스도의 복음이 지닌 역설을 이보다 더 명확히 표현해낸 곳은 없다. 죽임당하고 부활하신 예수에 관한 진리 안에서 역사 전체와 인간의 마음의 가장 깊은 열망에 관한 해답을 찾을 수 있다. 하지만 죄의 능력 때문에 이 진리를 이방인은 '미련한 것'으로, 유대인들은 '거리끼는 것'으로 본다. 인류는 고통과 죽음이라는 약함을 요구하지 않는 복음을 원한다. 우리는 마르틴 루터가 영광의 신학theologia gloriae이라고 부른 것, 즉 우리 자신에 대한 최선의 형상으로 창조된 하나님을 예배하는 영광의 신학을 갈망한다.[24]

바울은 세속적인 영광에 대한 고린도 교인들의 갈망에 부응하지 않았다. 반대로 그는 '십자가에 못 박힌 그리스도'를 선포했으며, 도덕적 논리가 명령하듯이 우리 자신의 도덕적 노력을 통해 구원을 얻을 수 있는 가능성을 분명히 거부했다. 바울은 세계시민적인 그리스·로마 문화에 익숙한 독자들의 구미에 맞추어 학식과 교양, 세속적 지위를 갈망하기를 거부했다. 오히려 그는 독자들에게 하나님의 지혜, 모든 인간의 말을 심판하며 스스로 이름을 내고자 하는 세속적 책략을 무력하게 만드는 하나님의 말씀을 전했다. 위대해지기 원하는 청중을 향해 바울은 무릎을 꿇고 아무것도 아닌 존재가 되어야 한다고 말했다. 바울은 그저 예수께서 무엇을 가르치고 본을 보이시고 직접 고통당하셨는지를 가르쳤다.

예수는 왕이셨고 지금도 왕이시다. 하지만 세상이 따르기 원하는 그런 왕은 아니시다. 예수의 왕좌는 이 세상에 속하지 않았다. 그분은 섬기고 고통당하심으로써 다스리셨으며, 그분이 가장 강하셨던 때는 그분이 죽임을 당하신 바로 그때였다. 이 모든 것이 지혜이자 진리, 능력이었다. 하지만 이 지혜와 진리, 능력은 전복적이었다. 목회자가 왕이신 예수의 직분에 참여하는 것은 위엄 있는 자세나 교회 직원의 마음속에 두려움을 불어넣거나 오만한 태도로 회의를 진행하는 것을 뜻하지 않는다. 반대로 목회자는 지혜와 약함으로 교회를 섬기고 겸손히 회중을 이끌고 기도로 그들의 짐을 질 때 왕이신 예수와 가장 비숫해진다.

그리스도의 왕국처럼 하나님의 지혜는 세상을 거꾸로 뒤집는다. 물론 목회자들은 결정을 내리거나 확신에 차서 이끌기를 주저하지 않는다. 바울이 디모데에게 가르쳤듯이 그들은 질서를 바로잡아야 한다(딤전 1장). 이는 신실한 목회 사역을 위해 용기와 이상이 필요하다는 뜻이다. 왕 같은 목회 사역이 본질적으로 십자가를 닮았음을 인식한다는 것은 목자가 결코 결론에 도달하거나 믿음으로 나아가거나 주도권을 행사하지 않는다는 뜻이 아니다. 신구약에서 수많은 왕과 사도, 그 밖의 지도자들이 담대하지만 겸손히 하나님의 이름으로 행동하고 그래서 칭찬을 받았다.

> **목회적 지도력의 핵심은 예수께서 자신을 번제로 드리심으로써 지상에서 하나님의 나라를 시작하셨다는 사실이다.**

하지만 지도자의 역할을 잘 수행하는 목회자는 '최선의 선택'이나 전략적 전망보다는 성서적인 신학과 십자가의 도에 더 관심을 기울인다. 목회적 지도력의 핵심은 예수께서 자신을 번제로 드리심으로써 지상에서 하나님의 나라를 시작하셨다는 사실이다. 교회에 속한다는 것은 "[하나님의] 사랑의 아들의 나라로" 옮겨졌다는 뜻이다(골 1:13). 목회자는 왕이 아니다. 하지만 그들은 왕이신 예수의 직분에 참여한다. 그러나 앞서 살펴보았듯이 예수의 왕국은 카이사르의 힘이 아니라 십자가의 약함에 근거한다. 다스리시는 그분은 십자가에 달려 죽으신

분이시다. 이는 믿어야만 이해할 수 있는 역설이다.²⁵ 목회자들은 섬길 뿐만 아니라 죽기까지 낮아지심으로써 이끄신, 십자가에 달리신 왕이라는 성서적 본보기로부터 배워야 한다. 목회자가 이 역설을 따르며 살지 않는다면, 교회는 십자가의 본질을 이해하지 못할 것이고 세상은 복음의 영광과 아름다움을 이해하지 못할 것이다.

목회자가 결코 조언을 받아들이지 않는 최고경영자나 설득의 기술을 완벽히 숙달한 정치인처럼 거짓 이미지에 현혹되어 왕 같은 사역을 저버릴 때가 너무도 많다. 목회적 지도력은 다른 박자, 세상을 거부하는 박자에 맞춰 행진해야 한다. 십자가를 닮은 하나님의 지혜를 구현해냄으로써 왕이신 그리스도의 직분에 참여해야 한다.

전혀 다른 맥락, 즉 C. S. 루이스와 J. R. R. 톨킨의 작품 속 '동화'의 논리 안에도 목회직에 관한 이런 견해가 반영되어 있다. 1930년대와 그 이후에도 두 사람은 이른바 '환상 문학'에 관심을 기울인다는 이유로 큰 비판을 받았다. 이런 글쓰기는 옥스퍼드 교수들의 격에 맞지 않다고―학문적으로 존경받을 만하지 않다고!― 비판받았다. 그럼에도 불구하고 루이스와 톨킨은 '과학'이 밝혀내지 못하는 세상에 관한 진리를 동화*faerie*가 밝히 보여줄 수 있다는 신념을 가지고 있었다.

동화적―혹은 내세적― 상황에서 이것은 갑작스러우며 기적적인 은총, 즉 전혀 일어날 것이라고 예상할 수 없는 일이다. 이것은 나쁜 파국dyscatastrophe, 즉 슬픔과 실패가 존재한다는 것을 부인하지 않는다. 구원의 기쁨이 있으려면 슬픔과 실패도 가능해야 한다. (말하자면, 많은 증거 앞에서도) 보편적이며 최종적인 패배를 부인하며, 그런 점

에서 이것은 잠시나마 기쁨을 맛보게 해주는 복음*evangelium*이다.²⁶

목회 사역도 마찬가지다. 목회 사역 역시 다른 이야기들이 놓치고 있는 진짜 세상에 관한 깊은 진리를 드러낸다는 점에서 일종의 동화*faerie*이기 때문이다. 다른 어떤 소명도 '이 세상 너머'에서 찾을 수 있는 기쁨을 꾸준히 맛보게 해주지 못한다. 목회자-신학자들은 복음을 선포함으로써, 역사 안으로 들어왔지만, 여전히 과학의 대상인 감각 경험의 세상 너머에 있는 하나님의 지혜를 우리가 보고 듣고 심지어 맛볼 수 있게 해준다.²⁷

예언자로서의 목회자: 진리를 전함

우리는 설교가 시대에 뒤떨어진 행위라는 말을 듣곤 한다. 화려한 웅변가의 시대에는 오래된 강단에 올라가 긴 설교를 하는 것이 납득할 만한 일이었다. 하지만 오늘날 우리는 설교를 전성기가 한참 지난 나이 든 가족처럼 대할 뿐 더 이상 예배의 핵심이라고 여기지 않는다. 우리는 웅변과 강연이 아니라 트위터와 이모티콘으로 소통하는 설교 이후의 시대를 살고 있다.

사실 구어의 시대는 아직 끝나지 않았다. 언론에 등장하는 인물들은 계속해서 정치를 평론하고 운동 경기를 분석하며 팟캐스트로 개인적인 고백을 한다. 이런 시대에 목회자들은 예언자의 역할을 회복해야 한다. 목회자를 훈련시켜야 하는 사람들은 심리학자나 광고 전문가, 인생 상담의 권위자가 아니다. 오늘날 목회자는 최신의 사회학적 동향이 아니라 예언자로부터 새로운 능력과 열정으로 설교하도록 영감을 얻어야 한다. 사도들처럼 목회자는 하나님의 말씀을 듣고 그것을 설명하고 적용하고 사람들에게 권했던 예언자들의 구술 전통에 굳게 서 있다. 예언자의 사역은 하나님의 말씀의 사역, 따라서 진리의 사역이다.

신약에 나타난 예언자적 목회를 이해하기 위해 사도행전의 설교를 생각해보라. 베드로는 사도행전 2장에 기록된 최초의 사도적 설교를 한 인물이다. 그는 요엘 2장을 인용하면서 예루살렘의 청중에게 모든 듣는 이들에게 성령이 임하는 오순절이 왔다고 말했다. 이 사건은 구원의 날이 임했음을 상징했다. "누구든지 주의 이름을 부르는 자는 구원을 받으리라"(행 2:21). 베드로는 예수 그리스도의 인격과 사역에 기초해 이런 구원을 선포했다.

> 이스라엘 사람들아 이 말을 들으라. 너희도 아는 바와 같이 하나님께서 나사렛 예수로 큰 권능과 기사와 표적을 너희 가운데서 베푸사 너희 앞에서 그를 증언하셨느니라. 그가 하나님께서 정하신 뜻과 미리 아신 대로 내준 바 되었거늘 너희가 법 없는 자들의 손을 빌려 못 박아 죽였으나, 하나님께서 그를 사망의 고통에서 풀어 살리셨으니 이는 그가 사망에 매여 있을 수 없었음이라(행 2:22-24).

베드로는 이 설교를 공식적인 교회 안에서 하지 않았다. 혀처럼 갈라진 불이 하늘에서 내려온 직후 예루살렘에서 설교할 때 그는 야외에 있었다. 상황이 약간은 전형적이지 않았지만 베드로의 메시지는 전형적이었다.

사도들은 그리스도께서 구약을 성취하셨으며, 그분이 유일한 구원자이자 하나님께 이르는 길이고, 이 메시지를 듣는 모든 사람이 믿음으로 응답하도록 부르심을 받았다는 확신에서 그리스도의 복음을 선포했다. 예언자들처럼 사도들은 듣는 이들에게 추상적 진리가 아니라 각 사람의 삶의 모든 영역에 영향을 미치는 진리를 제공했다. 모든 사람이 하나님의 영광에 미치지 못하며, 모든 사람이 케리그마에 의해 심판을 받았지만, 모든 사람에게 그리스도 안에 있는 영생이 제시되었다.

사도들은 예수를 선포했으며, (그들보다 먼저 예언자들이 그랬듯이) 그들의 메시지에 대한 엄청난 적대감과 반대에도 불구하고 두려워하지 않고 그분을 선포했다. 세계가 그들의 교구였으며, 그들은 곧 이방인들에게 파송되었다. 아레오바고에 이르렀을 때 바울은 놀라운 말씀을 전했다. 청중의 종교적 본능에 대해 언급한 후 바울은 그들이 섬기던 보이지 않는 신이 어떤 분이신지를 밝힌다.

> 인류의 모든 족속을 한 혈통으로 만드사 온 땅에 살게 하시고 그들의 연대를 정하시며 거주의 경계를 한정하셨으니, 이는 사람으로 혹 하나님을 더듬어 찾아 발견하게 하려 하심이로되 그는 우리 각 사람에게서 멀리 계시지 아니하도다. "우리가 그를 힘입어 살며 기동하며 존재하느니라." 너희 시인 중 어떤 사람들의 말과 같이 "우리가 그의 소생이라" 하니, 이와 같이 하나님의 소생이 되었은즉 하나님을 금이나 은이나 돌에다 사람의 기술과 고안으로 새긴 것들과 같이 여길 것이 아니니라. 알지 못하던 시대에는 하나님이 간과하

셨거니와 이제는 어디든지 사람에게 다 명하사 회개하라 하셨으니, 이는 정하신 사람으로 하여금 천하를 공의로 심판할 날을 작정하시고 이에 그를 죽은 자 가운데서 다시 살리신 것으로 모든 사람에게 믿을 만한 증거를 주셨음이니라(행 17:26-31).

바울의 메시지는 베드로의 메시지와 사뭇 달라 보일 수도 있지만 사실 비슷하다. 두 사도 모두 그들이 속한 문화의 권위 있는 자료에 대해 언급한다. 두 사도 모두 구약을 기초로 삼았다. 바울은 창세기의 가르침뿐만 아니라 에피메니데스와 아라투스를 비롯해 그리스 세계의 위대한 시인과 철학자들도 인용했다. 하지만 특히 주목할 만한 점은 부활의 목적에 관한 바울의 설명이다. 바울은 부활이 교회를 위한 신원(伸冤)일 뿐만 아니라 살아 계신 하나님에 대한 '무지' 가운데 사는 이들을 포함해 장차 세상이 심판을 받을 것이라는 증거라고 말한다. 다시 한 번 케리그마는 듣는 이로 하여금 변명하지 못하게 만든다. 부활은 그리스도의 주 되심이라는 진리를 입증하며, 사도들은 고대 왕국의 종교적 중심지였던 예루살렘에서든, 이교를 믿는 초강대국의 철학적 중심지였던 아테네에서든 이 진리를 주권적으로 적용할 수 있는 메시지로 전하기 위해 애썼다.

사도들은 화려한 수사를 동원하거나 그리스·로마의 공적 토론에 참여하지 않았고 예언자적으로 단순함을 유지하는 메시지를 전했다. 바울이 고린도 교회에 말했듯이, "내 말과 내 전도함이 설득력 있는 지혜의 말로 하지 아니하고 다만 성령의 나타나심과 능력으로 하여, 너희 믿음이 사람의 지혜에 있지 아니하고 다만 하나님의 능력에 있게 하려 하였노라"(고전 2:4-5).²⁸ 많은 교회를 섬기는 사도이자 목회자로서 바울의 사역은 말로 하는 사역, 말을 통해 실행된 사역이었다.²⁹ 그는 자신의 말이 아니라 하나님의 말씀을 했으며, 따라서 듣는 이들에게 그리스도의 마음을 제시했다.³⁰ 바울은 다음 세대의 목회자들도 똑같이 하도록, "아름다운 것", 즉 복음을 지키도록 훈련시켰다. "우리 안에 거하시는 성령으로 말미암아 네게 부탁한 아름다운 것을 지키라"(딤후 1:14). 이 아름다운 것, 복음을 잃어버린다면 모든 것을 잃어버리는 셈이다.

목회자들은 이 메시지를 지킬 뿐만 아니라 자기 교인들에게 이 메시지를 꾸준히 먹여야 한다. 히브리서 5장 11절부터 6장 3절에 따르면, 설교자는 자신이 섬기는 사람들에게 '젖'이 아니라 '단단한 음식'을 줄 사명을 하나님께 받았다. 성서에서 목회자들에게 이보다 더 분명히 신학적 목회직과 강해 설교 사역을 받아들이라고 촉구하는 곳은 없다. 젖만 먹어서는 사람들이 잘 자라고 온전히 건강해질 수 없다. 그들은 자라고 더 어려운 음식을 먹어야 하며, 영적 활력이 넘치는 삶을 살 수 있도록 풍성히 양분을 공급받아야 한다. 성서를 더 잘 알고 목회자가 성서신학과 조직신학을 열심히 공부한 다음 전해주는 지식을 습득해야 한다는 뜻이다. 하지만 이를 제공하기 위해서 목회자는 먼저 목회 사역의 본질, 즉 그 사역의 신학적 성격을 받아들여야 한다. 목회 사역의 본질은 하나님의 말씀이 하나님의 백성 안에 풍성히 거하게 하는 것(동시에 하나님의 백성이 하나님의 말씀 안에 풍성히 거하게 하는 것)이다. 목회직은 하나님이 부어주신 계시 없이는 존재할 수 없는 직분이다. 목회직은 사람들에게 그 계시를 풍성히 먹이기 위해 존재한다.³¹

따라서 베드로에게 세 번 말씀하셨듯이 예수께서 모든 목회자에게 "내 양을 먹이라"라고 말씀하시는 셈이다(요 21장). 이것은 놀라운 명령이다. 예수께서는 "내 양을 가르치라"라고 말씀하지 않으셨다. 그분이 사용하신 은유는 훨씬 더 깊은 뜻을 담고 있으며, 우리에게 복음 사역의 핵심이 무엇인지를 말해준다. 이는 곧 하나님의 백성에게 하나님의 말씀을 먹이는 것이다. 교회는 매주 예배당에 앉아 목회자의 설교를 들으며 이 이상하지만 역사적으로 유서 깊은 관습에 복종하는 데 그치지 않는다. 교회는 함께 먹는다. 예수께서는 이 어리석은 제자를 회복시키시며 베드로에게 먹이는 사역, 곧 설교하고 가르치는 사역을 행하라고 명하셨다. 그 의미는 분명하다. 오늘날 그리스도인들이 굶주려 있다면, 특정한 불쾌감과 씨름하고 영적으로 활기찬 삶을 살지 못하고 있다면, 그것은 그들이 영적 양분을 제대로 공급받고 있지 않기 때문이다.

┌
**목회직은 하나님이 부어주신 계시 없이는 존재할 수 없는 직분이다.
목회직은 사람들에게 그 계시를 풍성히 먹이기 위해 존재한다.**
　　　　　　　　　　　　　　　　　　　　　　　　　　　　┘

지금까지의 논의는 단순하지만 깊은 뜻을 지닌 결론으로 귀결된다. 즉, 고대 예언자의 사역처럼 목회 사역은 많은 부분에서 말씀 사역이다. 베드로처럼 목회자는 목자이지만, 이 목자가 하는 일은 지팡이를 들고 하는 육체노동이 아니라 말로 하는 영적 노동이다. 칼 트루먼이 지적했듯이, 목회자의 의무는 하나님의 생각과 뜻을 선포하는 것이다.

하나님이 어떤 분이시며 그분이 그리스도 안에서 그리고 교회 안에서 무슨 일을 행하시는지를 말을 사용하는 것보다 더 올바르게 표현할 방법은 없을 것이다. 사실, 사도행전과 서신서의 설교를 통해 모세의 예언자적 모형(하나님의 계시에 기초한 강해와 적용, 권면)이 표준임을 알 수 있다. 그리고 이 행위는 하나님을 말씀하시는 하나님으로 이해하는 신학과 명확히 연결되어 있으므로, 설교자는 이 책무를 단순한 정보 전달로 볼 수 없다.[32]

하나님은 몸짓으로 표현하는 하나님이 아니시다. 근본적으로 그분은 우리에게 언어적 계시와 육신을 입으신 말씀이신 예수 그리스도의 인간 육신을 주셨다. 설교자의 사역은 어떻게 살아야 하는가를 가르쳐주는 세미나처럼 성서를 훑어주는 것이 아니라 성서 본문을 해설하고, 적용하고, 사람들이 성령의 능력에 의해 그리스도와 연합하여 그 말씀에 따라 살도록 권면하는 것이다.[33]

목회자는 자신의 선배들이 예표와 그림자를 통해서만 알았던 바를 온전히 볼 수 있으며, 자신의 생각이 아니라 하나님의 생각을 말한다. 구약의 예언자처럼 목회자는 사람들을 불행과 불안이 아니라 세상을 바로잡고 영혼을 새롭게 하는 회개로 이끈다. 바빌로니아는 망했고 페르시아는 사라졌지만, 세상은 여전히 하나님의 백성을 노예로 만들려고 하는 어둠의 세력에 의해 지배를 받고 있다. 성서적 교리와 신학적 진리에 사로잡혀 황홀함을 느끼는 목회자는 예언자의 책임을 물려받아 교회를 향해 언약을 기억하고 그로부터 흘러나오는 은혜로 변화되라고 촉구한다. 이 모든 것이 말씀(그들 자신을 위한 말씀이 아니라 신적 권위를 입은 말씀)의 사역이다. 목회자의 설교 사역은 하나님의 진리, 즉 예수 그리스도의 길과 삶의 사역이다.

결론: 신학적 직분으로서의 목회직

공습을 받는 와중에도 기도하고 설교하기 위해 웨스트민스터 예배당에 섰던 마틴 로이드 존스는 타락한 세상 속에서 목회자가 해야 할 일을 강력히 증언했다. 사탄에게 포위되어 있으며 죄의 유혹 때문에 하나님을 떠난 사람들에게 목회자는 제사장으로서 죄를 극복하며 새로운 삶의 방식, 구원의 삶을 만들어내는 하나님의 은혜를 새롭게 받으라고 촉구한다. 강력한 거짓말 위에 세워진 세상 질서 속에서 지혜가 절실히 필요한 사람들에게 목회자는 왕으로서 사람들이 죽음으로 원수를 이기고 어둠의 세력을 파괴하신 예수 그리스도의 겸손과 약함을 바라볼 수 있도록 그들을 훈련시킨다. 하나님의 은혜를 받지 못한 사람들에게는 가려져 있지만 믿음의 눈으로는 볼 수 있는 영광스러운 승리를 바라보게 한다. 불안정한 문화 속에서 신뢰할 만한 말을 갈망하는 사람들에게 목회자는 예언자로서 모든 성서를 깊이 연구하여 그리스도를 밝히 보이고 사람들을 향해 회개하고 믿음을 새롭게 하라고 촉구한다.

이 모든 역할과 사역을 통해 목회자는 오래전 제사장과 예언자, 왕들이 그랬듯이 은혜의 언약을 전한다. 고대와 마찬가지로 오늘날 목회자는 교회의 신학자로서 사람들의 갈망하는 마음에 "예수 그리스도의 얼굴에 있는 하나님의 영광을 아는 빛"을 비춘다(고후 4:6). 목회자에게 학문적 신학이라는 권위를 부여하거나 그런 명에를 지우려는 게 아니다. 구약의 언약 담당자들처럼 목회직이 신학적 실체, 즉 구원과 지혜, 진리—한 마디로, 그리스도—에 기초해 있다는 말이다. 하나님과 예수 그리스도의 복음을 제거한다면, 목회직은 더 이상 존재하지 않을 것이다. 목회자는 이 기독론적 토대로부터 설교하고, 상담하고, 제자를 만들고, 지도하고, 행동하고, 섬기고, 관리하고, 운영하고, 혼돈에 질서를 부여하고, 전도하고, 책망하고, 가르친다. 이 모든 일을 통해 성별된 목회자는 성별된 백성을 먹임으로써 성별된 하나님을 섬긴다. 이것은 본질적으로 신학적인 일이다. 따라서 모든 목회자는 신학자로서 일한다.[34]

순교자 스데반처럼 비가 오듯 머리 위로 돌이 쏟아지든, 로이드 존스처럼 로켓의 포위 공격을 당하든 목회자는 이 일을 한다. 모든 목회자들은 그들을 제거하려는 죄와 사탄이라는 원수의 위협 속에서 맡은 일을 한다. 어떤 경우든 모든 목회자는 그리스도의 능력 안에서 섬기고 이 진리로부터 위대한 소망을 얻는 특권을 누린다. 건물은 무너지고 사이렌이 울리고 문화가 파괴될 수도 있지만, 목회자와 그가 섬기는 그 나라는 절대로 흔들리지 않을 것이다.

> 목회적 관점

공공신학자로서의 목회자

멜빈 팅커

선교학자 데이비드 보쉬는 "신약성서 기자들은 종이에 펜을 대기 전에 증거에 대해 연구할 여유가 있었던 학자들이 아니었다. 그들은 교회가 세상과 선교적으로 만나고 있었기 때문에 신학을 하지 않을 수 없었던 교회의 '비상 상황'에서 글을 썼다"라고 말했다.[35] 그러므로 목회자-교사로서는 하나님의 백성을 만날 때마다 (기꺼이!) 신학을 하지 않을 수 없다.

뿐만 아니라 신학이 하나님의 말씀과 하나님의 세상 사이의 대화라면, 나는 성경과 세상 모두를 해석하여 (그리스도인이든 아니든) 하나님의 말씀을 듣는 사람이 성서의 세계로 들어갈 수 있게 하고, 조명하시는 성령의 사역을 통해 성서의 세계가 듣는 이의 세계에 비판적으로 영향을 미치게 할 의무가 있다. 그 결과 하나님의 말씀을 통해 그분과 '만날' 수 있다. 이에 관해 나는 목회자의 가르치는 사역에서 짝을 이루는 세 쌍의 요소를 지적하고자 한다.

1. 공공신학은 상황적이며 강해적이다. 나는 교회 출석률이 1퍼센트

도 안 되는 영국에서 가장 교인 비율이 낮은 도시에서 목회를 하고 있다. 회중은 다양한 사람으로 이루어져 있다. 육체노동자와 정신노동자, 청년과 노인, 앵글로색슨계 백인과 흑인, 중국인, 점점 더 수가 많아지는 폴란드인이 섞여 있다(주일 예배 참석자는 3, 4백 명 정도다). 나는 그들이 어떤 세계에서 사는지 알아야 하며, 반드시 가르치는 바와 이를 적용하는 방식을 연관시켜야 한다. 그렇게 하기 위해서는 '작업 현장'으로 가 사람들을 만나고 그들과 대화를 나눠야 한다. (영화를 볼 뿐만 아니라) 꾸준히 세속적인 책과 신문, 잡지를 읽고 그에 관해 성서적으로 성찰해야 한다.

공적 교육의 일차적 수단은 규칙적인 강해 설교다. 골로새서 전체를 강해하든 연속 주제 설교를 하든, 방법은 동일하다. 다양한 맥락(문학적, 역사적, 정경적)에서 성서의 의미를 설명한 다음, 설교 전체를 통해 그 의미를 이끌어내는 것이다. 성서의 세계가 열릴 때, 듣는 이의 세계도 열린다. 어떤 문화적 차이가 존재하든지, 일반 은총을 통해—그리고 삶을 변화시키는 복음의 능력에 의해 비춰진—'하나님의 빛'이 어렴풋이 주어진 타락한 세계라는 점은 동일하다.

예를 하나 들어보겠다. 몇 해 전에 나는 교인들 사이에 수많은 목회적 문제가 있음을 알게 되었다. 표면적으로는 연관성이 없는 것처럼 보였지만(말썽을 부리는 자녀, 성 문제, 직장에서 받는 스트레스 등) 결국은 이 문제들을 연결시키는 공통점이 있음을 깨달았다. 그리스도인들은 자신이 속한 사회의 변화하는 성격을 알지 못했다. 따라서 그들은 일종의 '인지부조화'를 경험했으며 무슨 일이 일어나고 있는지 이해하지 못했다. 이런 문제를 해결하기 위해 나는 '바빌로니아 강가에서—

오늘날 세상 속에서 기독교 살아내기'라는 연속 설교를 시작했다. 나는 교회가 '바빌로니아'에 포로로 잡혀 있으며 그리스도인은 '거류민과 나그네'라는 생각을 제시했다(벧전 1:1; 2:11; 5:13). 영국에서 '포로 생활'의 본질은 공적, 사적 윤리의 상대주의, 외모와 직업으로 사람을 평가하는 태도, 공적 삶에서 종교를 소외시키는(종교의 '사사화') 세속화를 통해 드러난다. 그리스도인은 이방인처럼 느끼고 분명히 소외되어 있다. 사람들은 믿는 바와 (인도를 받지 않고) 실천할 수 있는 바 사이에 엄청난 격차를 느낄 수 있으며, 따라서 종교를 사사화함으로써 세상에 굴복하려는 유혹이 강하다. 나는 의도적으로 다양한 장르(시가서, 예언서, 율법서, 지혜서, 복음서, 서신서, 묵시록)를 가져와 우상숭배, 성, 결혼, 일, 자녀 양육, 미래의 소망 등 다양한 문제를 다뤘다. 이 연속 설교는 회중으로 하여금 눈부실 정도로 다채로운 하나님의 말씀이 삶 전체에 영향을 미칠 수 있음을 깨닫도록 도와주었을 뿐만 아니라, 그들에게 성서를 그들의 일상적 실존과 연결시켜 볼 수 있다는 확신을 주었다. 소그룹 성경공부와 소비주의나 미신, '도킨스와 새로운 무신론' 같은 문제를 다룬 특별 행사를 통해 이런 접근 방식을 보강할 수 있다.

2. 공공신학은 기독론적이며 송영적이다. 성서신학은 성서 전체가 (모두가 똑같은 방식은 아니지만) 그리스도에 관한 말씀이라는 누가복음 24장 27절 말씀을 진지하게 받아들이기에 공적인 가르침을 추구한다. 모든 설교의 목적은 그리스도를 높이는 것이다. 그렇게 하기 위해서는 마지막에 예수를 덧붙이는 것에 그치지 않고 어떤 성서 본문을 다루든지 그리스도를 드러내야 한다. 그리스도가 해석학적 열쇠이며, 이

것을 이해할 때 사람들은 감격한다. 예언자이자 제사장, 왕이신 그리스도의 삼중직은 우리가 세상을 바라보는 방식에도 분명히 영향을 미친다. 그분이 이 직분에서 세상과 어떻게 관계 맺으시는지를 알 수 있기 때문이다. 따라서 목회자-교사로서 나의 목표 역시 신학을 송영으로 제시하는 것이다. 설교자들은 실천적 설교를 하고자 하는 유혹 때문에 모든 설교를 해야 할 일을 열거함으로써 마무리하는 경향이 있다. 하지만 본문의 내용뿐만 아니라 장르까지도 설교를 규정해야 한다는 것, 하나님의 말씀을 단순히 '가르침'(정보)이 아니라 '행함'(실천)으로 본다는 것은, '와!' 하고 탄성을 자아내어 삼위일체 하나님을 찬양하지 않을 수 없게 만드는 요소가 있음(조나단 에드워즈가 말했듯이 '빛' 뿐만 아니라 '열'도 있음)을 의미한다. 본문을 통해 논할 수 있는 주요 교리를 다룸으로써 '빛'을 제시할 수 있다. 체계적인 강해 설교의 가치는 일정한 기간이 지나면 모든 주요한 성서적 교리(즉, 조직신학)를 다룰 수 있다는 것이다. 적어도 이것은 신자가 월요일 아침 세상에 관해 취하게 될 입장에 영향을 미칠 것이며, 그들의 결정에 영향을 미치고 그들의 지각을 날카롭게 할 뿐만 아니라 그들의 정서를 규정할 것이다.

3. 공공신학은 선교적이며 목회적이다. 로마서에서 말하는 믿음에 의한 칭의의 복음의 실천적 결론은 '마음을 새롭게 함'이다(12:1-2). 따라서 바울이 구약의 예배에서 취한 용어로 그리스도인의 삶을 설명하고, 이를 그리스도인들 사이의 관계(12:5-13)와 그들이 적대적인 세상과 맺는 관계(12:14-21)에 적용하는 것은 전혀 놀랍지 않다. 이 서신서의 절정에 해당하는 부분에서 바울은 아직 알려지지 않은 땅에서 복

음을 선포하기를 원한다고 말하면서, 그가 '제사장 직분'을 감당할 수 있도록 그를 지원해달라고 로마의 그리스도인들에게 당부한다(15:14-16:27). 따라서 성서를 가르칠 때 언제나 나는 봉사와 전도의 관점에서 세상과 관계를 맺고 사랑과 선행으로 서로와 관계를 맺어야 함을 지적한다. 이를 위해 나는 사람들이 세상을 향해 그리스도 같은 입장을 취하기 위해 성서적 관점에서 자신의 세계를 이해할 수 있도록 돕고자 노력한다. 교회가 하나님이 구원을 이루신 위대한 목적이라는 점에서(엡 1:22) 나는 각 교회가 더 신부처럼 됨으로써 오실 신랑을 맞을 준비를 할 수 있기를 바란다. 따라서 가르침을 공동 예배의 다른 요소와 분리해서는 안 된다. 그러므로 우리는 함께 모일 때마다 우리가 어떤 공동체인지(지상에 있는 천상적 교회의 표현)와 우리가 무슨 일을 하는지(지극히 높으신 이의 임재 안에서 그분의 성령으로 우리 가운데 계신 그리스도와 만나고 믿음과 회개, 찬양으로 그분의 말씀에 응답함)를 분명히 되새긴다. 우리에게 가장 중요한 것은 하나님 앞에서 우리 자신을 즐겁게 하는 것이 아니라 하나님을 만나는 것이다. 우리는 하나님이 말씀과 성례전(들을 수 있고 볼 수 있는 말씀)을 통해 우리와 만나신다고 믿는다. 예배의 중심이 되는 행위가 끝난 다음에는 서로 관계를 맺기 위한 공간도 마련된다. 교회는 가족이며, 다른 이들이 들어왔을 때 그들도 기독교 신앙의 적합성을 볼 수 있을 뿐만 아니라 **느낄** 수 있기를 우리는 바란다.

> 목회적 관점

인간의 기원 : 목회자-신학자를 위한 시험 사례

토드 윌슨

얼마 전 도움을 청하는 동료 목회자의 전화를 받은 적이 있다. 그는 "창세기 1-11장을 본문으로 설교를 할 계획인데, 창조와 진화에 관해 조언이 필요하다"라고 말했다. 불안한 그의 목소리를 통해 그가 이 문제를 회중에게 어떻게 전해야 할지 걱정하고 있음을 알 수 있었다. 그럴 만도 한 것이 최근에는 인간의 기원보다 더 논쟁적인 주제가 없기 때문이다.

그러나 목회자-신학자는 논쟁적인 문제를 다루기를 꺼려서는 안 된다. 하나님의 말씀이 세상에 영향을 미칠 수 있게 만들 책임이 있는 이들은 모든 사상을 그리스도의 포로로 만들어야 한다. 그 주제가 더 논쟁적일수록 목회자-신학자가 그 주제를 다루는 것은 그만큼 더 중요하다.

교회에 있는 가장 훌륭한 공공신학자인 목회자는 기원에 관련한 수많은 문제와 씨름할 수 있을 뿐만 아니라 나무 때문에 숲을 보지 못하는 일을 피할 수 있도록 독특한 은사를 받았다. 하지만 회중에게 겸손과 환대라는 지적 덕목의 본보기를 보여줌으로써 이 문제가 그리스도의 몸 안에서 빛보다 열을 더 많이 만들어내지 않게 만들 수 있다. 요약하자면, 목회자-신학자는 복된 무지라는 스킬라와 성급한 논쟁이라는 카리브디스 사이를 항해함으로써 회중이 스스로 성장하지도 못하고 복음을 증언하지도 못하게 만드는 분열을 야기하는 문제라는 모래톱에 좌초하지 않도록 막을 수 있다.

여러 해 전에 우리 교인들 사이에 "우리가 유인원의 후손"이라는 견해를 담임목사가 갖고 있다는 소문이 돌기 시작했다. 이 문제에 관해 다른 견해를 갖고 있는 이들은 깜짝 놀랐으며, 나는 다른 지도자들과 더불어 (하나님의 말씀뿐만 아니라 우리 교회의 전통과 신앙 고백에 비추어) 이 문제를 놓고 씨름해야 했다.

이 문제를 목회 사역에 집중하지 못하게 만드는 방해 요소로 취급하려는 유혹을 받기도 했지만, 우리는 몇 가지 이유로 시간과 에너지를 들여 이 문제를 연구하는 것이 유익한 투자라고 결론 내렸다.

첫째, 인간 기원의 문제는 교회가 다뤄야 할 문화적, 변증적 문제다. 〈내셔널 지오그래픽National Geographic〉을 보면, 거의 모든 호에서 기원과 진화에 관한 내용을 찾을 수 있다. 혹은 뉴스를 꾸준히 살펴보면, 기원에 관한 기독교의 전통적 이해에 도전하는 새로운 고고학적 발굴을 다룬 머리기사가 자주 올라오는 것을 볼 수 있다.

둘째, 인간의 기원은 특히 젊은이들에게 중요한 제자도의 문제다. 교회의 중고등부 학생들이 대학에 가서 진화론적 생물학과 그에 기초한 세계관에 노출된 후 신앙을 잃어버렸다는 이야기를 자주 듣곤 한다.

셋째, 인간의 기원은 그 자체로 매력적인 주제로서 생명과학과 역사부터 신학과 주석에 이르기까지 여러 다른 분과에 관한 공부를 요구한다. 어렵지만 활기를 불러일으키는 지적 운동이다!

우리 교회에서 나는 모두가 공유하지는 않았던 관점을 견지했다. 따라서 나는 내 입장을 설명하고 논증해야 했다. 이 과정에서 이 주제에 관련된 논의를 따라잡기 위해 수십 권의 책과 논문을 읽었다. 거의 석 달에 걸쳐 책과 논문을 읽은 후 나는 교회 지도자들을 위해 15쪽 분량의 글을 썼다. 이것은 매우 소중한 경험이었다. 내 견해를 글로 표현할 기회를 얻었을 뿐만 아니라 우리 지도자들이 기원 문제를 둘러싼 성서적, 신학적, 해석학적, 역사적, 문화적, 과학적, 철학적 논점을 붙잡고 함께 씨름할 수 있었기 때문이다. 결국 이 문제에 관해 우리가 어떤 결론을 내렸든지, 이 과정에서 우리 모두가 더 지혜로워질 수 있었다.

하지만 글을 준비하고 토론하는 것은 유일한 과제가 아니었고, 심지어는 가장 중요한 일도 아니었다. 나는 우리 교회 안에 있는 다양한 견해와 비교해서, 또한 성서와 우리의 전통에 비춰서 이 문제에 관해 생각하는 법에 대한 지침을 제공해야 했다. 그래서 나는 우리가 '창조와 진화에 관한 장로들의 주장'이라고 부른 문서를 마련했다. 이 글에서는 짧고 간결한 문장으로, 우리가 이 문제에 관해 다른 견해를 가지고 있지만 복음적 기독교의 특정한 흐름 안에 함께 서 있는, 성서를 믿는 신자들로서 함께 살아갈 방법을 진술하고자 했다. 물론 이것은 쉬운 작업이 아니었지만 유익했다.

이 세상에서 하나님의 말씀을 전하는 사람으로서 목회자-신학자들은 교회의 유익을 위한 신학 작업의 최전선에 서 있다. 그들은 회중으로 하여금 사고를 날카롭게 만들 뿐만 아니라 영혼을 돌보는 방식으로 당대의 주요한 지적인 논점을 다룰 수 있도록 회중을 돕는 일을 하기에 이상적인 자리에 있으며 특별한 자격을 갖추고 있다. 이것이 목회자-신학자의 궁극적 목표이기 때문이다.

> 목회적 관점

기술에 관한 실천신학

짐 샘라

"열두 살인 내 아들이 반에서 스마트폰이 없는 아이는 자기밖에 없다면서 꼭 갖고 싶다고 말합니다. 어떻게 해야 할까요?"

"어머니가 최근에 페이스북에 가입했는데 어머니가 올린 글에 몇 사람이나 '좋아요'를 눌렀는지 계속해서 걱정하십니다. 제 생각에는 건강하지 않은 모습처럼 보입니다. 그렇지 않나요?"

"제가 아는 대형교회들은 모두 더 많은 사람들에게 다가가기 위해 영상으로 예배 드리는 공간을 가지고 있습니다. 우리도 그래야 하지 않을까요?"

"목회자가 지금 페이스북과 트위터를 안 하고 있다면, 회개하고 당장 시작해야 합니다."[36]

이런 질문과 논평은 모두 기술이 교회의 삶과 신실한 그리스도인의 삶에서 어떤 역할을 해야 하는가에 초점을 맞추고 있다. 전직 엔지니어로서 나는 기술에 매혹되었다. 목회자로서 지금 나는 기술이 하나님이 나에게 돌보라고 맡기신 사람들에게 미치는 영향력에 대해 미심쩍어 하는 태도를 갖고 있다. 기술이 선을 위해서도, 악을 위해서도 사용될 수 있으며, 그리스도인은 악을 위해서가 아니라 선을 위해서 기술을 사용해야 함을 우리는 다 알고 있다. 기술은 가치중립적인가? 아니면 우리가 선을 위해 기술을 사용할 때조차도 여전히 부정적인 결과가 생겨날 수 있는가? 큰 선을 이루기 위해 기술을 사용할 때조차도 우리는 기술을 믿고 싶은 유혹을 받을 수 있는가?

이런 물음에 대해 어떻게 대답해야 할까? 한 가지 접근방식은 '효율성'이 우리가 하는 일을 규정하도록 내버려두는 것이다. 트위터를 활용해 사람들이 목회자와 더 연결되어 있다고 느낄 수 있다면, 트위터를 사용해야 한다. 하지만 하나님은 기술에 관해 뭐라고 말씀하실까? 목회자로서 나는 사람들에게 최신 기술을 받아들이라고 권하는 사람이 아니라 하나님을 대신해 그분의 백성에게 말하는 예언자다. 하나님은 기술과 기술을 책임 있게 사용하는 법에 관해 뭐라고 말씀하실까?

이 물음에 답하기 위해서는 기술의 신학이 필요하다. 하지만 신학교실에서 기술의 신학을 배운 적이 없고, 박사 과정을 하면서도 기술의 신학에 대해 들어보지 못했다. 표준적인 조직신학이나 성서신학 책에서도 기술을 다룬 부분을 보지 못했다. 기술에 관련되었다고 생각하는 성서 본문에 관한 주석을 읽어보아도, 대부분의 주석가들은 기술에 관해 아무런 언급도 하지 않는다.[37]

기술의 신학은 대단히 실천적인 신학이다. 사람들은 기술에 관한 신학적 원리와 사상을 해석하여 각 사람과 가정이 저마다 마주하는 일상적인 결정에 적용하는 데 도움이 필요하다. 새로운 기술이 날마다 출현하고 있으며, 사람들에게는 건전한 성서적, 신학적 원리에 입각해 끊임없이 변하는 기술 세계를 헤쳐나갈 수 있게 해주는 개인적 지침이 필요하다.

지난 몇 해 동안 나는 기술의 신학을 체계화하려고 노력해왔다. 이를 위해서 시간을 들여 이 문제를 놓고 기도하고, 성서를 공부하고, 다른 이들이 쓴 글을 읽고, 기술이 사람들에게 미치는 영향에 관한 연구를 찾아보기 위해 언론 매체를 뒤지고, 사람들이 기술을 사용하는 모습을 관찰하고, 질문에 귀를 기울이고, 우리 교회 목회자들과 회중에 자료를 적용해보았다.

하나님은 나에게 성서에 기술에 관한 말씀이 많다는—기술에 대한 폭넓은 정의를 사용할 수 있다면— 사실을 깨닫게 하셨다. "기술에는 모든 도구와 기계, 기구, 무기, 장비, 주택, 의류, 통신과 운송 장비, 이런 것들을 만들고 사용하기 위한 기술이 포함된다."[38] 창세기의 첫 열한 장에 담긴 이야기들은 기술의 사용에 관한 근본 원리를 제공한다. (1) 기술이 가능한 까닭은 인간이 하나님의 형상으로 창조되었기 때문이다(아담과 하와). (2) 기술은 우리에게 하나님이 필요함을 깨달을 수 있는 능력에 방해가 되는 경우가 많고 하나님을 불필요한 분으로 만들려는 시도에 사용될 수도 있다(가인). (3) 기술은 죄의 결과로부터 우리를 지켜내려 함으로써 우리가 마음껏 죄를 짓게 만들 수도 있다(라멕과 두발가인). (4) 하나님은 우리를 구원하고, 타락의 결과 중 일부를 완화하고, 우리가 하나님을 예배하도록 돕기 위해 기술을 사용하신다(노아). (5) 기술은 의도적인 인간 활동의 산물이기 때문에 본디 위험하며, 기술 사용을 제한하기 위해서는 하나님의 도우심이 필요하다(바벨탑). 나는 사람들이 이 다섯 중에서 마지막 항목을 가장 이해하기 어려

위한다는 것을 알게 되었다.

나는 십자가를 기술의 한 형태로 연구했으며, 그 결과 기술을 통해 우리가 더 나은 삶을 살 수 있다고 상상하라고, 즉 하나님이 아니라 기술을 탐하고 기술을 믿으라고 끊임없이 유혹하기 때문에 기술이 위험하다는 것을 깨닫게 되었다. 십자가는 예수 없는 세상을 탐하던 유대 지도자들(눅 20:9-19)과 하나님이 아니라 카이사르를 받아들인 그들의 우상숭배(요 19:13-16)와 연관이 있다.[39]

기술은 세상이 우리에게 영향을 미쳐 탐욕과 우상숭배의 삶을 살게 만들려고 하는 수단이기 때문에 기술에 감염된 증상은 세속성에 감염된 증상과 동일하다. 여기에는 다른 이들에 대해 악하게 말하는 태도(약 4:11-12), 하나님 없이 계획을 세우는 태도(4:12-17), 이기적인 재정 생활(5:1-6), 하나님에 대해 인내하지 못하는 태도(5:7-12), 공동체보다 개인을 지향하는 태도(5:13-20)가 포함된다. 야고보는 우리 자신의 삶과 다른 이들의 삶에서 찾아볼 수 있는 이런 실제적인 증상을 지적함으로써 우리가 기술이 우리에게 미치는 감춰진 영향력을 깨닫도록 도와준다.

해결책은 기술 사용을 삼가는 게 아니다. 이 방법은 실제적이지 않을 뿐만 아니라 그르다. 하나님은 가능한 한 최대의 선을 이루기 위해 십자가라는 기술을 사용하셨으며, 타락의 결과를 완화하고 그분의 나라를 확장하기 위해 인간의 기술을 계속 사용하신다. 기술은 하나님이 주시는 복일 수 있고, 그분을 섬기기 위해 꼭 필요한 수단이 될 수도 있다. 하지만 기술에 내재한 위험 때문에 야고보가 이 세상의 것 전반에 관해 제시했던 것과 동일한 해결책이 필요하다. 즉, 겸손과 하

하나님의 율법에 대한 순종(제2계명, 제4계명이 특히 기술과 밀접한 관련이 있다), 기도로 하나님께 나아가는 것이다. 많은 점에서 기도는 기술의 반대이기 때문이다.

그리스도인들이 이 기술 세계를 항해해가는 모습을 볼 때, 그들은 목자 없는 양떼처럼 보인다. 목회자로서 내가 해야 할 일은 내게 맡겨진 사람들이 기술에 관해 성서적, 신학적으로 생각함으로써 그들이 이 기술 세계 안에서 신실하게 살 수 있도록 돕는 것이다.

Chapter 2

학자와 성인
목회직의 간략한 역사

오언 스트래헌

코맥 매카시의 서정적인 소설을 원작으로 한 〈노인을 위한 나라는 없다No Country for Old Men〉만큼, 제어할 수 없는 원죄의 본질을 오싹하게 그려낸 영화는 없었다. 영화의 결말 부분에서 보안관 에드 톰 벨은 아내와 커피를 마시며 앉아 있다. 그는 지난 밤 꾸었던 꿈에 관해 생각한다. 꿈에서 그는 경찰이었던 자신의 아버지가 말을 타고 자기 옆으로 지나가는 것을 보았다.

마치 우리 두 사람 모두 옛날로 돌아간 것 같았어. 나는 한밤중에 말을 타고 산을 넘고 있었지. 산 속의 협곡을 통과하고 있었어. 날씨가 추웠고 땅에는 눈이 쌓여 있었어. 아버지는 말을 타고 나를 지나쳐서 계속 갔어. 아무 말씀도 없이 그냥 지나가셨지. 담요를 뒤집어쓰고 고개를 숙이고 계셨어.

아버지는 지나가실 때 예전에 사람들이 그랬듯이 불을 담은 뿔을 들고 계셨어. 그 안에 있는 빛으로 뿔을 볼 수 있었는데, 달빛과 비슷한 색이었지. 꿈속에서 난 아버지가 계속 앞으로 나아가실 거란 걸 알았어.

그분은 그토록 춥고 어두운 저 바깥 어딘가에서 불을 피우려고 하셨을 거야.

〈노인을 위한 나라는 없다〉의 배경은 황량하다. 묵시적 종말론자인 매카시가 미래에 대한 천박한 낙관론을 그린다고 비판할 사람은 없을 것이다. 하지만 이 단락에서 앞부분의 악의 장송곡과 전혀 다른 곡조가 시작된다. 이 이상한 꿈속에서 우리는 희망의 화음을 듣는다. 어둠이 세상을 정복하지는 못한 것처럼 보인다.

이 같은 소망의 전망은 이 책의 목적을 반향한다. 더 광범위한 복음주의권의 경향을 바라보면 목회직을 신학적 직분으로 이해하는 이들에게 격려가 될 만한 소식을 접하기 어렵다. 오늘날 목회자들은 너무 많은 역할을 맡으라는 요구를 받고 있으며, 이런 수많은 의무를 수행하다가 본질적으로 신학적인 목회 사역을 제대로 하지 못하는 상황이 벌어질 수도 있다. 앞서 서론에서 지적했듯이 세상에서 이처럼 다양한 역할(지도자, 조직 건설자, 행정가, 감독, 영감을 불어넣는 사람, 끊임없이 문제를 해결하는 사람, 영적 실용주의자 등등)을 요구하는 직업은 없을 것이다. 뿐만 아니라 오늘날 목회자들은 지칠 줄 모르는 혁신가와 창의적인 공상가가 되어야 한다는 거센 압력도 받고 있다. 이런 점에서 문화는 교회에 영향을 미치고 있다. 〈포춘Fortune〉이나 〈잉크Inc.〉의 표지가 보여주듯이, 오늘날 사람들이 가장 선호하는 직업인은 금욕적인 기업 임원이 아니라 '창의적인' 경영자다.

그렇다면 목회자가 끊임없이 혁신하지 않아도 된다는 깨달음은 얼마나 고무적인가. 목자는 혼자가 아니다. 많은 사람들이 앞서갔다. 오늘날 복음주의 매체를 보면 깨닫기가 어려울지도 모르지만, 목회자는 엄청난 영적 유산을 물려받았다. 우리보다 앞서 간 이들은 중 다수는 그들을 둘러싼 해로운 문화적, 신학적 압력에 저항했으며, 당당하게 신학적인 목회 사역을 수행했다. 다시 말해서, 그들은 목회직을 신학적 직분으로, 말과 행동, 몸으로 그리스도 안에 있는 새로운 생명(성령 하나님을 통해 성자 하나님 안에서 성부 하나님과 나누는 사귐)을 전하는 소명으로 보았다.

이것이 우리의 근본 주장이다. 교회사의 수많은 시대에 목회자는 신학자였다. 여기서 더 나아가 더글러스 스위니처럼 "교회사에서 **가장 탁월한** 신학자들 **대부분**은 교구의 목회자들이었다"라고 말할 수도 있다.[1] 학계에 매혹된 현대의 목회자들에게 이 말은 직관에 반대되는 것처럼 들리지만, 데이비드 웰스가 지적했듯이 목회자는 역사적으로 "영혼의 아픔뿐만 아니라 책과 학문에도 익숙한 학자-성인"이었다.[2] 그저 목회직에 대해 좋게 말하려는 게 아니다. 아래 내용이 분명히 보여주듯이, 이런 판단은 역사적 사실에 따른 주장이다. 낙담하고 혼란스러워 하는 이들이 교회의 신실한 목회적 유산으로부터 풍성한 수확을 거둘 것이라는 위대한 소망이 존재한다.

초대교회

이레네우스와 신앙의 규칙

초대교회의 주교들은 사막에서 만난 물처럼 성서를 들이마셨다. 그들은 배운 진리를 경건하게 묵상했다. 그들은 학위를 취득하지 않았다. 하지만 목회자들, 즉 2세기 말에 이르면 흔히 '사제'로 불렸던 이들은 분명히 자신이 하나님의 백성을 가르치는 교사라고, 따라서 성서적 교리를 알 책임이 있는 사람이라고 생각했다. 그들은 사람들과 신학을 공부하는 사역을 분리하지 않았으며, 오히려 목회 사역이라는 맥락 안에서 성서라는 비옥한 토양을 갈았다. 이 점을 더 선명히 부각시키자면 이렇게 말할 수 있다. 초기의 목회자들에게는 스스로 고립되어 신학적 묵상을 통해 성서의 교리를 더 깊이 파고들기 위해, 매주 성서를 강해하는 반복되는 일을 포기한다는 것은 상상조차 할 수 없는 일이었다. 그와 반대로 설교 준비를 위해 성서를 읽는 일 자체가 실제적인 신학 작업, 영광스러운 주석 작업을 할 기회였다.

리옹의 주교 이레네우스(130-200)는 최초의 목회자-신학자들 중 한 사람이었다. 남아 있는 이레네우스의 글은 얼마 되지 않지만 주요 저작 두 권, 즉 《이단 논박*Against Heresies*》과 《사도적 설교의 증거*Proof of the Apostolic Preaching*》가 지금까지 전해지고 있다. 초기 기독교 작가이며 신학자인 테르툴리아누스(160-225)와 더불어 이레네우스는 성서와 그 복음의 핵심 메시지를 요약한 '신앙의 규칙*regula fidei*'을 주창했다. 이 신앙고백은 아래와 비슷했다.

교회는 온 세상에, 심지어는 지구 끝까지 흩어져 있지만 사도들과 그들의 제자들로부터 이 신앙을 전해 받았다. 곧 전능하신 아버지이시며 하늘과 땅, 바다, 그 안에 있는 모든 것을 지으신 한 분 하나님과, 우리를 구원하기 위해 몸을 입으신 하나님의 아들 한 분 그리스도 예수와, 예언자를 통해 하나님의 경륜과 사랑하는 우리 주 그리스도 예수의 오심과 동정녀 탄생과 고난과 죽은 자 가운데서 부활하심과 승천을 선포하신 성령에 대한 믿음이다.³

이 규칙은 구속사 전체를 요약하며, 이 역사에 따르면 믿음을 고백하는 신자는 성자나 성령을 성부보다 열등하다고 보는 거짓 가르침에 맞서 성부와 성자, 성령의 사역을 똑같이 중요하며 똑같이 신적인 것으로 보아야 한다. '신앙의 규칙'은 최소한의 용어를 사용한 것으로 볼 수도 있다. 다시 말해서 이것은 진리를 알기 위해 믿어야 할 최소한이다. 하지만 그 반대가 참이다. 모든 기독교 신학의 토대를 약술한 이 규칙은 교회에 성서적 한계를 제공한다. 따라서 이레네우스와 그의 동료들에게 신학은 단순한 영적 사색 활동이 아니었고, 최고의 정확성을 요구하는 활동이었다. 삶과 죽음, 더 나아가 영생과 영원한 죽음이 이 활동에 달려 있다.

삼위일체 신학을 정교하게 다뤘던 초대교회 신학자들은 '선-복음 pre-gospel' 사역을 했던 게 아니다. 그들은 복음의 진리가 흘러나가는 범주를 미세하게 조정했다. 이 점에 관해 신학자 프레드 샌더스는 삼위일체 교리야말로 모든 기독교 교리 중에서 가장 복음적이라고 말했다.⁴

초대교회 교회 조직의 발전

목회자의 신학적 사역을 이해하기 위해 이 시점에서 우리는 초대교회의 목회직에 대해 더 폭넓게 살펴볼 필요가 있다. 이레네우스와 다른 이들은 정확히 어떻게 한정된 지역을 감독하며, 따라서 여러 교회를 이끄는 목회자로서 주교직을 갖게 되었을까?

이른바 '군주적 주교직monarchical episcopate', 즉 한 지역의 교회를 한 주교가 감독하는 제도가 어떻게 생겨났는지에 관해 아직 밝혀지지 않은 내용이 많다는 사실을 인정할 수밖에 없다. 어떻게 초대교회가 이런 교회 조직을 채택하게 되었는지는 분명하지 않다. 이런 교회 조직을 형성하게 한 교회법은 전해지지 않았다. 《헤르마스의 목자Shepherd of Hermas》에는 교회의 치리와 관련해 여러 직분이 자세히 기록되어 있다. 이 문서에서는 "사도들과 주교들과 교사들과 집사들"을 언급한다.[5] 이때 이미 주교의 직분은 교사의 직분과 구별되어 있었다.

교회는 2세기 초에 군주적 주교직을 널리 채택했다. 325년 니케아 공의회에서 교회는 이런 발전을 공식화했다.[6] 주교들은 수도대주교metropolitan의 승인을 받아 다른 주교들을 임명할 수 있었다.[7]

크리소스토무스와 아우구스티누스, 교사로서의 목회자

우리가 처음으로 살펴본 이레네우스만 목회자를 교회의 교사이자 신학자로 본 것은 아니었다. 위대한 설교가이며 《성직론On the Priesthood》(엠마오 역간)의 저자인 요한 크리소스토무스(347-407)는 오늘날 목회자에 해당하는 '사제'의 영적 삶에 중요한 의미를 부여했다. 이것이 그 책의 논점이었지만, 크리소스토무스는 하나님의 백성을 감독하는 사람이 참된 교리를 선포하고 거짓 가르침을 논박할 필요성에 대해서도 길게 논했다.

> 하지만 교리 문제에 관해 논쟁이 일어나고 모두가 같은 성서로부터 무기를 취한다면, 한 사람의 삶이 얼마만큼의 무게를 지닐 수 있을까? … 아무런 무게도 없다. 삶이 타락했다면 건전한 믿음이 아무 의미가 없는 것과 마찬가지다. 따라서 다른 모든 이유보다 바로 이런 이유 때문에 다른 이들을 가르치는 직분을 맡은 사람은 이런 종류의 논쟁에 능숙할 필요가 있다. 자신은 안전히 서 있고 반대자들에게 상처를 입지 않는다고 하더라도 그의 감독하에 있는 무지한 대중은 자신들의 지도자가 논쟁에서 패배하고 반대자에게 아무런 대답도 하지 못하는 것을 볼 때 그의 패배가 그의 약함 때문이 아니라 마치 교리가 잘못되었기 때문인 것처럼 여기며 교리 자체를 탓하기 쉽다. 따라서 한 사람의 무능 때문에 수많은 사람들이 극단적 파괴에 이르게 된다. 그들이 반대자에게 전적으로 넘어가지는 않는다고 하더라도 전에는 굳게 믿었던 문제에 의심을 품을 수밖에 없을 것이며, 전에는 분명히 확신했던 교리를 더 이상 확고부동하게 고수할 수 없을 것이다. 지도자가 패배할 때 그들의 영혼에 너무나도 큰 폭풍이 몰아쳐서 결국에는 그들의 배가 완전히 난파를 당하고 말 것이다.[8]

크리소스토무스의 논점은 대체로 부정적이다. 즉, 그는 교리를 잘못 이해하면 교인들 중 '수많은 사람들'이 '극단적 파괴'에 이를 것이라는 관점에서 교리의 중요성을 주장한다. 위에서 언급한 이유 때문에 초대교회에서는 이런 관점이 널리 퍼져 있었다. 크리소스토무스가 보기에 성서적 교리는 '잘못되지' 않았다. 그런 인상을 줄 때 신앙의 '난파'를 초래할 것이다. 사람들의 지도자인 목회자의 책임은 그들에게 하나님과 그분의 말씀에 관한 건전한 가르침, 교회를 건강하게 만드는 메시지를 전하는 것이었다.

궁극적으로 목회자는 가르쳐야 하며 사람들로 하여금 성서적 가르침을 의심하게 만들려고 하는 '반대자'에게 맞서 바르게 답해야 한다는 크리소스토무스의 확신을 눈여겨볼 필요가 있다. 그의 관점에서 목회자는 불신앙을 이겨내고 자신이 돌보는 이들을 하나님의 무서운 심판대 앞에 안전히 세우기 위해 스스로 성서를 익혀야만 했다. 크리소스토무스에게 목회자는 교사였다. 목회직은 사람들을 안전히 하나님께로 이끄는 신학적 직분이었다.⁹

> 크리소스토무스에게 목회자는 교사였다.
> 목회직은 사람들을 안전히 하나님께로 이끄는 신학적 직분이었다.

북아프리카의 목회자 히포의 아우구스티누스(354-430)는 교회사의 첫 5백 년에서 가장 중요한 주교 중 한 사람이었다. 그의 목회는 분명히 신학적 목회였지만, 목회의 일차적 대상은 철학에 관심을 갖고 있던 자신의 친구들이 아니라 자신의 교회를 가득 메운, 복음이 필요한 평범한 사람들이었다. 유능한 동료였던 히에로니무스에게 보낸 편지에서 히포의 주교는 한가롭게 신학적 몽상을 즐길 시간이 없다고 말했다. 그는 목회하기 위해 공부해야 했으며, 그가 보기에 목회란 곧 **교육**이었다.

> 그런 공부를 할 만한 나의 능력이 어떠하든지 나는 하나님이 나에게 맡기신 사람들을 교육하는 일에 전적으로 전념하고 있다. 교회에서 맡은 직분 때문에 내가 해야 할 공적 가르침을 위해 필요한 것 외에 다른 것을 더 공부할 시간은 전혀 없다.[10]

아우구스티누스의 자기 인식에 귀를 기울여야 한다. 그는 자신이 맡은 직분을 명확히 정의함으로써 자신이 택함을 받은 목회의 본질에 관해 많은 내용을 설명했다. 하나님은 그에게 사람들을 맡기셨다. 그는 '교육'에 전념했다. 그는 자신이 맡은 가장 중요한 일이 '공적 가르침'이라고 생각했다. 마이클 파스콰렐로의 말처럼, 아우구스티누스에게 "목회적 형성은 묵상, 즉 경건한 집중을 통해 지성과 의지로 하나님을 사랑함으로써 이뤄진다. 즉, 성서가 '이야기하는' 삶의 방식에 참여하기 위해 끊임없이 성서에 몰입함으로써 그분을 알아간다는 뜻이다."[11] 히포의 주교에게 신학은 생각과 행동의 습관을 형성하며, 이 습관은 거룩한 지혜의 삶을 만들어낸다.[12] 따라서 신학 없이는 지혜도 없다.

아우구스티누스는 진리의 목회가 하나님의 은총에 의해 변화의 기적을 낳는다고 믿었다. 고전이 된 그의 저서 《그리스도교 교양On Christian Doctrine》(분도출판사 역간)에서 그는 기독교 교사들이 바른 것을 가르치고 그른 것을 바로잡아야 한다고 분명히 강조했다.

> 따라서 성서를 해석하고 가르치는 사람, 바른 믿음을 지키고 오류에 맞서는 사람의 의무는 바른 것을 가르치고 틀린 것을 논박하는 것이며, 이 책무를 수행함으로써 적대적인 사람들을 화해시키고, 부주의한 사람들을 각성시키고, 무지한 사람들에게 지금 무슨 일이 일어나고 있으며 장차 무슨 일이 일어날지 말해주는 것이다.[13]

아우구스티누스는 긍정적이면서도 방어적인 관점에서 진리의 목회를 이해했다. 옳은 것을 장려하고 거짓된 것을 바로잡아야 한다. 물론 아우구스티누스는 자신의 교인들과 자신의 책을 읽는 사람들에게 옳은 것을 권하는 일에 집중했다. 하지만 그는 '오류에 맞서는 사람'으로서 성서를 사용해 이단을 바로잡았다. 아우구스티누스는 두 역할을 동시에 감당하면서 신학자로서 교회를 섬겼다. 이런 목회를 하기 위해 사람들을 떠나지 않았고 오히려 자신을 그들과 결합시켰다. 그가 진리를 지켜내고 오류에 맞서기 위해 그들을 잘 가르치지 않았다면, 그들은 하나님께 '적대적'이며, 하나님 앞에서 '부주의'하고, 자신의 삶의 본질에 대해 '무지한' 채로 남아 있었을 것이다.

이 마지막 논점은 시사하는 바가 크다. 일부 목회자-교사들과 달리 아우구스티누스는 과거에 관한 진실을 선포하는 데 만족하지 않았다. 목회자는 사람들을 일깨워 지금 무슨 일이 일어나고 있는지를 깨닫고, 그들 나름의 특수한 상황 안에서 자신의 실존을 이해하도록 도우라는 부르심을, 더 나아가 명령을 받았다. 그런 이유 때문에 아우구스티누스는 《신국론*The City of God*》(분도출판사 역간)을 썼다. 이 책에서 그는 로마가 공식적으로 기독교 국가가 된 후 멸망한 이유를 설명하는 동시에 역사에 관한 기독교 신학을 제공하고자 했다. 목회는 시간을 초월하는 진리의 선포에 뿌리를 내리고 있지만, 아우구스티누스와 다른 많은 이들이 실천했듯이 그 시간을 초월한 진리가 현재에 영향을 미칠 수 있게 한다.

직분으로서의 목회직

그리스도 안에 있는 하나님의 은총이라는 비밀을 맡은 사람들(참고. 고전 4:1)이 하는 일은 직업이 아니라 '직분'이다. 391년 발레리우스 주교에게 보낸 편지에서 아우구스티누스는 "이생에서, 특히 이 시대에 주교나 사제, 부제의 직분보다 더 쉽고 더 편안하고 사람들에게 더 환영받는 일은 없다"고 말했다.[14] 이런 통렬한 비판은 콘스탄티누스주의 이후 시대post-Constantinian의 목회자의 변화된 관점뿐만 아니라 목회적 소명을 묘사하기 위해 '직분'이라는 용어를 사용하는 것에 관해서도 시사하는 바가 크다.

아우구스티누스는 초대교회의 신학자들을 본받아서 '직분'이라는 말을 사용해 목회직을 설명했다. 테르툴리아누스는 3세기 초 여성 목회자에 대해 반대하기 위해 이 용어를 사용했다.[15] 히폴리투스는 목회자의 안수식을 설명하면서 이 말을 215차례 사용했다. "신앙을 고백하는 사람이 주의 이름을 위해 옥에 갇혔다면, 그는 목회자로 안수하지 않는다." 그런 사람은 고통을 통해 "그 직분의 영광을 누리기" 때문이다.[16] 아우구스티누스 시대에는 목회직을 하나의 직분으로 보는 것이 일반적이었던 것으로 보인다. 이런 어법은 중세 시대에도 계속되었다. 예를 들어, 그레고리우스 1세는 《사목 규범*Pastoral Rule*》(대구효성가톨릭대학교영성신학연구소 역간)에서 겸손함 없이 '목회적 돌봄의 직분'을 구하는 이들을 비판했다.[17] 몇 세기가 지나서 토마스 아퀴나스는 《신학대전*Summa Theologica*》에서 '엄숙히 세례를 베푸는 직분'을 맡은 사제의 필요성에 관해 논하면서 이 용어를 사용했다.[18]

잠깐 시간을 뛰어 넘어가 보면, 개혁자들이 '영적' 혹은 교회의 직분과 평신도의 소명을 나누는 것을 거부하기는 했지만 그들 역시 이 호칭을 사용했음을 알 수 있다. 예를 들어, 칼뱅은 목회자 혹은 박사를 비롯해 교회의 '네 직분'에 관해 말했다.[19] '직분'으로서의 목회직이라는 관념이 비록 20세기에 이르러 덜 두드러지게 되기는 했지만, 종교개혁 이후 개신교의 거의 모든 목회자관에 나타나 있다. 초대교회와 중세교회, 개신교회 안에서 이 용어가 사용되는 방식을 역사적으로 살펴보면, 목회자의 성별된 성격이나 그런 역할에 적합하지 않은 사람에 관해 논할 때 직분이라는 말이 자주 사용되었음을 알 수 있다.

그 앞에 '목회적'이라는 말이 붙든지, '신학적'이라는 말이 붙든지(고대의 용례에서는 두 용어가 비교적 대체 가능했던 것으로 보인다), '직분'이라는 말은 목회직을 귀하게 여기고 그 직분을 거룩하고도 중요하게 여기는 관점과 연결되어 있다. 그것 때문에 현대인들에게 이 용어가 모호하며 유행이 지난 것처럼 들리는지도 모른다. 이런 용어들은 목회직의 엄숙함과 중요성을 나타낸다. 이 직분은 사람이 택하는 게 아니다. 이 직분은 주께 부름 받고 교회에 의해 임명받는 것이다. 신학적 직분은 하나님을 섬기기 위해 성별된 역할이며, 이 거룩한 의무를 지닌 사람은 회중 전체뿐만 아니라 궁극적으로는 천지를 다스리시는 하나님 앞에서 책임을 져야 한다.

중세 시대: 스콜라주의와 수도원 운동

—

중세 시대에는 목회자의 사역에 대한 관념이 바뀌었다. 여기서 우리는 대략 500년에서 1500년까지 1천 년 이상에 걸쳐 진행된 복잡한 목회적, 사제적 운동을 요약해보고자 한다. 복잡한 운동이었지만 중세 가톨릭교회가 목회를 실천하고 이해하는 방식이 변화하는 과정에서 적어도 두 가지 주요한 경향을 확인할 수 있다.

첫째, 신학은 점점 더 '학문적 신학자'라고 부를 수 있는 사람들의 영역이 되었다. 물론 스콜라주의자들은 기독교 교리에 중요한 공헌을 했다. 안셀무스와 아퀴나스는 이 시기의 가장 주목할 만한 사상가였다. 안셀무스의 '만족설satisfaction theory'은 예수의 십자가 죽음에 관한 성서의 가르침의 핵심을 충실히 포착해낸 속죄 교리로서, 개혁자들이 성서로부터 '형벌 대속설'을 복원해내기 위한 토대가 되었다. 《인간이 되신 하나님Cur Deus Homo》(한들 역간)에서 안셀무스는 성육신의 필요성을 주장하며 이를 속죄와 연결시켰다. 이것은 필수적인 신학적 연결고리였다. 아퀴나스는 기독교 신학에 다양한 공헌을 했다. 정의로운 전쟁 이론과 다섯 가지의 신 존재 증명 이론, 아우구스티누스적 예정설의 정교화 등이 대표적이다.

이들과 다른 인물들(그중 아벨라르두스, 오컴, 둔스 스코투스가 유명하다)은 신학계에 대단히 의미 있는 공헌을 했다. 하지만 이는 점점 더 심각해지는 문제의 일부이기도 했다. 가톨릭교회가 커지고 확장해감에 따라 신학을 가르치는 일은 점점 더 학계에 있는 교사들의 영역이 되었으며 학식을 갖춘 목회자가 해야 할 일에서 점점 더 제외되었다. 여기서 우리는 중세 목회직의 두 번째 주요 경향을 확인할 수 있다. 목회직은 신학 작업이 이루어지는 핵심적인 자리가 아니라 실천적 목회와 활동이 주를 이루는 섬김의 영역이 되었다. 그레고리우스 1세와 클레르보의 베르나르, 아시시의 프란체스코 같은 지도자들은 자신을 따르는 많은 이들이 탁발 수도사로서 거룩한 사역을 행하도록 훈련시켰다. 하지만 이 책의 논의에 비춰보면, 이처럼 이른바 '실천적 목회'로 전환이 일어났다는 것은 많은 지역 교회 지도자들이 과거처럼 자신을 신학자로 보기보다는 영적으로 돕는 일을 하는 사람으로 보게 되었음을 뜻한다.

종교개혁기의 각성: 개신교 목회자들

16세기 초 유럽의 기성 교회는 목회직에 대한 초대교회의 가르침과 모형으로부터 멀어져버렸다. 종교개혁은 성서적 교리를 복원하고 초대교회의 목회 모형을 회복하고자 하는 노력이었다. 진흙으로 질척이던 비텐베르크에 게시한 글에서 마르틴 루터는 목회자가 복음을 분명히 설명하고 사람들에게 그리스도를 제시하는 위대한 목적을 위해 존재한다고 가르쳤다. 루터의 갈라디아서 강해에서 볼 수 있듯이, 목회자를 바라보는 아우구스티누스의 관점과 루터의 관점 사이에는 상당한 연속성이 존재한다.

> 그러므로 우리는 언제나 믿음이나 그리스도인의 의에 관한 이 교리를 되풀이해서 말하고 권면하고 사람들의 마음에 심어줌으로써 사람들이 이 교리를 계속해서 활용함으로써 이것을 율법의 능동적 의와 정확히 구별할 수 있게 한다. (왜냐하면 이 교리에 의해서만, 이 교리를 통해서만 교회가 세워지며, 이 교리 안에서만 교회가 존재하기 때문이다.) 그렇게 하지 않으면 우리는 참된 신학을 볼 수 없을 것이며 즉시 율법학자와 형식주의자, 교황주의자가 될 것이다. 그리스도가 너무 어두워져 교회 안에서 아무도 바르게 배우거나 위로를 받지 못할 것이다. 그러므로 설교를 하거나 다른 이들을 가르치는 사람이 되고자 한다면, 우리는 이런 문제에 대단히 주의를 기울이고 율법의 의와 그리스도의 의 사이의 구별을 고수해야만 한다.[20]

루터가 생각하기에 목회자의 일은 정말로 심각한 일인 동시에 생명을 주는 일이다. 율법과 복음을 잘못 이해한다면, 우리는 '참된 신학'으로부터 멀어져 그리스도를 모호하게 만드는 셈이다. 그분의 의로운 사역을 바르게 이해하지 못하면 그리스도를 알 수도 없고 이해할 수도 없기 때문이다. 루터가 보기에, 믿음에 의한 의를 선포하는 것은 '설교를 하거나 다른 이들을 가르치는 사람'의 근본적 사명을 완수하는 것이다. 따라서 목회자는 하나님께 다른 이들에게 이 믿음의 교리를 심어주라는 명령을 받았다. '참된 신학'을 선포하는 사역은 말 그대로 사람들을 구하고 변화시키기 때문에 대단히 주의를 기울여야 하는 일이며 특별한 신학적 분별이 필요한 일이다. 따라서 루터는 목회직을 고귀한 직분이라고 여겼다.

루터의 영적 동지였던 장 칼뱅은 목회직에 대한 이러한 이해를 지지하고 더 나아가 심화시켰다. 인간적 관점에서는 기욤 파렐의 강력한 설득으로 제네바에서 목회직을 맡게 된 칼뱅은 교리를 강조하는 자신의 목회에 주께서 큰 복을 내려주시는 것을 경험했다. 제네바에서 칼뱅은 신학적인 목회직을 확립하기 위해 루터보다 더 많이, 당대의 다른 어떤 목회자보다 더 많이 노력했다.《기독교 강요*Institute of the Christian Religion*》에서 칼뱅은 목회직이 성서와 서로 떼어놓을 수 없을 정도로 연결되어 있다고 말했다.

> 따라서 그들이 어떤 이름으로 불리든지 교회의 목회자들이 받아야 할 주권적인 능력이 있다. 그들은 하나님의 말씀으로 담대하게 모든 일을 할 수 있다. 모든 세상의 권세와 영광, 지혜, 명예가 그분의 위엄에 굴복하고 순종하게 만들 수 있다. 그분의 능력을 힘입어 가장 높은 사람부터 가장 마지막 사람까지 모든 사람에게 명령할 수 있다. 그리스도의 집을 세우고 사탄의 집을 무너뜨릴 수 있다. 양떼를 먹이고 늑대를 몰아낼 수 있다. 가르침 받고자 하는 이들을 교육하고 권면할 수 있다. 반역하며 완고한 이들을 비판하고 책망하고 복종시킬 수 있다. 묶을 수도 있고 풀 수도 있다. 마지막으로 필요하다면 천둥과 번개를 내릴 수도 있다. 하지만 하나님의 말씀 안에서 모든 일을 한다.[21]

목회에서는 하나님의 말씀으로부터 모든 능력을 구한다. 칼뱅은 목회직을 정의하면서 교회에서 행하는 모든 섬김의 효과와 능력을 성서와 연결시킨다. 목회자로서 그는 성서를 전적으로 신뢰했으며, '세상의 권세'를 지닌 사람들을 포함해 모든 사람들이 성서 앞에서 책임져야 한다고 믿었다. 제네바의 목회자-통치자로서 칼뱅이 그런 관점을 가지고 있었다는 것은 놀랍지 않다. 그는 도시의 행정관이 아니었지만, 도시 안에서 중대한 도덕적 영향력을 행사했다.

칼뱅이 영향력을 행사했던 주된 수단은 설교였으며, 그의 설교 형식은 강해 설교였다. (그가 훈련시킨 수많은 사람들을 포함해) 다른 많은 개혁자들처럼 칼뱅은 성서의 여러 책을 연속해서 설교했으며, 간결하지만 깊은 연구에 기초해서 본문을 해석했다. 말년에 그는 유언장을 쓰면서 자신의 설교의 목적을 이렇게 요약했다. "나는 설교와 저술, 주석을 통해서 말씀을 순수하고도 정결하게 선포하고, 그분의 거룩한 성서를 신실하게 해석하려고 노력해왔다."[22] 그렇게 하기 위해, 본문을 이해하고 본문의 바른 의미, 즉 그리스도 안에 있는 하나님의 은총에 의해 규정된 의미를 깨닫기 위해, 칼뱅은 주중에 몸을 혹사시킬 정도로 열심히 공부했다. 그는 설교 준비를 마무리한 다음 강단에 올라가 성서를 펴고 원고 없이 설교했다. 이것은 위대한 사역이었지만, 장식이나 허세 때문이 아니라 칼뱅이 설교를 통해 위대하고 은혜로우신 하나님을 높였기 때문이었다. 매주 질서가 잡히고 초점이 잘 맞춰진 강해 설교라는 보잘것없지만 강력한 사역을 통해 하나님은 그분의 나라를 세우셨다.

칼뱅은 설교와 더 광범위한 프로그램을 통해 주석을 통한 가르침뿐만 아니라 '도덕적 감독'을 제공하고자 했다.[23] 일부 학자들이 어떻게 주장하든, 칼뱅은 자신이 사람들을 그리스도인으로 만들 수 없다는 것을 알고 있었다. 하지만 그는 자신이 감독하는 목회자들로 하여금 그 도시의 도덕적 삶을 돌보게 만들었다. 스콧 매니치가 지적했듯이, "교회가 주도하는 제네바의 독특한 권징 방식은 일상적 실천뿐만 아니라 성서적, 신학적 성찰로부터 만들어졌다."[24] 칼뱅과 베자, 그들이 훈련시킨 목회자들은 예수께서 그분의 제자들에게 그분 왕국의 열쇠를 맡기셨다는 성서적 사실을 매우 중요하게 여겼다(마 16:19; 18:18-19을 보라). 제네바의 목회자-신학자들은 '열쇠의 권세'를 가진 사람으로서 교회의 권징을 실시할 책임이 있다고 믿었다. 따라서 이곳에서는 "도시와 시골의 교구 안에서 감독과 목회적 관리를 위한 정교한 체계"가 마련되었다.[25] 이 체계는 비록 불완전하기는 했지만 이 시기의 탁월한 목회자-신학자가 주창했던 제네바 교회의 신학적 비전이 실현되었음을 뜻한다. 물론 제네바인들이 언제나 스스로 세운 높은 기준에 부합하는 삶을 살지는 못했다. 그러나 그들의 목표는 사람들의 삶 속에서 하나님의 거룩함을 나타내는 것이었다.

> 칼뱅이 영향력을 행사했던 주된 수단은 설교였으며,
> 그의 설교 형식은 강해 설교였다.

칼뱅만이 갱신된 목회직을 통해 환경을 변화시키고자 했던 것은 아니다. 다른 개혁자들도 목회직에 큰 권위를 부여했다. 다른 중요한 개혁자들 중에서 두 사람만 예를 들어보자면, 취리히의 울리히 츠빙글리와 스코틀랜드의 존 녹스는, 현대의 많은 목회자들이 기피할 정도로 성서가 한 사람이 속한 사회를 비롯해 삶의 모든 영역을 위한 것이라는 확신에 기초해 행동했다. 개혁자들로 하여금 이런 확신을 갖게 하고 16세기 유럽을 변화시킨 것은 바로 하나님의 말씀에 대한 확신이었다. 녹스의 동료였던 토머스 랜돌프는 설교자의 영향력을 두고 이렇게 말했다. "나는 우리 귀에 계속 울려 퍼지는 5백 대의 트럼펫보다 한 사람의 목소리가 한 시간 동안 우리 안에 더 많은 생명을 불어넣을 수 있다고 확신한다."[26] 이것은 어느 시대에나 강력한 말이겠지만, 종교개혁 시대에는 이 말이 참이라는 것을 증명하는 수많은 증거가 있었다.

신학적 목자: 청교도와 진리의 실용성
—

단속적이었던 영국 종교개혁의 후예였던 청교도들도 비슷한 관점에서 목회자의 직분을 이해했다. 목회자는 영혼의 의사요, 성서적 교리 안에 담긴 힘이 도움이 필요한 사람들의 삶에 영향을 미칠 수 있도록 만드는 신학자였다.

이 말은 그들이 했던 사역의 핵심에도 적용된다. 청교도들은 교회의 관점에서 신학을 정의했다. 청교도 신학의 고전적 지침서 《신학의 정수 *Medulla ss. theologiae*》(크리스챤다이제스트 역간)를 쓴 윌리엄 에임스는 신학 자체를 "하나님 앞에서 사는 삶에 관한 교리"라고 정의했다. 이 책에서 에임스는 "인간에게 가장 고귀한 삶은 살아 계시며 생명을 주시는 하나님께 가장 가까이 다가가는 것이므로 신학적 삶의 본질은 하나님 앞에서 사는 삶"이라고 주장했다.[27] 에임스는 신학이란 삶을 위한 것이라고 이해했다. 신학은 하나님의 백성을 위한 것이며, 그들이 하나님 앞에서 충만한 삶을 살게 하는 것이 신학의 목적이다. 신학은 하나님을 위해 살고 그분의 뜻을 알고 그분의 선하심을 귀하게 여기는 이들의 것이다. 이것이 신학에 대한 근대 이전, 성서 비평 이전 precritical의 정의이며, 그 유익에 관해서는 이 책의 뒷부분에서 더 자세히 살펴볼 것이다.

청교도들은 신학을 사랑했다. 하지만 그들이 신학을 사랑한 까닭은 그것이 삶에 적용할 수 있는 것이었기 때문이었다. 그들 중에서 "달콤한 천상의 말씀을 떨어뜨리는 사람Sweet Dropper"이라고 불렸던 케임브리지의 리처드 시브스만큼 성서적 진리의 실용성을 강력히 옹호한 사람은 없었다. 시브스는 그리스도인을 그리스도와 그분의 위로가 절실하게 필요한 '상한 갈대'로 묘사했다.

> 상한 갈대는 불행 가운데 있다가 그리스도께 와서 도움을 구하는 사람이다. 불행을 통해 그는 죄가 그 원인임을 깨닫는다. 죄가 어떤 가면을 쓰고 있든지, 우리가 상처를 입고 깨어질 때 그 가면은 사라져버리기 때문이다. 그는 상처를 입을 정도로 죄와 불행을 자각한다. 자신 안에서는 아무런 도움도 얻을 수 없음을 깨닫고 다른 이에게서 도움을 얻기를 초조하게 갈구한다. 감히 자비를 요구하지는 못하지만 이를 통해 자신이 아니라 그리스도를 바라보기 시작한다.

이 소망의 불꽃이 타락에서 기인한 의심과 두려움과 부딪칠 때 그는 꺼져가는 심지가 된다. 따라서 상한 갈대와 **꺼져가는** 심지가 고통 가운데 있는 비참한 사람의 영적 상태다. 우리 구원자 그리스도께서 '심령이 가난한' 자라고 부르신 그런 사람이다. 그는 자신이 부족함을 알고 있으며, 자신이 하나님의 공의에 빚진 사람임을 깨닫고 있다.[28]

이런 약해진 상태 때문에 신자에게는 교회가 필요하다. 시브스는 교회를 가리켜 "모두가 어느 정도는 이런저런 영적 질병을 앓고 있어서 모두가 영적 지혜와 온유함을 실천할 기회를 얻을 수 있는 **공동 병원**"이라고 말했다.[29] 시브스는 신학 자체가 지치고 가난하며 깨어진 사람들을 위해 그리스도께서 주시는 위로라고 생각했다.

16세기 키더민스터의 교리문답 교사였던 리처드 백스터의 사역을 통해 청교도들이 신학과 삶을 얼마나 풍성히 연결시켰는지 더 분명히 이해할 수 있다. 백스터는 자신이 섬기는 회중의 8백 가정을 성서적 신앙의 근본 원리로 훈련시키기 위해 지칠 줄 모르고 노력함으로써 항구적인 목회의 모범이 되었다. 그렇기 때문에 백스터는 흔히 '실천신학자'로 분류된다. 하지만 여기서 다시 우리는 이런 수식어가 지닌 문제점을 확인할 수 있다. 결국 청교도들의 탁월한 프로그램 이면에는 교회가 필요한 주된 이유는 마음의 변화를 만들어내는 신학적 교육을 해야 하기 때문이라는 확고한 신념이 자리 잡고 있었다.

고전이 된 책 《참 목자상 The Reformed Pastor》(생명의말씀사 역간)에서 백스터는 목회자들이 자기 교인들의 영혼 안에 영원한 무게를 지닌 진리를 심어주어야 한다고 주장했다.

> 사람들을 더 깊은 진리로 이끄는 것은 바로 이 근본적 가르침들이다. 그들은 바로 이 가르침의 기초 위에 모든 것을 세워야 한다. 바로 이 가르침이 모든 은혜를 불러일으키고 모든 것을 세워야 한다. 바로 이 가르침이 그들을 유혹에 맞설 수 있도록 강하게 만들어야 한다. 이 가르침을 알지 못하는 사람은 아무것도 알지 못한다. 이 가르침을 잘 아는 사람은 그를 행복하게 만들 정도로 많은 것을 알고 있다. 그리고 이 가르침을 가장 잘 아는 사람이 가장 잘 이해하는 최선의 그리스도인이다.[30]

성서적 진리가 없다면 그리스도인에게는 모든 것을 세울 기초가 전혀 없으며, "유혹에 맞설 수 있도록" 그를 강하게 만들어주는 것도 전혀 없는 셈이다. 백스터는 지식과 성숙 사이에 일대일 관계가 있다고 믿었다. 퍼브스는 백스터가 "진리에 대한 이해가 자라날 때 은총이 삶 속으로 들어온다는 관점"에 기초해 목회를 했다고 지적한다.[31]

청교도들은 오점이 전혀 없는 목자들이 아니었다. 그들에게도 결점이 있었다. 하지만 그들의 목회는 성서와 성서를 가르쳐야 할 필요성에 기초했다. 이 점에서 그들은 현대의 목회자-신학자들이 따라야 할 신실한 본보기였다. 청교도 연구의 대가인 제임스 패커는 그들의 성서 해석을 보면 그들이 "성서가 교리서이며, 우리에게 하나님에 관해, 그분과 피조물의 관계에 관해 가르친다"고 믿었음을 알 수 있다고 말한다.[32] 모든 성서는 '하나님 중심적'이었다. 즉, 청교도 목회자들이 교인들에게 '성서의 하나님 중심적 관점'을 가르쳤다는 뜻이다. "타락한 인간은 자신이 우주의 중심이라고 생각하지만, 성서는 우리에게 하나님이 중심이심을 보여주며 인간을 비롯해 모든 피조물을 올바른 관점에서—하나님을 통해, 하나님을 위해 존재하는 것으로— 묘사한다."[33]

> 청교도들은 목회 사역이 신학 작업으로부터의 도피가 아니라 교회의 삶 속에서 진리를 구체적으로 나타내라는 부르심이라고 생각했다.

청교도들은 창조 질서의 신학적, 지적 영역을 받아들였으며, 이 세상에서 삶과 생각의 주된 해석자 역할을 자처했다. 종교개혁 시대의 루터파와 개혁파 목회자들은 그들이 자기 교인들을 위한 신학자 역할을 하기에 부적합하다는 것을 암시하는 말만 들어도 깜짝 놀랐을 것이다. 그들은 "목회자 말고 다른 누가 이런 일을 할 수 있겠는가?"라고 물었을 것이다. 청교도들과 교회사에서 활동했던 수천, 수만 명의 목회자들은 목회 사역이 신학 작업으로부터의 도피가 아니라 교회의 삶 속에서 진리를 구체적으로 나타내라는 부르심이라고 생각했다.

'하나님 일'을 하는 사람: 에드워즈주의자들과 목회 영역

미국의 가장 위대한 목회자는 청교도의 후예였다. 이 유명한 유산 때문에 조나단 에드워즈가 상아탑에서 거의 시간을 보내지 않았다는 사실을 잊어버리기 쉽다. 그는 현대적 의미에서 교수였던 적이 없다. 에드워즈는 보스턴 외곽에 있던 뉴잉글랜드에서 가장 큰 교회에서 목회자로서 바삐 일하는 가운데 많은 논문을 썼다. 나중에 그는 매사추세츠의 개척지에서 선교사로 섬기면서 신학 저술을 더 많이 할 수 있었다.

저자와 신학자로서 에드워즈만큼 많은 책을 쓴 목회자는 드물었다. 하지만 그의 목회관과 개인적 모범은 교회를 위한 신학 사역에 큰 격려가 된다. 다양한 지역에서 여러 차례 행했던 안수식 설교에서 그는 안수받는 사람이 이제 막 시작하는 목회가 본질적으로 교리적 소명이라고 분명히 주장했다. 한번은 목회자와 하나님의 백성 사이의 유대관계가 어떤 성격을 지니는지를 두고 설교하면서 에드워즈는 목회직이 곧 복음 사역이라고 주장했다.

> 복음의 일은 곧 하나님의 일이다. 이 일을 하도록 부르심을 받은 사람들은 마땅히 그리스도의 일이라고 불러야 할 일을 하도록 부르심을 받았다. 이 일을 할 때 그 사람은 모든 부분에서 하나님과 관계를 맺는다. 하나님의 백성의 이름으로 하나님을 향해 일하거나 하나님의 이름으로 그 백성을 향해 일한다. 하나님을 향해서 일하거나 하나님으로부터 일한다. 그리고 이는 하나님을 위해서 일하는 것이다. 하나님은 인간이 이 세상에서 행하도록 부르심을 받은 다른 어떤 일이나 직업보다 더 직접적으로 목회 사역의 목적이시다.

에드워즈는 이런 주장의 결론으로서 목회자를 그리스도와 연결시킨다.

> 사람들이 목회자를 부를 때, 그들은 목회자를 통해 하나님을 향해 그들이 맡은 일을 수행한다. 목회자는 하나님 앞에서 그들을 위해 행동하는 사람이며, 그들은 그를 통해 그분을 예배한다. 목회의 직분은 인간적 혹은 지상적 왕국의 직분이 아니라 그리스도의 왕국의 직분이다. 복음을 전하는 목회자는 그리스도의 일꾼이며, 그가 해야 할 일은 그리스도의 사역, 구속 사역을 수행하는 도구가 되는 것이다.[34]

목회자의 정체성에 관한 에드워즈의 글에는 인용할 만한 부분이 많지만, 이런 글들은 목회자가 '하나님의 일'을 수행한다는 에드워즈의 흔들리지 않는 확신을 포착한다. '모든 부분에서' 목회직은 하나님과 관계가 있으며, 따라서 목회자는 일차적으로 신학적 지도자다. 이런 목회관에 책략은 거의 없으나 영광은 많다. 목회자는 성별되어 치열하게 하나님을 지향하는 사람이다. 백성으로부터 하나님을 향해 일하든, 하나님으로부터 백성을 향해 일하든, 목회자는 하나님을 '사역의 목적'으로 삼는다. 이것은 다른 어떤 것과도 다른 역할이다.

에드워즈의 모형에서 목회자는 더 세련되고 이로운 직업을 갈망하느라 시간을 허비하지 않는다. 교회 지도자들은 그리스도의 일꾼, 세상이 목격할 가장 위대한 사역인 '구속 사역'의 도구다. 그러므로 에드워즈는 '부흥', 즉 복음 선포를 통해 영혼을 구원하는 일에 집중했다. 에드워즈에게는 지적 탁월성과 전도의 열정 사이에 아무런 긴장

관계가 없었다. 오히려 이 둘은 서로를 부추긴다. 1730년대와 1740년대에 그가 대각성 운동에 적극적으로 참여했다는 사실은 이 점을 분명히 보여준다.

에드워즈의 설교를 읽으면 그가 고함치는 것처럼 들린다. 그의 목회는 결코 무기력한 목회가 아니었다. 프로이트의 상담이 심리학이었고 아인슈타인의 학문 활동이 과학이었으며 처칠이 한 일이 정치였듯이, 그의 목회는 강력한 신학 사역이었다. 로버트 콜드웰이 지적했듯이, "에드워즈는 그리스도인을 변화로 이끌기 위한 주된 방법이 기독교의 위대한 진리를 가르치는 것이라고 확신했다. 정신이 성서적 신학으로 충분히 채워질 때만 복음에 의해 마음과 삶이 변화될 수 있다." 이를 위해 에드워즈는 "자신의 회중이 성서적 교리에 대한 그의 풍성한 묵상으로부터 유익을 얻을 수 있도록 성서 연구에 많은 시간을 할애했다." 이를 넘어서 "그는 의지와 도덕적 덕, 정신 등 많은 주제에 관해 설교와 논문을 썼다."[35]

매주 에드워즈는 성서 본문을 설교했다. 그는 현대의 많은 설교자들처럼 한 절 한 절 강해하며 설교하지 않았다. 대신 그는 성서의 한 구절이나 문제에 초점을 맞추는 경우가 많았다. 에드워즈는 본문의 맥락을 설명한 후 본문의 '교리'를 깊이 파고들었다. 대개 그는 여러 경로 중 하나를 택했다. 성서 신학을 활용해 본문과 정경 전체를 연결시킴으로써 한 가지 관념의 기초를 세우거나, 그 구절이 입증하는 신학이나 철학에 대해 설명하거나, 교인들의 역경이나 회개와 믿음의 필요성에 관해 자세한 주석을 제시했다. 이 모든 작업은 적용으로 귀결되며, 적용 역시 앞선 내용만큼이나 신학적인 경우가 많았다. 《그리스도의 탁월성*The Excellency of Christ*》의 한 부분을 생각해보라.

> 지금까지 내가 했던 말이 여러분을 설득하여 주 예수 그리스도를 사랑하고 그분을 여러분의 친구와 분깃으로 삼게 하십시오. 그리스도 안의 다양한 탁월성을 만나게 되는 것과 마찬가지로, 그분을 여러분이 마땅히 사랑하고 택할 만한 분으로 만드는 모든 것이 그분 안에 있습니다. 우리가 친구 안에 있기를 바라는 모든 것이 그리스도 안에 있으며, 우리가 원하는 최고의 수준으로 있습니다.[36]

에드워즈는 처음에 사람으로 하여금 그리스도를 따르고 예배하게 만드는 것은 그분의 사랑이 아니라 그분 안에, 오직 그분 안에만 있는 '다양한 탁월성'과의 놀라운 만남이라고 보았다. 따라서 에드워즈는 청중에게 그리스도와 친구가 되고 '최고 수준'의 감정과 행복을 경험하라고 말했다.

에드워즈는 신학적, 철학적, 영적 삶을 아우른다는 점에서 자신의 전통을 떠나지 않았다. 그는 위대한 강해 설교의 전통에서 교육을 받았다. 이 전통에서는 설교자가 의사소통의 최소공통분모에 초점을 맞추기보다는 지성과 감정을 고무하는 것을 핵심으로 삼는 다면적 사역을 하도록 부르심을 받았다고 보았다. 리처드 베일리는 "에드워즈는 그 시대의 몇몇 설교 지침서, 특히 코튼 매더의 《목회 지침*Manductio ad ministerium*》과 존 에드워즈의 《설교자*The Preacher*》를 본보기로 삼아서 설교했다"고 지적했다. "두 책 모두 에드워즈의 '목록Catalogue', 즉 그가 관심 있게 읽었던 도서 목록에 포함되어 있었다." 존 에드워즈에 따르면, 설교자는 "언어학자, 문법학자, 비평학자, 웅변가, 철학자, 역사학자, 결의론자決疑論者, 논쟁자가 되어야 하며 모든 학문에 관해 지식을 갖춰야" 하며, "다이아몬드처럼 단단하고도 명징한" 설교를 쓰려고 노력해야 한다.³⁷

> 네덜란드 신학자 아브라함 카이퍼가 그리스도께서 모든 피조물에 대해 "내 것!"이라고 외치신다고 묘사했던 때보다 2백 년 앞서 에드워즈는 설교와 글로 "그분의 것!"이라고 외쳤다.

에드워즈는 설교에서 삶의 모든 영역을 하나님과 연결시켰다. 하나님의 창조 질서의 한 영역이 그의 관심을 사로잡을 때 그는 하나님 중심적 세계관으로 그것을 바라보고 교인들에게 설교하는 것에서 영광스러운 자유를 느꼈다. 이것이 복음을 전하는 목회자, 세상 위에 군림하며 세상을 다스리는 그리스도의 왕국을 섬기는 사람의 모습이다. 네덜란드 신학자 아브라함 카이퍼가 그리스도께서 모든 피조물에 대해 "내 것!"이라고 외치신다고 묘사했던 때보다 2백 년 앞서 에드워즈는 설교와 글로 "그분의 것!"이라고 외쳤다.

새로운 신학New Divinity이라는 독창적 신학 학파를 만들어낸 에드워즈의 후예들 역시 목회자-신학자로 섬겼다. 에드워즈처럼 이들은 성서와 신앙에 관한 어려운 질문을 던지는 동시에 가는 곳마다 부흥을 추구했다. 지적 호기심으로 가득했던 그들은 지혜와 통찰을 얻기 위해 다른 학문을 깊이 연구했고 마음껏 글을 썼다. 브룩스 홀리필드가 지적하듯이, 그들과 그들의 동시대인들은 18세기와 19세기에 인상적인 출판 기록을 달성했다.

장로교인 조너선 디킨슨은 칼뱅주의와 부흥운동을 결합시킴으로써 국제적 명성을 얻었다. 코네티컷의 새뮤얼 존슨은 성공회의 성례전 신학과 영국의 도덕 사상, 철학 모두에 정통했다. 코튼 매더는 뉴잉글랜드의 역사를, 제임스 블레어와 윌리엄 스티스는 버지니아의 역사를, 제러미 벨크냅은 뉴햄프셔의 역사를 썼다. 제디다이어 모스는 미국의 대표적인 지리학자였다. 프랜시스 앨리슨과 존 위더스푼은 스코틀랜드 철학을 대중화시켰다. 버지니아의 존 클레이튼과 존 배니스터는 식물학 보고서를 작성했으며, 재러드 엘리엇은 철과 뉴잉글랜드의 작물 경작에 관한 글을 썼다. 에드워드 테일러와 티모시 드와이트, 카너리 오언은 식민지 시대의 저명한 시인이었다. 18세기 말에 이르면 법률가와 정치 이론가들이 주도권을 잡게 되지만, 이 시기 동안 대부분은 성직자가 미국의 지식인이었다.[38]

마지막 문장에 대해 현대 독자들은 놀라워할지도 모른다. 지금은 '미국의 지식인'이라고 말하면 꼭 설교자들을 떠올리지는 않을 것이다. 하지만 이 마지막 문장에 대해 깊이 생각해볼 필요가 있다. 홀리필드가 재구성한 역사 안에는 활기차며 생동감이 넘치는 무언가가 있다. 지금은 잠자고 있는 무언가가 움직이고 숨을 쉰다. 한때는 목회자가 신학자, 단지 영적 확신만이 아니라 지적 확신에 찬 신학자였다. 그는 공동체에서 가장 좋은 교육을 받은 시민인 경우가 많았다. 즉, 박식한 보편적 지식인이었다. 그는 다양한 문제에 관해 권위 있게 말했다. 하나님의 말씀이 세상을 권위 있게 해석하기 때문에 자신이 이런 종류의 일을 하기에 가장 적합한 위치에 있다고 믿었다.

현대의 전환: 대중주의와 전문성, 길들여진 목회직
—

목회 사역이 하나님의 일이라면 목회직이 맞고 있는 현대의 위기는 신학적 후퇴라고 묘사할 수 있다. 이 주장을 이해하기 위해서는 먼저 에드워즈 이후의 시대, 18세기 말과 19세기 초의 상황을 이해해야 한다. 이 시기 동안 청교도들과 그들의 후예들이 그토록 소중하게 지켜온 기성 질서가 전복되었다.

에드워즈와 조지 휫필드, 존 웨슬리의 설교를 통해 촉발된 대각성 운동Great Awakening과 부흥운동은 18세기 내내 식민지와 신생 공화국을 뒤흔들었다. 이 시기에는 정식으로 성직자가 되지 않아도 설교를 할 수 있었다. 누구든 지칠 줄 모르고 야외에서 설교했던 유명한 복음전도자 휫필드를 흉내 낼 수 있었고, 웨슬리처럼 세계가 나의 교구라고 주장할 수도 있었다. 1차 대각성 운동이 저물고 2차 대각성 운동이 시작되자 새로운 운동이 생겨나고 신생 교단이 성장하기 시작했다. 19세기 초에 순회 전도자circuit riders와 복음전도자들이 전국을 누빔에 따라 침례교인과 감리교인의 수가 폭발적으로 늘었다.

이런 부흥운동이 미국에 미친 영향은 혁명적이었다. 19세기를 연구하는 대표적 역사학자인 네이선 해치에 따르면, 이 시기와 이 시기에 일어난 '대중적 종교 운동의 물결'은 "그 이전이나 이후의 다른 어떤 사건보다도 미국 사회를 기독교화하는 데 크게 기여했다."³⁹ 열광적인 2차 대각성 운동의 분위기를 가장 잘 대변하는 설교자는 찰스 피니였다. 공식적인 훈련을 거의 받지 않고 목회를 시작했던 피니는 에드워즈주의적인 부흥운동가들의 신학을 수정하려고 했다. 그는 이들이 주권적 은총의 필요성을 믿었기 때문에 사람들이 그리스도께 나아오는 것을 막고 있다고 믿었다. 피니는 '자연적 무능력'이라는 에드워즈의 사상을 문제 삼고, 이것을 대신해 펠라기우스 신학에 가까운 '자연적 능력'을 주장했다(에드워즈가 주장한 것은 자연적 무능력이 아니라 도덕적 무능력이다. 에드워즈는 인간이 원하는 바를 행할 수 있는 자연적 능력natural ability을 지니고 있지만 타고난 죄의 본성 때문에 죄가 아니라 하나님을 선택할 수 있는 의지나 성향을 결여하고 있다고moral inability 주장했다. 이에 관해서는 에드워즈의 《자유의 지론Freedom of the Will》을 보라—옮긴이). 피니에 따르면, 죄인은 자신의 '내적 존재' 안에 "의지하는 능력을 지니고 있으며, 자신의 외적 삶을 직접적으로 통제하고 의지를 통해 자신의 지성과 감성의 상태를 직접적으로든 간접적으로든 통제하는 힘을 가지고 있음을 알고 있다."⁴⁰ 그러므로 피니의 체계에서 회심은 의지를 바르게 행사하게 만드는 요인을 발견하는 것에 관한 문제가 된다. 그는 그리스도를 향해 돌이키는 것은 "정해진 수단을 바르게 사용함으로써 얻을 수 있는 순전히 철학적인 결과"라는 혁명적인 주장을 폈다.⁴¹ 그런 이유 때문에 피니는 죄인에게 엄청난 심리적, 정서적 압박을 가하는 '갈등하는 사람들의 자리anxious bench'(신앙에 관해 고민하는 이들을 위해 강단 가까이에 마련해놓은 지정석—옮긴이)와 그 밖의 다른 방법들을 활용했다. 과거의 부흥운동가들과 달리 피니는 회심하는 데 기적은 필요 없다고 생각했다. 바른 기법을 사용하기만 하면 반드시 회심이 일어난다는 것이다. 피니는 다른 설교자들에게 심대한 영향을 미쳤다. 랜들 발머와 로런 위너에 따르면, "하룻밤 설교로 피니가 얼마나 많은 회심자를 얻는지를 본 후" 수십 명의 개신교인들이 "그의 방식을 채택하기 시작했다."⁴² 이런 식의 할 수 있다는 정신은 당시 빠르게 변해가던 미국에 잘 들어맞았다. 기독교 교회를 최종적으로 비국교화했던, 이른바 1820년의 데덤 판결Dedham Decision(수정헌법 1조에서 연방 차원의 국교가 금지된 후에도 뉴잉글랜드 지역의 주들은 국교 제도를 유지하고 있었다. 이 판결은 1833년에 매사추세츠가 미국 주들 가운데 마지막으로 국교 제도를 폐지하게 만드는 데 결정적 영향을 미쳤다―옮긴이)은 수십 년 동안, 심지어는 수 세기 동안 진행되던 변화의 정점이었다. 이 판결에 담긴 의미가 분명히 드러나는 과정에서 지역 회중들은 더 이상 땅을 소유한 모든 시민들이 내는 세금을 통한 재정 지원을 받을 수 없게 되었다.

이는 미국인의 삶에 참으로 놀라운 변화를 일으켰으며, 이 변화는 미국의 정치적 분위기와 완벽히 들어맞았다. 설교자들은 혁신과 아무 제약 없는 복음 선포를 통해 들을 사람들을 확보해야 했다. 많은 곳에서 공식적인 훈련이 젊은 설교자와 딱딱한 설교를 견뎌온 교회를 죽인다고 생각했다. 소제목이 50개나 되던 청교도 설교는 사라져버렸고, 자유분방한 설교자와 이야기꾼들이 인기를 끌었다. 해치가 지적하듯이, 갑자기 성공한 종교인들은 새 시대의 도전과 적극적으로 맞섰으며, 그 과정에서 미국의 목회와 사역의 성격을 변화시켰다.

그들은 방방곡곡에서 회심자를 찾아내고자 하는 열정이 넘쳤으며,

지역 안에서 그들을 한데 결합시키고자 했다. 그들은 계속해서 설교를 대중적 매체로 변형시켰으며, 가장 교육을 받지 못한 사람과 경험이 없는 사람들에게도 설교하라는 부르심에 응답하라고 말했다. 이런 초보자들에게 어디서나 날마다 ─ 심지어는 신체적으로 견딜 수 없을 정도까지 ─ 복음을 선포할 책임을 맡겼다. 결과를 만들어내는 데 집중하는 대화체 설교에서는 과감한 예화, 아무런 제약이 없는 호소, 노골적인 유머, 신랄한 공격, 생생한 적용, 대단히 사적인 경험을 사용했다.[43]

한 세대 만에 미국은 목회직 ─ 공부와 공동체적 안정성, 강력히 신학적인 설교를 특징으로 삼는 ─ 을 소중히 지켜온 나라에서 국교 제도가 전면적으로 폐지되고 피니처럼 재능이 많고 대중적인 연설가가 지배하는 나라가 되었다. 동시에 유럽처럼 점점 더 세속화되던 미국 학계가 세력을 넓히며 미국의 지적인 삶을 지배하기 시작했다.

19세기가 저물고 20세기가 시작되자 목회자들은 사상적 지도자로서의 위치를 학자들에게 넘겨주었으며, 카이퍼의(그리고 에드워즈의) 그리스도가 "내 것!"이라고 외쳤던 학문 분야 대부분을 포기해버렸다. 조지 마스든에 따르면, 미국 학계, 그리고 그와 더불어 미국 교회의 변화를 촉진했던 몇몇 주요 흐름을 중심으로 이런 전환이 일어났다. 첫째, 학문은 '그 자체로 하나의 직업'으로 간주되었다.[44] 둘째, 철학과 문헌학, 자연과학이 신학을 밀어내고 학문의 여왕 자리를 차지했다. 셋째, 신학 자체도 교회의 삶과 분리되었으며, 많은 부분에서 이는 '물자체에 관한noumenal'(영적) 진리와 '현상적phenomenal'(실증 가능한)

진리를 나누는 칸트의 구분 때문이었다.

이런 상황에서 신학자들은 동료 지식인들에게 동화를 재구성하는 일을 하고 있다는 취급을 받게 되었지만 자신의 분야도 학문적으로 존중받을 만하다는 것을 입증하려고 애를 썼다. 이미 18세기에 계몽주의 사상가들이 기적이 상식의 한계 밖에 있다고 선언했지만, 19세기 중엽에 현대식 연구 중심 대학이 생겨난 후에야 비로소 기적적인 것, 더 나아가서 초자연적인 것이 학문의 담론에서 사실상 배제되었다. 대부분이 성서를 철저히 인간적이며 역사적인 산물로 취급하는 일부 저명한 신학자에 대한 존경이 유럽과 미국에 남아 있었다. 20세기 중엽까지도 이들을 존중하는 분위기가 존재했다. 역사적 관용구를 사용하자면 계몽주의가 대각성 운동을 이기기까지는 시간이 걸렸으며, 20세기 말까지는 이 승리를 제대로 인식하지 못했다. 하지만 신학계 전체, 특히 그 안의 복음주의자들은 전과 전혀 다른 상황을 마주하게 되었다. 학문의 여왕, 수 세기 동안 하나님을 연구 대상으로 삼았던 분과가 그저 인간적인(너무나도 인간적인!) 행위를 다루는 종교학으로 축소되었다. 사회가 하나의 거대한 만찬이라면, 신학자들은 점점 더 구석으로 밀려나 자기들끼리 몽상이나 하면서 경건한 저주를 늘어놓는 사람들 취급을 받게 되었다.

신학자들도 이런 거대한 문화적 변화로 인해 고통을 겪었지만, 목회자들은 그보다 훨씬 큰 어려움을 겪었다. 신학은 이전처럼 보편적 지식인의 학문이 아니라 전문가의 학문이 되었다. 이미 지적했듯이, 신학자들은 자신들의 직업을 정당화하기 위해 무진 애를 썼다. 많은 목회자들은 이런 변화를 무시하고 자기 교회의 일에만 몰두하거나 백기를 흔들었다. 몇몇 주목할 만한 예외가 있기는 하지만, 20세기 초에 이르면 도시 지역에서 목회직은 영원한 진리를 말하기보다는 개인의 즉각적인 필요를 충족하는 데 더 관심을 기울이는 실용적인 직업으로 변했다. 점점 더 세속적으로 변하는 매체 문화뿐만 아니라 목회자들이 훈련을 받는 신학교 자체에서도 이런 생각을 퍼트렸다. 브룩스 홀리필드는 시카고 대학교의 지적 설계자인 윌리엄 레이니 하퍼가 "미래의 목회자들이 신학 체계를 터득하는 대신에 설교와 교육, 목회적 직무, 음악, 교회 행정에 관한 전문 기술을 익히기를 바랐다"고 지적한다. 이것은 근본적으로 현장의 일을 뜻한다. "전문 목회자는 옛 방식의 신학 공부가 아니라 실용적 기술과 연관된 전문 지식, 즉 회중 목회와 관계가 있는 기능을 수행하는 신학적 능력을 가져야 했다."[45]

하퍼의 획기적인 이론은 목회직에 상전벽해와 같은 변화가 일어났음을 보여준다. 지금까지 언급한 다른 흐름과 더불어 우리는 목회직이 어떻게 길들여졌는지를 알 수 있다. 목회자는 대체로 이런 새로운 정체성, 억제되고 길들여진, 심지어는 세속화된 정체성을 받아들였다. 많은 목회자들이 자신들의 일을 '전문직'으로 만듦으로써 이전의 영광을 조금이라도 지켜보려고 애를 썼지만, 목회직은 '실용적인' 분야가 되고 말았다.[46]

기업적 분위기가 미국 문화를 점점 더 압도함에 따라 교회는 전면적으로 이익을 추구하는 대기업처럼 성장하기 위해 노력하기 시작했다. '효율성'이 '교회 성장' 모형을 주도했으며, '행정'이 목회자의 직무에서 가장 높은 자리에 올랐다. 리처드 니버가 지적했듯이, 그런 분위기에서 "목회자는 '대기업 운영자'가 된다." 니버는 계속해서 이렇게 말한다.

목회자들이 어떤 종류의 사람들이 목회에 실패하는가에 관해 말할 때, 그들은 매우 효율적이면서도 격식을 차려서 종교 클럽이나 동네의 친목단체를 운영하는 사람을 묘사하는 경우가 많다. 그는 많은 일에 참여하며, 많은 모임을 조직하고, 자신이 행정을 맡은 동안 교인 수와 예산이 늘었다고 광고하며, 일반적으로 상공회의소 활동을 하듯이 교회를 경영한다. 목회직이 이렇게 세속화된 것에 대한 반작용으로 목회자를 설교자나 사제로 보는 태도로 돌아가려는 사람들도 있다. 하지만 사람들의 필요나 목회직의 책임 때문에 그렇게 할 수가 없다. 따라서 그들은 '대기업 운영자'가 기업 간부여서가 아니라 **교회**의 일을 하지 않기 때문에 목회직의 왜곡을 상징함을 깨닫는다.[47]

니버는 교회가 직면한 거대한 문제를 지적한다. 고백적 전통을 제외하면 20세기 중반 미국에서 목회직은 신학적 직분으로서의 성격을 대체로 상실하고 말았다. 많은 강단에서 이런 관념이 사라졌고 아직도 다시 돌아오지 않았다.

그렇다고 해서 19세기 말에 청중들이 찰스 스펄전 같은, 신학에 관심이 많았던 목회자들의 설교에 귀를 기울이지 않았다는 뜻은 아니다. 물론 그런 설교자들은 실패하지 않았으며, 스펄전의 설교는 아직까지도 많은 영향을 미치고 있다. 하지만 이런 경향과 더불어 부흥운동의 불꽃은 활활 타올랐다. 빌리 선데이 같은 복음전도자들이 20세기에도 계속해서 그 횃불을 들었다. 잘 알려져 있듯이, 선데이는 토끼가 탁구에 관해 모르듯이 신학에 관해 잘 모른다고 당당하게 말했다. 역사가 조지 마스든은 '상당히 정확한' 말이었다고 비꼬았다.[48]

전도의 역사에서 빌리 선데이는 전대미문의 업적을 남겼다. 그는 역사상 (빌리 그레이엄이 등장하기 전까지는) 그 어떤 부흥사보다 더 많은 사람에게 설교를 했다. 세계적으로 유명한 부흥사였던 그레이엄의 등장으로 인해, 이미 확립되었던 이런 경향이 더욱더 굳어졌다. 1949년, 그레이엄의 로스앤젤레스 집회에서 많은 유명인사들이 공개적으로 회심하자 (영화 〈시민 케인Citizen Kane〉의 모델이 된) 신문 거물 윌리엄 랜돌프 허스트가 자신의 직원들에게 "그레이엄을 띄우라"고 지시한 뒤 그레이엄은 세계적인 유명인사가 되었다. 그레이엄과 그의 팀은 휫필드와 피니, 선데이 같은 선배들이 그랬듯이 이들의 회심을 홍보했다.

그레이엄이 시장을 활용했다고 해서 그의 목회 자체에 문제가 있다는 뜻은 아니다. 하지만 이는 2백 년 사이에 미국에서 목회가 극적으로 바뀌었음을 말해준다. 신학과 전도 사이에는 전혀 모순이 없지만, 많은 목회자들이 후자를 위해 전자를 기피하고 거물 복음전도자를 목회의 본보기로 삼기 시작했다. 이들은 자신의 주된 의무가 성서적, 신학적 교육이 아니라 지속적인 부흥을 감독하는 (그리고 감지된 필요를 충족시키는) 일이라고 생각하는 경향이 있었다. 이런 분위기에서 신학은 앞서 언급한 다른 요인의 영향 때문에 전도나 교회의 일상적 사역과 분리된 것처럼 보였다. 전도에 쓸 교회의 장비는 강력했지만, 교회의 신학적 근육은 사용하지 않아서 퇴화되고 말았다.

희미한 희망의 빛: 해럴드 오켕가와 신복음주의의 대담함
—

이런 변화 앞에서 일부 목회자들은 역사적인 목회자 모형(목회자-신학자)를 회복하여 현대인이 떼어낸 것을 고쳐보려고 했다.

1937년 쉽게 잊히지 않는 네덜란드계 이름을 가진 재능 있는 젊은 목회자 오켕가가 보스턴의 유서 깊은 파크 스트리트 교회Park Street Church에 부임했다. 해럴드 존 오켕가는 시카고 출신으로 부흥운동 진영의 테일러 대학교를 졸업한 다음 엄숙하며 근대주의로 넘어가던 프린스턴 신학교에서 훈련을 받은 후 고백주의 신학자 그레셤 메이천의 제자로 웨스트민스터 신학교를 졸업했다. 오켕가는 당시로는 특이하게도 피츠버그 대학교에서 박사학위를 받았는데 이는 신학적인 목회직을 위한 훈련을 받겠다는 강한 바람을 보여준다. 하지만 오켕가는 학문적 목회를 추구하기 위해 전도를 소홀히 하지 않았다. 그의 지도력 아래서 파크 스트리트 교회는 수십 명의 교차문화 선교사들을 재정적으로 뒷받침했으며, 전 지구적 복음 사역을 위한 연례행사를 개최했고, 시 전체를 대상으로 교회에 다니지 않는 이들을 위한 설교 행사를 열었다.

보스턴 커먼 근처에 자리 잡았던 오켕가의 목회는 처음부터 성공적이었다. 그의 설교를 통해 하버드와 MIT 출신의 전문직 종사자들이 교인이 되었으며 주변 지역에서 많은 사람들이 이 교회에 출석했다. 오켕가는 '논리적 교리'에 기초한 길고 지적 야심이 큰 설교를 하기를 주저하지 않았다. 하지만 이 야심찬 젊은 목회자는 보스턴의 상류층에게 영적 양식을 먹이는 데 만족하지 않았다. 그는 새로운 세대의 충실한 젊은 목회자들에게도 자극을 주고 싶었다. 1947년 풀러 신학교의 초대 총장으로 취임했을 때 그는 젊은 그리스도인 학생들을 위한 지적으로 엄격한 프로그램이 필요하다고 생각했다.

> 우리는 우리의 기독교 유산을 당연한 것으로 받아들이려 하지 않는다. 기독교 사상과 삶의 부흥은 진공 상태에서 일어나지 않을 것이다. 어떤 대의를 위해서 우리의 삶과 우리의 재산, 우리의 거룩한 영광을 바치기 전에 우리의 지성이 먼저 확신을 가져야 한다. 많은 사람들이 하나님과 세상, 인간, 하나님나라에 대한 기독교적 관점의 기초 작업이 자연주의와 자유주의에 의해 파괴되었다고 생각하기 때문에, 학문 연구를 통해 이를 재건해내는 것이 이 학교 교수진의 엄숙하고 거룩한 의무가 될 것이다.[49]

오켕가는 예수 그리스도의 이름으로 모든 삶과 사상의 영역을 지배하는 강력한 신학 사역을 중심으로 삼는 목회직의 역사적 모형을 회복하기 원했다. 과거의 확신에 찬 기풍이 다시 한 번 나타났다. 기독교가 세상을 심판하는 자리에 서 있으며, 그 반대가 아니다. 초대 교무처장 칼 헨리가 이끄는 학문적으로 뛰어난 풀러의 교수진 아래서 훈련받은 목회자들은 세상을 해석하고 하나님의 진리를 선포하는 능력을 갖추게 된다.[50]

하나님을 섬기는 미래의 지도자들 중 일부는 오켕가의 설교를 들은 후에 목회를 시작했다. 오켕가의 영향력이 앞서 언급한 경향을 뒤집지는 못했다. 그러나 W. A. 크리스웰, 제임스 보이스, 마틴 로이드 존스, 싱클레어 퍼거슨, 존 스토트, 마크 데버, 존 파이퍼, 존 맥아더, 리건 던컨과 같은 동시대인이나 후계자들과 더불어 오켕가는 그의 목회를 통해 목회자-신학자 모형을 되찾았으며, 강력한 신학적 설교와 교육, 지도력에 근거한 사역을 펼쳤다. 복음의 메시지가 그의 목회의 모든 영역을 규정했다. 그는 하나님의 온전한 지혜로 교인들을 가르치는 일에 관해서 조금도 물러서지 않았다. 즉, 귀를 즐겁게 하는 설교가 아니라 성서를 깊이 연구하고 해석하는 일에 집중했다. 오켕가는 말씀이 사람들을 영적으로 먹인다고 믿었으며, 따라서 신학적 목회직에 전념했다. 그의 영향력은 지금까지 계속되고 있으며, 그처럼 목회자-신학자가 되고자 하는 새로운 세대의 사람들이 '복음의 직분'—오켕가의 뉴잉글랜드 선배였던 조나단 에드워즈의 말을 사용하자면—으로서의 목회를 회복하기 위해 노력하고 있다.

결론: 어떤 목회직을 향하여?

기독교 목회자들은 역사적으로 기독교 교회 안에서 가장 뛰어난 지성인들이었다. 역사적으로 목회직은 교회 지도자들을 작은 상자 안에 가두고 사고의 가능성을 차단하지 않았다. 최근까지는 그렇지 않았다. 반대로 교회사에서 대부분의 시기 동안 목회직은 경건하고 재능 있는 지도자들로 하여금 풍성한 하나님의 말씀을 사람들에게 마음껏 선포하고 논증할 수 있게 해주었다. 이것이 바로 그들을 목회자-신학자로 만들어주는 활동이었다. 그들은 사람들의 유익과 하나님의 영광을 위해 모든 삶과 사상이 그리스도 예수의 지배 아래에 있다고 선포한다.

희망은 현실적이다. 코맥 매카시의 묵시론적 허구가 만들어낸 어두운 세상에서조차도 불은 여전히 타오르고 있다. 매카시가 쓴 충격적인 소설《로드*The Road*》(문학동네 역간)에는 홀로 남겨져 살아남기 위해 수많은 끔찍한 장애물을 극복해야만 하는 이름 모를 아버지와 아들이 나누는 대화가 등장한다. 지독한 이야기이기는 하지만, 통찰력이 넘치는 한 대화를 통해 희망을 엿볼 수 있다.

> 아들: 아빠, 우린 괜찮겠죠. 그렇죠?
> 아버지: 그래. 우린 괜찮을 거야.
> 아들: 그리고 우리에게 나쁜 일은 일어나지 않을 거예요.
> 아버지: 그래, 맞아.
> 아들: 우리는 불을 가지고 있으니까요.
> 아버지: 그래. 우리는 불을 가지고 있으니까.[51]

이 말을 교회에 적용해보면, 우리는 복음적인 교회들이 쇠락의 위협에 직면해 있음을 알 수 있다. 하지만 세속화하는 사회와 때로는 목회자의 상속권을 고기 한 점과 기꺼이 바꾸려고 하는 것처럼 보이는 교회 안에도 위대한 희망이 가까이 와 있다. 불을 지닌 새로운 세대의 목회자들이 신학과 실천적 목회를 결합시키고 있다. 함께 이 불을 운반할 준비가 된 이들을 하나님이 더 많이 일으키시기를 기도한다.

> 목회적 관점

구원하는 믿음에 관한 신학은 우리 교회에 어떤 영향을 미쳤는가

웨슬리 패스터

1746년에 조나단 에드워즈가 그의 명저 《신앙감정론*A Treatise Concerning Religious Affections*》(부흥과개혁사 역간)의 서문에서 제기한 물음이 지난 14년 동안 우리 교회를 뒤흔들었다. "참된 종교의 본질은 무엇인가?"[52]

에드워즈는 "인류에게 이보다 더 중요한 물음은 없다"고 주장했다.[53] 확실히 1992년에 설립된 그리스도 기념 교회Christ Memorial Church에 이보다 더 큰 영향을 미친 물음은 없었다. 그리스도 기념 교회는 첫 7년 동안 16명의 회심자가 있었다. 하지만 1999년 이후에는 **해마다** 평균 약 16명이 회심했으며 수많은 사람들이 믿음을 고백했다. 이 글은 이런 놀라운 회심에 관한 '신실한 서술'이자 해설이다.[54]

이 여정은 내가 역사신학 교수인 존 해너 박사의 지도를 받던 댈러스 신학교 학생이었던 때에 시작되었다. 그는 나에게 뉴잉글랜드에서 교회를 개척하라고 격려했으며, 나에게 영광스러운 대각성 운동에 대해 가르쳐주었고, 위대한 부흥 신학자인 조나단 에드워즈를 소개해주었다. 1991년에 수와 나는 버몬트로 이주했고 이듬해 그리스도 기념

교회를 개척했다.

첫 7년 동안 우리 교회는 꾸준히 성장했지만 회심자는 비교적 적었다. 1999년 2월 십 대로서 믿음을 고백했던 활동 교인 한 명이 갑자기 회심했다. 우리 교인들은 구원받은 이 '그리스도인'이 철저히 변화되는 것을 목격했다. 반응은 엇갈렸다. 어떤 이들은 이 새로운 현상을 빨리 받아들였다. 다른 이들은 신중했으며, 어쩌면 약간 혼란스러워 했을지도 모른다. 어떤 이들은 화를 냈을 뿐이다.

샌디는 분노했다.[55] 네 아이의 어머니이며 기독교 홈스쿨링에 전념했던 샌디는 믿음을 고백하는 그리스도인이 속을 수 있다면 자신도 속았을 수 있다고 생각했다. 자신의 반응을 놓고 씨름하는 동안 하나님은 그에게 죄책감이 끈질기게 남아 있던 까닭이 은총을 이해하지 못해서가 아니라 그 은총을 자신의 마음에 적용하지 못해서임을 깨닫게 하셨다. 하지만 그해 여름 하나님이 샌디의 마음을 움직이셨고 그를 그리스도에 대한 참된 믿음으로 이끄셨다. 그는 죄의 짐을 벗고 자신의 회심에 대해 기뻐했으며 전에는 속았다고 생각했던 모든 이들의 회심에 대해 기뻐했다.

그해 가을 우리는 믿음을 고백했으며 심지어 그리스도를 위해 고통을 당했지만 믿음을 저버릴 위험에 처한 사람들에게 쓴 편지(히 3:12-4:13)인 히브리서에 대한 연속 설교를 시작했다. 따라서 나는 참된 믿음의 견인에 대해 자주 설교했다. 참된 믿음은 천상의 도성을 갈망하고 박해 가운데서도 순종하며 형제와 나누는 교제를 사랑한다고 나는 강조했다(히 10:24-25, 35-39; 11:8-10; 13:1-3).

그해 말 감리교 목회자의 아들이며 약 20년 동안 자기 교회에서 활동했던 쳇이 그리스도께 나아왔다. 그와 그의 아내는 교인이 되기를 원했고, 그래서 나는 그들에게 간증을 준비해달라고 부탁했다. 그날 밤 그들은 간증할 내용이 전혀 없음을 깨달았다. 그들의 삶에는 참된 믿음을 닮은 게 전혀 없었다. 그들은 잠을 자지 않고 고백하고 회개하고 마침내 구원의 지식을 깨달았다. 그 이후로 그들은 그의 교회를 기쁘게 섬겼다.

회심은 계속되었으며 어른과 십 대 모두가 영향을 받았다. 그리고 마리는 이를 지켜보고 있었다. 장로의 부인이었던 마리는 여러 해 동안 남을 판단하고 사랑하지 않는 마음을 놓고 씨름해왔다. 2002년 신년 설교에서 나는 교인들에게 자신을 사랑하듯이 서로 사랑하라고 권면했으며, 이것이 구원하는 믿음의 표지라고 말했다(눅 10:25-28; 요일 3:11-24). 하나님은 마리의 눈을 열어서 그를 옥죄던 죄의 사슬을 깨닫게 하셨고, 그는 극적으로 회심했다. 이듬해 내가 로마서 연속 설교를 했을 때 하나님은 유대인으로 자랐지만 약 20년 전에 믿음을 고백했던 교회 직원 클레어를 구원하셨다. 하나님은 복음에 대한 그의 지적 동의가 율법에 관해 더 잘 알게 했을 뿐 순종하는 능력을 주지 못했음을 깨닫게 하셨다(롬 6-8장; 약 2:19). 마리와 클레어 모두 지금까지 새로운 피조물로서 살아가고 있다.

하나님은 지금까지 계속 일하셨다. 그분은 간음한 사람들, 부목사의 부인들을 구원하셨으며, 《신앙감정론》을 공부하면서 자신의 감정이 거룩하지 못함을 점차 깨닫게 된 부목사까지도 구원하셨다. 물론 하나님은 구원하는 믿음에 관한 신학을 더 잘 깨닫게 하심으로써 일하셨다. 하지만 이 신학은 전혀 새로운 것이 아니다. 먼저 이 신학은 특히 조나단 에드워즈가 너무나도 탁월하게 해명했던 청교도들의 신학이다. 하지만 사실 이것은 성서의 신학이다. 사복음서의 신학, 창세기와 로마서의 신학, 출애굽기와 히브리서의 신학, 신명기와 야고보서의 신학, 목회서신서의 신학, 요한서신서와 요한계시록의 신학이다. 이것은 참된 믿음의 본질에 초점을 맞추는 구원의 교리다. 참된 믿음은 (1) 성부 하나님의 영원한 선택에서 나오며, (2) 그리스도의 죽음과 묻히심, 부활에 기초하고, (3) 하나님의 성령의 기적적인 만지심에 의해 활성화되며, (4) 죄의 벌과 능력, (궁극적으로는) 존재로부터 우리를 해방시키고, (5) 형제에 대한 사랑을 통해 열매를 맺으며, (6) 언제나 인내한다.

우리 교인들은 참된 믿음이 삶을 변화시키는 믿음임을 깨닫게 되었다. 그들은 "주여, 주여" 하는 사람이 다 하늘나라에 들어갈 수 있는 것은 아니라는 것을 이해하게 되었다(마 7:21-23). 그들은 구원받은 땅은 꾸준히 열매를 맺는다는 것을 깨달았다(막 4:1-20). 유다와 유대인들의 믿음과 달리 참된 믿음은 박해 중에도 유지되고 인내한다(요 15:1-6; 계 2-3장). 그들은 거짓 믿음, 헛된 믿음, 악마의 믿음을 가질 수도 있고 이런 믿음은 절대로 우리를 구원하지 못할 것임을 깨달았다(요 8:30-59; 고전 15:1-2; 약 2:14-26). 그들은 진정한 믿음은 더 이상 죄를 행하지 않고 의를 행하며 특히 형제에 대한 사랑을 보여준다는 사실을 분명히 알게 되었다(고전 6:9-10; 갈 5:19-21; 요일 3:1-10). 우리 교회는 더 높은 성결의 삶, 더 깊은 삶, 두 번째 행위, 복음에 눈뜸이란 존재하지 않으며 오직 영혼을 살리는 하나님의 빛으로부터 기적적으로 흘러나온 믿음만이 "일어나 앞으로 나가서 그리스도를 따르는" 새로운 피

조물을 만들어낸다는 것을 깨닫게 되었다.[56]

하나님이 그리스도 기념 교회에 은총을 부어주셔서 지난 14년 동안 약 2백 명의 영혼을 일깨워주셨다. 그리고 그분의 일은 계속되고 있다. 지난여름 일곱 명의 십 대에게 세례를 베풀면서 우리는 그들의 간증을 들었다. 그들은 자신의 죄와 자신의 구원에 관해, 그들이 이미 경험한 참된 삶의 표지에 대해 분명히 알고 있었다. 구원하는 믿음에 관한 신학은 우리 교인들로 하여금 삶의 가장 중요한 물음에 답하고 참된 믿음이 주는 자유, 즉 죄에 대해서는 점점 더 죽고 의에 대해서는 사는 것을 경험할 수 있도록 도와주었다(벧전 2:24). 이는 예수께서 말씀하신 바와 같다. "너희가 내 말에 거하면"—너희가 구원하는 믿음을 갖고 있다면—"참으로 내 제자가 되고 진리를 알지니 진리가 너희를 자유롭게 하리라"(요 8:31-32).

목회적 관점

진리를 위한 공간

케빈 드영

내가 착각하는 게 아니라면 우리 교회는 동네에서 '신학 교회'로 알려져 있다. 스스로 칭찬하는 말이 아니다. 신학을 중요하게 생각한다고 해서 영적으로 열매를 맺거나 그리스도처럼 성숙하는 삶이 자동적으로 보장되는 것은 아니기 때문이다. 믿음이나 소망, 사랑 때문에 소문나는 편이 신학에 해박하다는 평판보다 더 안전할지도 모른다. 하지만 모든 것을 고려했을 때 나는 '배터리를 재활용하는 교회'나 '중고등부실에 엑스박스를 갖다놓은 교회', '근사한 연무기가 있는 교회'보다는 '신학 교회'를 택하겠다.

　좋은 신학에 기초한 교회, 좋은 신학을 더 많이 배우기를 갈망하는 교회를 만드는 일은 강단에서 시작된다. 2004년에 내가 대학개혁교회University Reformed Church에 부임했을 때 나는 강력한 강해 설교라는 풍성한 유산을 물려받았다. 나는 이 전통을 이어가기 위해 (중요한 것만 예를 들자면) 창세기와 레위기, 역대하, 에스라, 전도서, 소예언서, 마가복음, 사도행전, 고린도후서, 에베소서, 디모데후서, 베드로후서, 계시록에 이르는 긴 연속 설교를 했다. 주일 아침에 얕은 곳에서만 수

영을 할 수 있는 상황에서 말씀에 깊이 잠길 수 있는 교회는 많지 않다. 그렇다고 해서 나의 목표가 교인들을 교수와 박사로 만들려는 것이었다는 말은 아니다. 내가 초점을 맞추는 청중은 대학교 1학년이다. (바라기는!) 그들 중 일부는 생각하는 습관을 갖추고 있고 주의 깊은 가르침에 대해 개방적이지만, 새로운 용어와 새로운 이름, 새로운 개념에 관해 도움이 필요할 것이다. 다시 말해서 나는 사람들이 배울 수 있다고 가정하지만 내가 말하고자 하는 바를 그들이 알고 있다고 가정하지는 않는다.

분명히 우리 교인들은 내 설교가 매우 신학적이라고 말할 것이다. 나는 그들이 내가 주중에 본문에 대해 열심히 공부하며, 깊이 생각하는 사람이 되기 위해 노력하고 있고, 교회사와 조직신학을 엮어내고 심지어 가끔씩은 어려운 용어를 사용하기도 두려워하지 않는다는 뜻으로 그렇게 말한다고 생각한다. 하지만 좋은 신학적 설교를 똑똑한 척하는 설교와 혼동해서는 안 된다. 세계적인 수준의 지성인이 세계적인 수준의 신학을 설교하여 교인들에게 신학적 성찰에 대해 세계적 수준의 지루함만 주입할 수도 있다. 좋은 내용만으로는 충분하지 않다. 신학적 설교가 신학에 관심을 갖는 사람들을 만들어내기 위해서는 적어도 두 가지 요소가 동반되어야 한다.

첫째, 열정이 있어야 한다. 사람들이 우리가 말하는 모든 것을 듣지는 않는다. 그들은 우리가 열정을 표하는 것에 귀를 기울인다. 칼케돈 정의Chalcedon Definition에 관해 말하면서 "이것은 지적인 사람들보다 더 많이 알기 원하는 똑똑한 사람들에게 중요한 문제입니다"라는 생각을 심어줄 수도 있다. 하지만 "이 문제에 관해 살펴볼 수 있다는 사실을 믿을 수 없습니다. 오늘 아침 우리는 정말 큰 대접을 받는 셈입니다"라고 말할 수도 있다. 이것은 마치 벤저민 프랭클린과 조지 휫필드에 관한 이야기와 같다. 누군가 전혀 복음적이지 않은 프랭클린에게 휫필드의 말을 한 마디도 믿지 않으면서 왜 계속 휫필드의 설교를 들으러 가느냐고 물었을 때, 프랭클린은 "나도 압니다. 하지만 **그는** 자신이 설교하는 바를 정말로 믿습니다"라고 대답했다. 신학적 성찰이 하나님의 설교자들에게 중요하게 여겨지지 않음을 하나님의 백성이 안다면, 하나님의 백성 역시 신학적 성찰이 중요하다고 생각하지 않을 것이다.

둘째, 우리는 최선의 신학이 마음까지 내려가게 하고 하나님의 영광을 위해 그 신학을 들어 올려야 한다. 요한복음 10장을 설교하면서 유효한 속죄define atonement(그리스도께서 택함을 받은 이들을 위해서만 죽으셨다는 교리로서 흔히 '제한 속죄limited atonement'라고 부르기도 함—옮긴이)를 자세히 설명한다면, 열정적인 칼뱅주의자들은 환호할 테지만 나머지는 불편해할 것이다. 하지만 그리스도께서 택함 받은 이들을 위해서만 죽으셨다는 사실이 양떼를 향한 그분의 특별한 사랑과 신부를 향한 그분의 억누를 수 없는 사랑의 표현임을 보여줄 수 있다면, 십자가에서 하나님이 그저 우리를 구원받을 수 있는 사람으로 만드신 게 아니라 우리를 철저히 구원하심으로써 영광을 받으셨음을 보여줄 수 있다면, 설교를 통해 그리스도의 죽음 안에서 죽음이 죽었다는 경이를 노래할 수 있다면, 다시 말해서 이 어려운 교리를 우리의 마음과 또 하나님의 영광과 연결시킬 수 있다면, 나는 사람들로 하여금 신학적 정확성에 관심을 기울이고 풍성한 성서로부터 모든 핵심 교리를 배우는 데 주의를 기울이도록 도울 수 있을 것이다. 물론 교회의 삶에는 설교 말고도 생각해야 할 요소들이 많다. 우리는 신학적 교육과 성찰을 교회의 모든 영역과 결합시키기 위해 열심히 노력한다. 우리는 삶의 모든 것에 관해, 특히 교회 공동체의 삶에 관해 신학적으로 사고하기를 원한다. 우리가 부르는 노래, 우리의 기도, 예배 순서, 심지어는 광고의 배치에 관해서도 신학적으로 사고하기 위해 노력한다. 만약 우리가 목회자로서 우리 자신의 소명에 관해 신학적으로 사고하지 않는다면, 어떻게 교인들이 그들의 소명에 관해 신학적으로 사고하기를 바랄 수 있겠는가?

우리 교회가 신학적인 교회가 되지 않는다면, 어떻게 하나님의 백성의 신학적 분별력과 지식이 자랄 수 있으며, 풍성한 하나님의 말씀에 그들의 감정이 영향을 받을 수 있고, 그들이 하나님을 따라서 사고하는 법을 배울 수 있으며, 신학적인 사람들로 형성될 수 있겠는가? 고백적 개혁주의 전통에 속한 우리에게 이것은 네덜란드신앙고백Belgic Confession과 하이델베르크교리문답Heidelberg Catechism, 도르트신조Canons of Dort를 중심으로 새신자반을 교육하는 것을 의미한다. 우리 교회 새신자 대부분은 세 일치신조Three Forms of Unity에 대해 처음에는 생소하게 여기지만, 수 세기 동안 전 세계에 있는 하나님의 백성에게 신앙의 양분을 제공해온 이 신학적 진술을 스스로 읽어보는 시간이 새신자반의 압권이라고 생각한다. 최근 우리는 꼬박 1년 동안 주일 저녁 예배 때 하이델베르크교리문답 전체에 대해 설교하기도 했다.

지도자 훈련 과정, 장로와 집사 선출 과정, 대학생 사역, 소모임, 어린이 프로그램 등에 관해서 할 말이 더 있다. 우리는 평범한 것을 넘어서는 것은 아무것도 하지 않는다. 우리는 그저 말씀에 집중하고 고백적 전통에 뿌리를 내린 채 교인들에게 교리문답을 가르치며 신학적이기를 주저하지 않을 뿐이다. 피상적인 이 세상은 본질에 충실한 교회를 필요로 한다. 천박한 이 문화는 깊이 있는 예배를 필요로 한다. 세속적인 이 세상은 선하며 거룩한 생각을 필요로 한다. 목회자로서 내가 하는 사역과 교회로서 우리가 하는 사역은 우리 모두가 신학자라는 **전제**와, 그렇다면 우리가 좋은 신학자가 되기 위해 마땅히 노력해야 한다는 **확신**에 기초해 있다.

The Pastor as Public Theologian
:Reclaiming a Lost Vision

2부
조직신학과 실천신학

Chapter 3

복음의 기분
목회자-신학자의 목적

케빈 밴후저

신학자들은 무엇을 위해 존재하는가? 신학이라는 일은 정확히 무엇인가? 이 쌍둥이 물음에 답할 때에만 우리는 신학이 어떻게 교회를 섬기는지 말할 수 있다. 먼저 우리는 신학이라는 일에 초점을 맞출 것이다. 신학 작업 전반의 목적을 규정한 후 다음 장에서는 특히 목회자들이 어떻게 이 일에 참여하는지 살펴볼 것이다.

나는 여러 해 동안 신학 분야에서 일해왔지만, 삼촌은 아직도 언제쯤 내가 진짜 직업을 가질 것인지 궁금해하신다. 가끔 내가 부르는 수리공도 그런 궁금증을 가지고 있다. 그들의 마음을 이해할 수 있다. 일을 할 수 있는 사람은 일을 하고, 일을 못하는 사람은 가르친다. 틀림없이 많은 그리스도인들은 기쁜 마음으로 이런 말을 덧붙일 것이다. 그리고 **정말로** 일을 못하는 사람은 신학을 가르친다.

제인 오스틴이 《오만과 편견 Pride and Prejudice》에서 희극적으로 그려낸 윌리엄 콜린스 목사는 인간관계에는 어설프기 짝이 없고 진짜 사람들을 섬기는 일보다는 겉치레와 지위에만 관심을 쏟는 전형적인 목회자의 모습을 생생히 보여준다. 콜린스 목사는 잘못된 성직자의 모습에서 한 치도 벗어나지 않는다. 사실상 아무 짝에도 쓸모가 없고 전구 하나 가는 것조차 못한다는 희화화된 목회자-신학자 상은 진실과 완전히 동떨어져 있다. 진짜 목회자가 하는 진짜 일은 대담하면서도 활기차다.

목회자-신학자는 가까이에 두고 도움을 받는 사람이다. (아기가 태어나거나 결혼하거나 부모가 돌아가셨을 때 같은) 특별한 때에도, 평범한 때에도 유용하다. 그들이 보일러를 수리하거나 전기 배선을 고치는 일은 못 할 수도 있지만, 어떤 기술로도 해결할 수 없는 문제나 어려움과 씨름할 때(일자리를 잃어버렸을 때, 결혼 생활에 어려움을 겪을 때, 슬픔에 잠겼을 때, 까다로운 자녀를 기를 때, 죽어가는 이를 돌볼 때) 그들의 존재와 활동은 특히나 도움이 된다. 목회자-신학자들은 예수 그리스도를 전달하기 위해(위로나 조언, 진리를 제공하고 때로는 그저 함께 눈물을 흘림으로써 특정한 상황에서 그리스도를 대리하기 위해) 무슨 말을 하고 어떤 행동을 해야 하는지(혹은 무슨 말을 하지 말고 어떤 행동을 하지 말아야 하는지) 알기 때문에 그들을 주변에 두면 도움이 된다. 목회자-신학자들은 구속의 드라마라는 관점에서 상황을 바라보고 사람들과 상황을 그리스도와 그분의 이야기 안으로 이끄는 법을 알기 때문에 그들을 주변에 두면 도움이 된다.[1] 우리 주님의 말씀을 풀어서 말하면, 목회자-신학자가 하는 진짜 일은 사람들을 길러내는 농부로서(참고. 마 4:19) 각 사람 안에 하나님의 형상이 자라게 하여 그들이 장성한 분량까지 성숙하게 하는 것이다(엡 4:13).

기독교 신학이란 하나님이 마땅히 받으셔야 할 바(사랑, 순종, 영광)를 그분께 드리기 위해 하나님을 알고자 하는 노력이다. 예수 그리스도가 이 일의 핵심이다. 그분은 하나님을 알게 하는 궁극적 계시이신 동시에 이 지식에 대한 바른 응답의 본보기시다. 목회자-신학자들 역시 이 일의 핵심이다. 그들은 (예를 들면, 말씀과 본보기로 가르침으로써) 사람들 앞에서 하나님을 대리하고, (예를 들면, 중보하는 기도로써) 하나님 앞에서 사람들을 대리한다. 사람들이 빛의 자녀로서 살도록(엡 5:8) 가르치는 일에 비하면 전구를 가는 것은 아이들 놀이일 뿐이다. 목회자-신학자는 결코 비실용적이지 않으며 거룩한 실존적 만물박사다(혹은 그런 사람이어야 한다).²

신학의 다양한 기분*: 죽음과 부활 사이에서

목회자-신학자들은 무엇을 위해 존재하는가? 짧게 답하자면, 생명을 길러내고 죽음과 싸우기 위해서다. '죽음'이라는 말은 죽는 순간 이상의 의미를 갖는다. 그것은 우리 이야기 안에 있는 다른 모든 것에 어두운 그림자를 드리우는 종말에 대한 느낌이다. 죽음이란 인간 됨이 지닌 문제, 즉 로마의 철학자 세네카가 '시간의 덧없음'이라고 불렀던 것, 죽을 수밖에 없는 운명의 약칭이다.³ 하지만 피할 수 없는 자신의 죽음, 부모나 친구, 자녀의 죽음을 해결할 그 어떤 기술도 아직 고안되지 않았다. 죽음은 다른 모든 것—의미와 선, 아름다움—에 그림자를 드리운다. 우리는 죽음에 대해 생각하지 않으려고 하지만, 죽음을 결코 부인할 수 없다. 적어도 영원히 부인할 수는 없다. 실존주의 철학자 마르틴 하이데거는 자신의 죽음에 대해 의식한다는 점이 인간을 다른 모든 생명체와 구별해준다고 주장했다. 인간은 (그가 정직

---

* mood. 이 책에서는 하이데거의 'Stimmung'과 문법에서의 '법'을 가리키는 중의적 표현으로 사용됨—옮긴이.

하다면) 자신의 시간이 유한함을 알고 있으며, 이 앎이 적지 않은 불안감을 만든다.

그렇다면 어떻게 우리는 우리가 갖고 있는, 상대적으로 얼마 안 되는 시간을 잘 보낼 수 있을까? 우리의 운명을 성취하고 우리 삶의 목적을 이루기에 충분한 시간이 우리에게 주어질까? 우리 삶의 목적을 발견할 만큼의 시간이라도 우리에게 주어질까? 얼마 동안은 이런 물음을 피할 수 있을지 모른다. 하지만 언젠가는 심각한 질병이나 사랑하는 이의 죽음, 다른 어떤 비극적 사건을 통해 우리는 삶이 얼마나 덧없는지를 깨닫는다. 하이데거는 인간 됨에 대해 정직한 사람이라면 누구나 근원적 불안으로 고통당할 수밖에 없다고 믿었다. 하이데거의 좀처럼 잊을 수 없는 구절을 사용하자면, 인간 됨이란 '죽음을-향해-존재함'이다. 하이데거의 영향을 받아 파울 틸리히는 근대를 '무의미함에 대한 불안의 시대'로 묘사했다.[4] 마찬가지로 우리는 후기근대를 '진리에 대한 불안의 시대'(즉, 진리를 믿는 것이 불가능하지는 않더라도 어려워진 시대에 어떻게 살아갈 것인가에 대한 불안)라고 부를 수 있을 것이다.

우리는 모두 20세기와 21세기의 나쁜 경험으로 고통을 당하고 있다. 불안 치료제가 넘쳐나며, 불안의 유형 또한 그러하다. 미국인의 40퍼센트가 불안 장애로 고통당하고 있으며, 항우울제나 항불안제(예를 들면, 프로작, 팍실, 졸로푸트)를 처방받는 사람들도 많다.[5] 하지만 약으로 얻은 평정은 "'평강'이 없으나 평강이 있다 함"(겔 13:10)과 다름없는 것처럼 보인다. 하이데거가 불안이라고 불렀던 것과 가장 근접한 의학 용어는 아마도 '범불안장애generalized anxiety disorder'일 것이다. 하이데거에 따르면, (거미나 대중 연설처럼 구체적 대상에 대한 두려움인 공포증과 달리) 불안을 촉발하는 특별한 자극은 존재하지 않는다. 불안이란 절망의 경계에 서 있는 영적 상황이며, 구체적인 느낌이라기보다는 기분이다.

'기분'이란 인간이 세계-내-존재를 경험하는 방식을 뜻하는 하이데거의 용어다. 기분은 사상이나 느낌보다 더 심층적이다. 기분은 하나의 존재 양식, 주어진 상황 속에서 자신을 의식하는 방식, 세계와 조율되는attuned 방식이다. 우리가 세계와 조율되는 방식은 어떤 종류의 음악 안에 휩싸여 있는가에 달려 있다. 우리는 어떤 세계 안에 있는가? 기근이 진행 중인 세계인가? 전쟁이 진행 중인 세계인가? 경제가 호황인 세계인가? 불황인 세계인가? 하이데거는 불안이 인간 됨에 대한 참된 인식을 반영하기 때문에 인간의 근본 기분이라고 생각했다. 우리는 제한된 시간과 에너지를 지닌 유한한 존재지만, 무한한 가능성을 상상하고 무한한 희망을 품는다. 하지만 인간 됨에 대해 정직하게 평가할 때 불안을 느끼지 않을 수 없다. 우리는 실존에 **관심을 기울이며**, 우리의 실존은 곧 **멈출** 것이다. 하이데거에게 진정한 인간 됨이란 죽음을-향해-존재함이다.[6]

하이데거는 인간 실존에 대한 보편적 분석을 제시하고자 했다. 하지만 21세기 초의 인간 실존에 대한 분석은 한 가지 중요한 측면에서 하이데거의 분석과 다를 것이다. 급진적인 후기근대적 전환을 이룬 일부의 사람들은 실존에 관심을 기울이기는커녕 관심이 부족하거나 심지어는 전혀 관심이 없다. 밀레니엄 세대(1980년대 초에서 2000년대 초에 태어난 젊은 세대—옮긴이)에 속한 많은 사람들 사이에서 널리 퍼져 있는 기분은 불안이 아니라 나른함, 즉 일종의 실존적 무관심이나 무기력, 무감각인 것 같다. 불안처럼 이 역시 (종종 신체적 증상이 동반되기도 하지만) 일차적으로 신체가 아니라 영혼의 질병이다. 기독교 전통에서는 이것을 다른 이름으로, 즉 게으름이라고 부른다. 심한 경우 나른함은 관심 없음에 대해서도 관심을 기울이지 않는다. 일주일에 7일, 하루 24시간 내내 이런 내적 어둠 속에서 살아가는 영혼들을 위한 치료제가 있을까?

목회자-신학자는 불안과 나른함에 동반되는 절망을 해결한다. 쇠렌 키르케고르는 《죽음에 이르는 병The Sickness unto Death》(여기서 말하는 병이란 절망이다)의 첫머리에서 이렇게 말한다. "기독교의 본질과 관련된 모든 것은 환자의 병상 곁에서 의사가 말하는 방식과 비슷한 점이 있다."[7] 목회자-신학자는 그저 증상을 완화시키는 데 그치지 않는다. 그는 병 자체를 다룬다. 절망은 그리스도-안에-존재함과 분리된 세계-내-존재를 바르게 인식한다는 점에서 진리를 나타낸다. 예수 그리스도는 죽음을-향해-존재함의 불안으로부터 유한한 피조물을 자유롭게 하는 길이자 진리, 생명이시다. "예수의 부활은 추상적이거나 이론적인 방식으로가 아니라 살아 있음에 대한 변화된 **경험**을 통해 첫 제자들이 세상을 바라보는 방식을 변화시켰다."[8] 목회자-신학자는 사람들에게 예수 그리스도를 소개하고 그들로 하여금 그리스도 안에서 자라도록 도움으로써 인간 상황 자체를 다룬다. 목회자-신학자는 기분을 바꿔주는 약이 아니라 기분을 바꾸는 현실, 즉 하나님이 예수를 죽은 자 가운데서 다시 살아나게 하셨으며 그리스도 안에서 우리도 부활할 수 있다는 복된 소식을 제공함으로써 영혼을 치유한다. 목회자는 하나님이 그리스도 안에서 행하신 일을 전달하고 교인들에게 그리스도와 더불어 죽고 부활한 사람의 정체성을 심어주는 성서적, 신학적 언어를 사용함으로써 말씀을 전달한다.

> 목회자-신학자는 기분을 바꿔주는 약이 아니라 기분을 바꾸는 현실, 즉 하나님이 예수를 죽은 자 가운데서 다시 살아나게 하셨다는 복된 소식을 제공함으로써 영혼을 치유한다.

목회자-신학자는 복음의 기분, 즉 사실을 전하는 선언("그분이 부활하셨습니다! 그분이 주님이십니다!")**과 그 결과 예수 그리스도 안에서 이미-아직 새로워진 존재로서 세계와 조율된 존재 방식을 구현하기 위해 존재한다.** 목회자-신학자는 부활하신 그리스도의 대사, 옛 무질서 가운데 이미 존재하기 시작한 새로운 창조 질서의 대사다. 목회자-신학자는 말과 행동, 인격과 일을 통해 새로운 부활 질서의 현실, 즉 인간의 새로워짐을 전한다. 목회자-신학자는 부활을 선포하는 동시에 실천한다. N. T. 라이트는 초기 그리스도인들이 "마치 중요한 의미에서 이미 하나님의 새 창조 안에서 살고 있는 것처럼 행동했다"고 말한다.⁹ 정말로 지역 교회는 하나님의 천상적 통치를 대변하는 지상의 대사관이다.

목회자-신학자는 이 새로운 복음의 기분, 그리스도-내-존재를 전달하고 퍼트리기 위해 존재한다. 하이데거의 견해에서 세계-내-존재가 불안의 기분을 불러일으키는 반면, 그리스도-내-존재와 가장 잘 조화를 이루는 기분은 **기쁨**이다. 기쁨은 행복처럼 느낌이 아니다. 목회자-신학자는 행복한 그리스도인, 미소 띤 얼굴의 성도를 만들기 위해 존재하지 않는다. 행복은 너무 천박한 용어이며 변덕스러운 감정이다. 행복은 환경에 달려 있고, 환경은 변한다. 유한함과 고통으로 특징지어지는, 죽음과 부활 사이의 시간에서 살아가는 우리에게 행복은 부적합하거나 진실하지 못한 감정일 때가 많다. 대조적으로 부활의 기쁨은 기분, 세계와 조율된 존재 방식이다. 세계 안에 빈 무덤이 있음을 안다는 뜻이다.[10] 행복은 피상적 현상이지만, 믿음을 통해 그리스도-내-존재를 누리는 이들에게는 그들의 존재 깊숙이 기쁨이 자리 잡고 있다. (예를 들면, 장례식처럼) 고통을 깊이 느낄 때조차도 기쁨은 절대로 부적합하지 않다. 부활은 죽음이 여전히 우리의 원수이기는 하지만 그것을 따르는 무리, 즉 무의미함과 무력함과 더불어 정복되었음을 우리에게 일깨워주기 때문이다. 시편 기자는 "나의 평생에 내 하나님을 찬송하리로다"라고 선언한다(시 146:2). 위대한 역전이 이미 일어났다.

  신약성서 기자들은 그리스도께서 하나님의 메시아적 통치에 대한 이스라엘의 소망의 기쁨 넘치는 성취라고 말한다. 예수께서 죽은 자 가운데서 부활하신 덕분에 피조물은 신음하기를 그치고 산이 노래하며 나무가 손뼉을 친다(사 55:12). 목회자-신학자는 특히 예배를 인도함으로써 부활의 기쁨을 전한다. 기쁨처럼 예배 역시 특수한 행위가 아니라 일반적인 기분, 즉 특별한 날 몇 분 동안만이 아니라 날마다 하루 종일 표현하는 감사의 마음이다. "또 무엇을 하든지 말에나 일에나 다 주 예수의 이름으로 하고 그를 힘입어 하나님 아버지께 감사하라"(골 3:17). 목회자-신학자는 이런 복음의 기분을 전달하고 구현한다. 그리고 그렇게 하기 위해 박사학위를 받을 필요는 없다. 요약하자면, 목회자-신학자는 부활하신 그리스도의 기쁨을 나눔으로써 영혼을 치유한다. 이것은 인간 상황에 대한 특수하고도 일반적인 공헌이다. 즉, 남자와 여자, 아이들이 시간을 **속량**redeeming함으로써(엡 5:16; 골 4:5) 시간의 덧없음을 극복하고 복음의 기분 안에서 매순간을 사는 (즉, 부활을-향해-존재하는) 법을 배울 수 있도록 돕는 일이다.

목회자-신학자는 부활을-향해-존재함의 기쁨을 어떻게 전할 수 있을까? '기분'은 대단히 유연한 용어로서 연관된 문법적, 존재론적 의미를 지닌다. 앞서 살펴보았듯이, 존재론(존재에 관한 연구)에서 '기분'은 세계에 대한 우리의 근본적 지향, 우리의 사고방식과 마음가짐과 관계가 있다. 바울은 "그러므로 너희가 그리스도와 함께 다시 살리심을 받았으면 … 위의 것을 생각하라" 하고 말한다(골 3:1-2). 문법에서 '법'('기분'을 뜻하는 'mood'는 문법 용어로는 '법'으로 번역됨—옮긴이)이란 말하는 내용에 대한 화자의 태도(즉, 그것이 사실인지, 명령인지, 바람인지, 질문인지 등)를 가리킨다. 부활의 종말론적 성격을 고려할 때 목회자-신학자는 **다양한** 법으로 복음의 기쁨을 전해야 한다.[11]

현실의 목회: 직설법의 신학

—

동사의 시제는 행동이 일어난 **때**(예를 들면, 과거, 현재, 미래)를 가리키는 반면, 동사의 법mood은 언어와 세계의 관계를 가리킨다. 의문문은 어떤 상황에 관한 확신이 없음을 표현한다("창문이 열려 있니?"). 명령문은 세계를 화자의 언어와 일치시키고자 하는 바람을 표현한다("창문 닫아!"). 직설법은 세계가 특정한 방식으로 되어 있다는 화자의 믿음을 표현한다("창문이 열려 있다"). 간단히 말해, 직설법은 사실을 진술하기 위해 사용된다. 신학에서는 많은 어법이 필요하지만, 복음은 직설법이다. "그분이 부활하셨다!" "예수가 주님이시다." "예수께서 지금 다스리신다." 네 번째 복음서의 대부분은 예수께서 무엇을 말씀하고 행하셨는지에 대한 증언을 직설법으로 기록한다. "오직 이것을 기록함은 너희로 예수께서 하나님의 아들 그리스도이심을 믿게 하려 함이요"(요 20:31).

기독교 신학은 대체로 직설법indicative이다. 서론에서 말했듯이 신학은 **그리스도 안에 있는 바**를 말로 표현하려는 시도다. 이것은 복음의 진리, 하나님이 **그리스도 안에서** 행하셨고 행하시며 행하실 일을 '나타내는indicating' 또 하나의 방식이다. 세상 안에서 일어나고 있는 일에 관해 많은 참된 이야기들이 있지만(또 거짓 이야기들은 훨씬 더 많지만), 성서 이야기는 창조 질서를 새롭게 하기 위해 하나님이 세상 안에서 행하시는 일에 초점을 맞춘다. "주께서 과연 살아나시고"(눅 24:34). 부활 이후에는 그 어떤 것도 똑같이 보이지 않는다. 하나님, 인간, 구원 계획, 우주 자체, 그 모든 것에 대해 다시 생각해보아야 한다.

신학자의 책무는 말과 행동으로 '건전한 교리', 복음이라는 이상하고 새로운 세계에 관한 진리를 제시하는 것이다. 신학자는 이 이상하고 새로운 부활 이후 세계의 대리자, 많은 사람들이 여전히 그 안에서 살고 있다고 생각하는 옛 세계 속으로 파고들어 오는 하나님나라의 밀사다. 신학자는 그리스도 안에서 하나님이 행하신 일을 명확히 설명함으로써 유익한 무언가를 제공한다. 이것이 그의 섬김이다. 달리 말하자면, 신학자는 **현실의 목회자**다. 목회자minister('작은'이라는 뜻의 라틴어 *minus*에서 유래함)는 섬김을 받는 사물이나 사람보다 스스로 더 작아진다. 목회자는 그리스도 안에 있는 바를 증언하기 때문에 공공신학자이며, 이보다 더 근원적인 현실은 없다. 하나님의 말씀word이 하늘과 땅보다 더 오래 남아 있을 것이라면, 하늘과 땅을 만드신 살아 있는 하나님의 말씀Word은 얼마나 더 그러하겠는가? 신학자가 하나님의 백성으로 하여금 부활의 현실, 그리스도 안의 새로운 창조 안에서 살아가도록 돕는다면, 그는 사람들이 더 현실적이 되도록 돕는 셈이다.

> **공공신학은 그리스도 안에 있는 새 생명이라는 현실을 명제로,
> 더 중요하게는 인격으로 제시하는 일이다.**

복음은 온 창조 질서의 본질과 목적, 기원과 운명을 계시하기 때문에 현실에 대한 믿을 만한 가늠자다. 이 역시 공공신학이다. "만세와 만대로부터 감추어졌던 것인데 이제는 그의 성도들에게" 나타난 비밀을 알리는 일이다. "이 비밀은 너희 안에 계신 그리스도시니"(골 1:25-27). 공공신학은 그리스도 안에 있는 새 생명이라는 현실을 명제로, 더 중요하게는 **인격으로** 제시하는 일이다. 그리스도와 더불어 부활한 사람들의 공동체인 교회는 새 창조 질서의 선봉이다. 최고의 목회자-신학자였던 조나단 에드워즈도 비슷한 말을 했다. 하나님의 구속 사역의 목적, 따라서 역사 전체의 목적은 그분의 아들을 위한 나라, 즉 그분의 특별한 소유가 될 백성을 만드는 것이었다. 그리스도와 함께 부활한

이들, 구속된 이들의 공동체는 이 궁극적 현실의 첫 열매일 뿐이다.

형이상학은 현실, 즉 **존재하는 바**에 대한 연구다. 목회자-신학자는 '형이상학'이라는 말을 공적으로 결코 사용하지 않을지도 모르지만, 그렇다고 해서 형이상학이 목회와 무관하다는 뜻은 아니다. 모든 사람에게 형이상학, 세계관과 인생관이 있다. 즉, 그 사람이 궁극적으로 중요하고 가치 있으며 현실적이라고 생각하는 바를 드러내는 신념이 있으며 그에 따라 실천한다.[12] 신학자의 책무는 **그리스도 안에 있는 바**를 나타내는 것이다.

무엇보다도 먼저, 그리스도 안에 있는 바는 하나님, 참된 신성, 삼위일체의 두 번째 위격, 신적 로고스다. "이 말씀은 곧 하나님이시니라"(요 1:1). 그리스도는 "보이지 아니하는 하나님의 형상"(골 1:15)이시며 하나님의 "본체의 형상"(히 1:3)이시다. 예수께서 말하고 행하신 모든 것, 그분의 존재 자체가 하나님을 계시한다. 그리스도 안에 있는 바가 하나님에 대한 참된 지식이다. 예수는 직설법의 하나님이시다.

둘째, 그리스도 안에 있는 바는 참된 인간성이다. 예수 그리스도는 두 번째 아담, 인자, 참 이스라엘, 모범적으로 언약을 지키는 주의 종, 유혹에 저항하고 아들로서 순종을 보이심으로써 하나님이 본디 인간을 창조하신 목적을 우리에게 보여주신 사랑이 넘치는 아들이시다. 그리스도 안에 있는 바는 인간의 모습 안에 드러난 완벽한 하나님의 형상이다(고후 4:4; 골 1:15). 그리스도 안에 있는 바의 세 번째 양상은 온전한 창조 질서다. "만물이 다 그로 말미암고 그를 위하여 창조되었고"(골 1:16), "만물이 그 안에 함께 섰느니라"(골 1:17). 그리스도 안에 세상을 향한 하나님의 지혜로운 돌보심이 있다.

마지막으로, 그리스도 안에 "때가 찬 경륜"의 성취, 새로워지고 회복된 창조 질서의 미리 보기와 미리 맛보기가 있다. "하늘에 있는 것이나 땅에 있는 것이 다 그리스도 안에서 통일되게 하려 하심이라"(엡 1:9-10). 그리스도 안에 하나님과 인류의 화해가 있다. "하나님께서 그리스도 안에 계시사 세상을 자기와 화목하게 하시며"(고후 5:19). 그리스도의 인격과 사역 안에 예수의 삶과 고난을 통해 표현된, 인류에 대한 하나님의 사랑과 자유가 있으며, 찬양과 순종으로 표현된 하나님에 대한 인류의 사랑과 자유가 있다. 그리스도 안에 있는 바는 율법(즉, 하나님을 사랑하고 이웃을 자신처럼 사랑하라는 명령)의 성취다. 신학자가 궁극적으로 해야 할 일은 그리스도 안에 있는 구속을 기쁘게 선포하는 것이다. 그리스도 안에 우리가 궁극적으로 소유한 바는 구속이다. "그런즉 누구든지 그리스도 안에 있으면 새로운 피조물이라"(고후 5:17).

따라서 우리가 그리스도 안에서 발견하는 바는 하나님의 생명과 빛, 사랑이다. "지혜와 지식의 모든 보화"(골 2:3). 그리고 더 열심히 살펴본다면, 우리가 그리스도 안에서 장사되고 부활했으며, 하나님의 자녀가 되었고, 화해를 이루고 그리스도 안에서 하나 된, 하나님의 백성임을 깨달을 것이다. 이스라엘과 교회, 유대인과 헬라인, 남자와 여자, 종과 자유인이 하나가 되었다(갈 3:28). 무엇이 그리스도 안에 존재하고 존재할 것인지를 말할 때, 신학자는 "하나님의 비밀을 맡은 자"로서 자신의 소명을 완수한다(고전 4:1). 신학적으로 사고한다는 것은 **그리스도 안에 있는 바**와의 관계 속에서 하나님과 세상, 자신을 이해한다는 뜻이다.

> 신학적으로 사고한다는 것은 그리스도 안에 있는 바와의
> 관계 속에서 하나님과 세상, 자신을 이해한다는 뜻이다.

그리스도 안에 우리는 복된 소식과 기쁨을 발견한다. "이는 그리스도께서 죽은 자 가운데서 살아나셨으매 다시 죽지 아니하시고 사망이 다시 그를 주장하지 못할 줄을 앎이로라"(롬 6:9). 바로 이 때문에 그리스도-내-존재란 곧 부활을-향해-존재함의 문제다. 예수를 다시 살리신 하나님이 "그의 권능으로 우리를 다시 살리실" 것이다"(고전 6:14). 사실 하나님은 그분과 더불어 우리를 다시 살리셨고 "그리스도 예수 안에서 함께 하늘에" 앉히셨다(엡 2:6). 그러므로 어떤 의미에서 우리는 이제 "그 부활의 권능"을 알지만(빌 3:10), 다른 의미에서 부활은 미래의 일이고 우리는 계속 그 일을 소망한다(빌 3:11; 벧전 1:3). **그리스도 안에 있는 바**를 나타내는 일의 어려움은 이미/아직이라는 부활의 본질에서 기인한다. 이것은 **종말론적 '있음'**이라고 부를 수도 있다.

그리스도 안에 있는 바의 '있음'은 단순한 직설법이 아니다. "너희가 세례로 그리스도와 함께 장사되고"(골 2:12)나 "너희를 하나님이 그와 함께 살리시고"(골 2:13) 같은 말은 감각 경험에 호소함으로써 입증될 수 있는 주장이 아니다. 바울과 더불어 "내가 그리스도와 함께 십자가에 못 박혔나니, 그런즉 이제는 내가 사는 것이 아니요 오직 내 안에 그리스도께서 사시는 것"(갈 2:20)임을 깨닫기 위해서는 성화된 상상력, 성령께서 밝혀주신 마음의 눈(엡 1:18)이 필요하다.

그리스도 안에 있는 바의 있음을 마치 있는 것처럼과 혼동하지 않는

것이 절대적으로 중요하다. 우리가 그리스도와 함께 부활했다는 것은 우리에게 **종말론적 직설법**이다. **이미** 존재하지만 **아직 온전히** 존재하지는 **않는** 바를 가리킨다. 제자들이 비록 **아직** 그리스도의 형상의 장성한 분량에 이르지는 못했지만, 내주하시는 성령 덕분에 **이미** 그리스도와 연합을 누리고 있다. **그리스도 안에 있는 바**를 드러내는 교리는 강력한 종말론적 상상력, **아직** 완성되지 **않은** 바(우리의 구원)를 우리가 그리스도와 연합해 있기 때문에 **이미** 성취된 것으로 인식할 수 있는 믿음에 기초한 지각을 요구한다. 이것은 현재는 부분적인 것을 미래에 완벽해질 것으로 바라봄을 뜻한다.

신학자는 이 종말론적 현실, 그리스도-내-존재의 진리를 전한다. 이 점을 똑바로 이해하는 것에 모든 것이 달려 있다. 창조되고 재창조된 현실에 조화를 이뤄 살아갈 때만 우리는 지혜를 얻을 수 있다. 신학자는 **그리스도 안에 있는 바**를 말로 드러내며, 따라서 현재 상황이 어떤지를 말한다. 종말론적 **있음**은 현실의 본질에 관해 의문을 제기한다. 과거와 현재에 관한 직설법의 진술은 무엇이 있었거나 있는가를 가리킨다. 대부분의 평범한 사물과 사건에 대해서는 그것만으로 충분하다(양자역학도 그것만으로 충분할지 잘 모르겠다). 하지만 복음은 **우시아**ousia(존재 일반)가 아니라 **파루시아**parousia(그리스도의 인격 안에서 나타나는 새로운 현실)를 다룬다. **그리스도 안에 있는 바**의 현실을 다루는 목회에서는 사람들로 하여금 이 현실을 파악하도록 돕는 목회가 필요하다. 이제 우리는 이처럼 복음을 전하는 목회의 차원에 대해 논하고자 한다.

이해의 목회: 하나님 말씀의 사역

—

흔히들 생각하는 바와 달리 신학은 난해하기만 한 학문이거나 다른 분과처럼 학계의 한 부분이 아니다. 학자가 점점 더 많은 정보를 처리함으로써(혹은 더 높은 학위를 취득함으로써) 점진적으로 습득하는 분야가 아니다. **그리스도 안에 있는 바**를 알기 위해서는 몇 가지 내용을 지식 저장소에 더하는 것보다 훨씬 더 많은 것이 필요하다. 물론 신학은 하나님에 대한 지식을 다루지만, 신학이 산출하는 것은 더 많은 자료가 아니라 (하나님에 대한, 그리고 하나님과 관련된 다른 모든 것에 대한) 더 큰 이해다.

신학자는 이해의 목회자, 즉 교회로 하여금 하나님이 예수 그리스도 안에서 행하셨고 행하시며 행하실 일의 의미를 깨닫고 그에 대한 응답으로서 우리가 무엇을 말하고 행해야 하는지를 이해하도록 돕는 사람이다. (금속 부품으로 이뤄진 기계든, 영어 단어로 이뤄진 문장이든, 인물과 사건으로 이뤄진 이야기든) 무언가의 의미를 파악하기 위해서는 각 부분에 대한 지식 이상의 것을 가져야 한다. 각 부분이 더 큰 전체, 더 폭넓은 맥락에 어떻게 들어맞는지를 알아야 한다. 신학은 가장 폭넓은 맥락, 즉 삼위일체 하나님의 구속 사역, 세계사를 움직이는 엔진을 다룬다.

이해의 목회를 한다는 것은, 성서의 각 부분과 전반적인 이야기를, 성서와 사람들이 살고 있는 세상을, 현재 그들의 모습과 하나님이 원하시는 그들의 모습을 연결 짓도록 돕는 것이다. 목회자는 학문적 신학을 하도록 부르심을 받지 않았고 신학적 이해의 목회를 하도록 부르심을 받았다. 이는 사람들로 하여금 **그리스도 안에** 집약된 하나님의 위대한 구속 사역과 연관해 성서와 그들의 문화, 그들의 자신의 삶을 해석하도록 돕는 일이다.

이제 우리가 신학자를 공적 지식인이라고 부르는 이유가 분명해졌을 것이다. 신약의 사도는 "예수께서 부활하심을 증언할 사람"이었으며(행 1:22), 물론 이것은 (목격자의 증언인 동시에) 일종의 공적 지식이었다.[13] 하지만 신학자는 부활에 대한 다른 종류의 증인, 즉 이 한 사건이 다른 모든 사건, 세계의 '전체'에 의미 있는 관점을 부여한다는 것을 이해하고 있는 사람이다. 하지만 이것은 곧 공적 지식인의 책무이기도 하다. 즉, 삶의 의미와 같은 문제, **일반적인** 것에 관한 문제에 대해 말하는 것이다. 신학자는 특수한 한 가지(예수 그리스도의 부활)와 관련지어 일반적인 것들(새로워진 창조 질서)에 관해 말하는 보편적 지식인이다. 기독교 신학의 관점에서 부활은 세상에 관한 일반적 진리이며, 목회자는 역사의 전환점에 관한 이 핵심 진리에 비추어 특수한 삶을 다룬다. 다시 말해서, 예수 그리스도는 그분에 비추어 다른 모든 특수한 것들이 의미를 갖는 '전체'시다(참고. 엡 1:10).

부활하신 그리스도와의 관계 속에서 모든 것들을 이해하기 위해서는 부분-전체에 입각해 사고해야 한다. 구체적으로 (1) 하나님 말씀과 (2) 인간 세상, (3) 인간 세상에 관한 인간의 말을 통전적으로 해독하고 신학적으로 이해해야 한다.

> 신학자는 특수한 한 가지(예수 그리스도의 부활)와 관련지어
> 일반적인 것들(새로워진 창조 질서)에 관해 말하는 보편적 지식인이다.

하나님 말씀 읽기: 성서 해독력

하나님의 영감으로 기록된 예언자와 사도들의 증언을 통해서만 그리스도 안에 있는 바를 이해할 수 있다. 예수께서는 이 증언이 궁극적으로 그분에 관한 것이라고 주장하셨다(눅 24:27). 신학자는 적어도 부분적으로는 다른 이들로 하여금 성서를 이해하도록 도움으로써 그리스도 안에 있는 바에 관한 이해를 전한다. 목회자-신학자는 성서 해석보다 더 많은 일을 해야 하지만, 그보다 더 적은 일을 해서는 안 된다. 초대교회에서 사도들은 과부들에게 음식을 나눠주는 중요한 책임을 집사들에게 맡겼다. "우리가 하나님의 말씀을 제쳐놓고 접대를 일삼는 것이 마땅하지 아니하니"(행 6:2). 사도들처럼 신학자들도 "말씀 사역 *diakonia tou logou*"에 전념해야 한다(행 6:4). "사람이 떡으로만 살 것이 아니요, 하나님의 입으로부터 나오는 모든 말씀으로 살 것이라"(마 4:4). 예수의 가르침에 비춰 볼 때 누가가 음식 접대와 하나님 말씀 사역에 대해 같은 용어를 사용한다는 점은 매우 의미심장하다. 신학자는 음식을 대접하듯이 다른 이들에게 말씀을 대접하여 그들이 더 쉽게 그것을 소화할 수 있도록 돕는다.[14]

오직 성서만이 **그리스도 안에 있는 바**에 대해 권위 있게 기술한다. 그리스도를 따르고자 한다면 우리는 우리를 그리스도께로 이끌고, 그리스도를 제시하고, 우리에게 그리스도의 길을 가르치는 성서를 따라야 한다. 그리스도의 마음을 갖고자 한다면 우리는 성서를 공부해야 하고, 예수께서도 그러셨듯이 율법과 예언서를 예수 그리스도의 인격 및 사역과 연결시킬 수 있어야 한다. 신학은 예수를 따르는 이들이 성서를 더 잘 따르는 이들이 되도록 도움으로써 이해의 사역을 행한다.

그리고 성서를 더 잘 따른다는 것은 성서의 전반적인 이야기를 파악한다는 뜻이다.

> **신학자는 음식을 대접하듯이 다른 이들에게 말씀을 대접하여 그들이 더 쉽게 그것을 소화할 수 있도록 돕는다.**

신학적 이해는 성서 해독력을 요구한다. 성서가 신학의 영혼이라면, 전염병처럼 북미 교회를 휩쓴 성서에 대한 무지는 그리스도 안에 있는 바를 이해하는 데 큰 위협이 되고 그리스도의 마음을 갖는 데 심한 걸림돌이 된다. E. D. 허쉬의 《문화 해독력: 모든 미국인이 알아야 할 것*Cultural Literacy: What Every American Needs to Know*》[15]을 통해 이 문제를 예증할 수 있다. 허쉬는 많은 미국인이 유능한 시민이 되기 위해 알아야 할 것을 모르고 있다는 걱정에서 이 책을 썼다. 문화 해독력이란 미국의 근본을 이루는 기관에 참여하고 미국인으로 산다는 것이 무엇을 뜻하는가에 대한 국가적 대화에 참여하기 위한 전제 조건이다. "문화 해독력을 갖추고 있다는 것은 현대 세계에서 잘 살기 위해 필요한 기본 정보를 가지고 있다는 것이다."[16] 다음 부분의 논의를 통해 확인할 수 있듯이, 목회자-신학자 역시 문화 해독력을 갖춰야 한다. 하지만 목회자가 하는 일의 핵심은 교회 안에서 성서 해독력을 높이는 것이다. 그리스도인이 그리스도 안에 있는 그들의 정체성(즉, 성도가 되는 것이 무엇을 뜻하는지)을 이해하고자 한다면, 지상에서 유능한 천상의 시민이 되고자 한다면(엡 2:19; 빌 3:20), 성서 해독력이 꼭 필요하다.

여기서는 성서 해석과 해석학에 관해 내가 원하는 만큼 본격적으로 논할 수 없다.[17] 몇 가지 중요한 점을 언급하는 것으로 충분할 것이다. 첫째, 성서 해독력은 정경 해독력을 뜻한다. 성서에 관한 사실을 아는 것으로는 충분하지 않다. 우리에게 필요한 것은 정경 지식canon sense, 즉 성서 전체에 비추어 성서의 특정 본문을 해석할 수 있는 능력이다. 정경 지식이란 구속사의 흐름 안에서 우리가 어디에 있는지 아는 것을 뜻한다. 정경 지식이란, 자신의 경험을 성서 전반의 줄거리에 입각해 성서적 범주로 해석할 수 있을 정도로 성서에 관해서 생각할 뿐만 아니라 성서**와 더불어** 생각한다는 뜻이다. 예수께서는 자신에 대해, 역사에 대해 그렇게 하셨다. 예수보다 정경 지식을 더 많이 갖춘 사람은 없었다.

둘째, 성서 해독력은 성서적 신학, 즉 통일성과 다양성을 인정하지만 구약과 신약을 아우르는 이야기를 따르는 방식이다. 다시 한 번, 이것은 성서학에서 초점을 맞추는 전문적 지식의 문제가 아니라 성서 저자들이 이스라엘과 교회의 이야기를 이해했던 해석의 틀을 파악하는 문제(성서적 신학의 형식적 원리)이며, 에드워즈가 삼위일체의 구속 사역이라고 부른 것에 관한 문제(성서적 신학의 질료적 원리)다.[18] 요컨대, 성서신학에서는 "영원한 하나님의 아들께서 배우자를 얻을 수 있도록" 하기 위해 세상에 있는 모든 것이 창조되었음을 인정한다.[19] 처음부터 끝까지 성서에서는 한 백성을 자기 기업의 백성(그분의 성전)으로 삼기 위해 거룩하게 구별하시는 하나님에 대해 이야기한다. 더 간단히 말하자면, 하나님이 세상을 만나시고(창조하시고), 하나님이 세상을 잃어버리시고, 하나님이 세상을 되찾으시고, 하나님과 세상이 영원히 행복하게 산다.

셋째, 성서 해독력은 성서 본문의 세상에 비추어 자신의 세상, 자신의 역사적 상황과 삶을 읽어낼 수 있음을 뜻한다. 예표론은 이를 위한 탁월한 수단이다. 신약 교회의 교인들이 이스라엘의 역사적 사건을 통해 자신을 이해했듯이, 현대 교회의 교인들도 자신을 같은 구속 드라마의 참여자로 이해해야 한다. 역사적, 문화적 풍경은 바뀌었을지도 모르지만 오늘날 그리스도인들은 초대교회 그리스도인들과 똑같은 구속적, 역사적 맥락 안에 있으며, 그리스도의 초림과 재림 사이에서 소망을 품고 살아가고, 세상 안에서 다양한 종류의 반대를 견뎌야 한다.

신학자는 하나님의 말씀을 읽어내는 사람이다. 거듭 말하거니와 성서학의 전문가가 되어야 한다는 뜻이 아니다. 오히려 보편적 지식인, '큰 것 하나,' 즉 구속사적 큰 그림(하나님이 어떻게 "하늘에 있는 것이나 땅에 있는 것이 다 그리스도 안에서 통일되게" 하셨는지)을 아는 격언 속 고슴도치가 되어야 한다(엡 1:9-10).[20]

세상 읽기: 문화 해독력

하나님 말씀의 사역을 하기 위해 목회자-신학자는 성서뿐만 아니라 하나님의 말씀이 선포되는 세상, 하나님의 말씀이 뿌리를 내리고 적용되어야 할 세상도 읽어내야 한다. 여기서 나는 자연 세계가 아니라 인간 세계, 인간 문화의 일상적 세계, 즉 인간이 함께 만들고 행하는 모든 것을 염두에 두고 있다. 문화는 사람들이 살아가는 의미 세계, 한 사회의 신념과 가치를 전달하는, 의미를 만드는 다양한 활동(예를 들면, 책과 영화, 그림, 광고, 노래, 패션, 자동차, 스포츠, 건물, 음식, 놀이)을 통해 제시된 세계다. 다시 말해서 문화란 한 사회의 소프트웨어, 인류를 교화하고 인류의 자유를 형성하기 위한 프로그램이다.

목회자-신학자는 자신에게 맡겨진 사람들에게 문화에 관한 교육을 해야 한다. 문화가 곧 사람들을 교육하고 그들의 인간성을 형성하기 때문이다(문화가 교화한다!). 문화는 특정한 종류의 행동(예를 들면, 소비주의)을 프로그래밍하고 특정한 신념과 가치(예를 들면, 애국주의)를 주입함으로써 교육한다. 우리는 여기서 더 나아갈 수 있다. 문화는 인간성을 고양함으로써 영성을 형성한다. 문화는 궁극적으로 정신이 아니라 마음을 교육한다.[21] 물질주의 문화는 물질주의자, 즉 물질적 상품이 공허함을 사라지게 해줄 것이라는 헛된 희망 속에서 그것을 욕망하는 마음을 지닌 사람들을 형성하기에 적합한 방식으로 조정되어 있다. 그것은 공허함을 채워주지 못한다. 우리 마음은 하나님을 욕망하도록 창조되었기 때문에 하나님의 사랑만이 인간의 마음을 만족시킬 수 있다.

최선의 목회자-신학자는 언제나 문화의 형성적 영향력에 대해 알고 있었다. 아우구스티누스가 교인들에게 공적인 구경거리를 제공하는 행사에 참여하지 말라고 권면했을 때 그는 공공신학을 하고 있었다. 아우구스티누스(그리고 테르툴리아누스)는 로마의 연극이 너무나도 깊이 이교에 뿌리를 내리고 있었기 때문에 그리스도인이 그것을 지지해서는 안 된다고 믿었다. 특히 그것은 부도덕을 부추겼다. 현대 문화는 그 영향력이 훨씬 더 교묘하다. 모든 그리스도인이 PBS 프런트라인Frontline의 다큐멘터리 〈설득자들The Persuaders〉을 보아야 한다. 이 탁월한 다큐멘터리에서는 자신들의 의뢰인들이 더 많은 수익을 얻을 수 있게 하기 위해 마케팅 전문가들이 어떻게 공적 여론과 대중의 행동에 영향을 미치고자 하는지를 폭로한다.

이른바 '문화 전쟁'은 더 심층적인 문제를 드러내는 증상에 불과하다. 문제는 그리스도인은 혈과 육에 맞서서가 아니라, 음식과 영화에 맞서서가 아니라, 우리의 정신과 마음을 사로잡으려고 하는 통치자들과 권세들에 맞서 싸운다는 것이다. 문화 해독력은 현재 우리가 처한 상황 속에서 일어나는 일을 '읽어내는' 능력, 즉 그것을 이해하는 능력이다. 문화적 경향을 이해하는 것이 특히 중요하다. 문화 자체는 문제가 아니다. 하나님의 형상과 일반 은총을 반영하는 문화의 많은 양상이 존재한다. 동시에 다른 문화적 조류들은 매체에 도덕주의적이며 심리요법적인 이신론MTD, moralistic therapeutic deism—아마도 이것이 우리 시대의 기본적인 문화 신학일 것이다—을 비롯해 사회적으로 전염되는 질병을 제공하기도 한다.[22]

한 세대 전에 칼 헨리는 중요한 (후기)근대적 경향을 지적하면서 문화 해독력의 중요성을 강조한 바 있다. "현대 서양 문화에서 최종적 진리에 대한 커져가는 불신과 모든 확실한 말에 대한 확고한 의심보다 더 명백한 사실은 없다."[23] 현대 문화를 해독해보면 모든 제도와 권위에 체계적 불신과 냉소를 드러낼 정도로 이러한 이데올로기적 암이 이미 널리 퍼져 있음을 알 수 있다.

문화 해독력은 현대 사회에서 일어나는 일을 이해할 수 있는 능력, 문화적 텍스트를 읽어내고 문화적 조류를 이해하는 능력이다. 문화 해독력의 목적은 이해를 이루는 것이며, 천상에 시민권을 둔 사람이 어떻게 바르게 대응해야 하는가를 알기 위해서 우리는 먼저 지금 일어나고 있는 일을 바르게 이해해야 한다. 문화 해독력은 세상 안에 있지만(죽음을-향해-존재함) 세상에 속하지 않는(부활을-향해-존재함) 그리스도인의 이중적 시민권을 이루는 중요한 요소다. 부활의 공동체로서 교회는 살아 있는 그리스도에 대한 제자도를 실천하려고 노력하며, 그렇게 하기 위해 우리는 우리가 어떤 문화적 환경 속에 있는지를 알아야 한다. 따라서 문화 해독력의 목적은 교회의 구성원들이 반드시 문화에 참여하게 하는 것이다. 즉, 그저 수동적으로 문화를 소비하지 않고 문화에 그들만의 표시, 십자가와 부활이라는 표시를 남길 수 있는 사람들이 되게 하는 것이다. 문화 해독력은 그리스도인들이 그리스도의 왕국을 위한 효과적인 문화 참여자가 되기 위해 그들의 일상적 문화에 관해 알고 있어야 하는 바를 가리킨다.[24]

> 문화 해독력은 그리스도인들이 그리스도의 왕국을 위한
> 효과적인 문화적 참여자가 되기 위해
> 그들의 일상적 문화에 관해 알고 있어야 하는 바를 가리킨다.

사회학과 경제학, 사회심리학, 문화학 등 다양한 학문 분과의 관점에서 문화를 연구하는 책이 많이(너무 많이!) 나와 있다. 분명히 목회자-신학자에게 이런 자료를 다 살펴볼 시간은 없다. 유익한 지름길이 있다. 예를 들면, 매우 다양한 학문 분야의 중요한 책에 대한 서평을 싣는 〈책과 문화Books and Culture〉 같은 정기간행물은 간접적 지식을 얻을 수 있는 좋은 자료다. 목회자-신학자는 또한 주변 문화 안에 있

지만 그 문화에 속해 있지 않은 사람으로서 지금 일어나고 있는 일에 대한 직접적 지식을 가지고 있다. 하지만 이해의 사역을 하는 유기적 지식인으로서 그들의 주된 섬김은 교회로 하여금 하나님 말씀에 비추어 세상의 상황을 읽어내도록 돕는 일이다.

문화를 이해하기 위해서는 문화에 대해 알아야 한다. 하지만 문화는 공기처럼 우리가 날마다 숨 쉬는 대기와 같기 때문에 문화에 대해 인식하지 못하는 때가 많다. 따라서 목회자-신학자의 중요한 책무는, 회중이 깨어서 문화에 대해, 그 문화가 우리의 마음과 정신에 무엇을 심어주려고 하는지에 대해 의식하게 하는 것이다. 예수께서는 제자들에게 "깨어 있어 기도하라"고 권면하셨다(막 14:38). 기도는 우리가 하나님의 임재와 활동에, 이 세상을 위한 하나님의 목적에 집중하게 함으로써 우리를 깨운다.[25] 문화적 여론 조작자들, 마케팅과 정치 캠페인을 이끄는 이들이 설득력 있는 이미지를 만들어내고 설득력 있는 이야기를 들려줄 수도 있다. 하지만 기도가 동반되는 신학에서는 그리스도 안에 있는 바에 초점을 맞추며, 세상의 빛이신 그분은 문화적 혼란이라는 안개를 걷어내신다. 목회자-신학자는 성서에 비추어 세상을 읽어내고 회중을 지혜와 인간 번영으로 인도함으로써 이해의 사역을 한다(그리고 성서 해독력과 문화 해독력 사이에 다리를 놓는다).

소설 읽기: 인간 해독력

목회자는 하나님의 백성을 그리스도 안에서 든든히 세우기 위해 그들에게 이해의 사역을 하는 공공신학자다. 그러므로 "목회자는 사람에 대한 지식과 이해에서 항상 성장해야 한다."[26] 사람들을 알기 위한 가장 좋은 방법은 그들 가운데 살며 그들의 슬픔과 기쁨, 어려움, 절망을 나누는 것이다. 하지만 사람들은 다양한 모습으로 다가오며, 만나는 모든 사람과 친해지기에는 시간이 부족하다. 따라서 인간 상황의 실험실인 문학과 친해지는 것이 중요하다.[27] 하지만 왜 굳이 상상력을 동원해 일어나지도 않은 이야기 안으로, 스스로 겪기를 원치도 않을 경험 안으로 들어가야 할까? 이에 대한 최선의 답은 C. S. 루이스가 말하는 "우리 존재의 확장"이다. "위대한 문학을 읽을 때 나는 수천 명의 남자가 되지만 여전히 나 자신으로 남아 있다."[28]

루이스는 목회자-신학자에게 중요한 문제를 제기한다. 목회자-신학자가 자신의 밖으로 나와 다른 이들의 관점에서 상황을 바라보는 법을 배우는 것이 대단히 중요하다. 다른 이들을 사랑하기 위해 우리 스스로 그들의 입장에 서볼 수 있어야 한다. 이것이 바로 하나님이 예수 그리스도 안에서 우리를 위해 행하신 일이 아닌가? 그분은 단지 상상을 통해서가 아니라 성육신을 통해서 우리와 동일시하신다. 나는 흑인도 아니고 여자도 아니며 어렸을 때 성적 학대를 받지도 않았지만, 마야 앤절루의 《새장에 갇힌 새가 왜 노래하는지 나는 아네*I Know Why the Caged Bird Sings*》(문예출판사 역간)를 통해 그런 사람의 삶이 어떤지를 조금은 알게 된다. 소설 읽기는 우리가 우리와 비슷하지 않은 사람들을 이해하고 그들과 동일시할 수 있도록 도와준다. 이것이 목회자-신학자가 소설을 읽어야 할 첫 번째 이유다. 즉, 통일성과 다양성을 지닌 인간성을 이해하고 공감하기 위해서다.

소설을 읽어야 할 두 번째 이유는 위대한 시인과 이야기꾼들은 행복의 추구, 비극적 상실, 온갖 모습의 사랑 등 보편적 주제에 관해 글을 쓰는 경우가 많기 때문이다. 플래너리 오코너의 단편 소설을 통해 우리는 예상하지 못한 곳(예를 들면, 기괴한 곳)에서 은총을 찾을 수 있음을 배운다. 도스토옙스키의《카라마조프 형제들 The Brothers Karamazov》(열린책들 역간)에는 악의 문제에 대한 깊은 통찰이 담겨 있다. 많은(역시 너무 많은!) 현대 소설은 **그리스도와 분리된** 삶이 어떤 모습인지를 보여준다. 사람들이 구원받지 못했음을 지적으로 아는 것과 존재 전체로 그것이 어떤 느낌인지를 대리적으로 아는 것은 전혀 별개의 일이다. 소설은 우리가 직접 경험하지 못하는 것을 이해할 수 있는 기회를 제공한다.

소설을 읽어야 하는 세 번째 이유는 하나님 말씀의 사역자가 된다는 것의 특권과 이 일이 지닌 기회, 어려움을 이해할 수 있게 해주기 때문이다. 앞서 언급했듯이, 싱클레어 루이스의《엘머 갠트리》에서는 그리스도의 이름이 아니라 자신의 이름을 더 크게 드러내고 싶어 하는 유혹에 대해 경고한다. 메릴린 로빈슨의 퓰리처 상 수상작《길리아드》는 더 긍정적인 역할 모형을 제시하는 책이다. 나는 이 책을 신학생들과 두 차례 읽기도 했다. 나는 많은 목회신학 책보다《길리아드》를 읽음으로써 목회자의 삶에 대해 더 많이 배울 수 있다고 주장하고 싶다.

목회자-신학자가 소설 읽기를 우선순위로 삼아야 할 네 번째 이유는 앞서 우리가 문화 해독력에 관해서 했던 말과 관계가 있다. 소설은 개인의 삶뿐만 아니라 문화 전체를 이해하게 해준다. 나의 아내 실비는 내가 그의 부모님을 만나기 전에 마르셀 파뇰의 소설《마농의 샘 Jean de Florette》과《마농의 샘 2 Manon des Sources》(이상 펭귄클래식코리아

역간)를 꼭 읽어보아야 한다고 말했다. 이 두 책은 실비의 부모님이 자란 농민의 세계였던 20세기 중반 프로방스 하층 계급의 독특한 문화를 완벽히 포착해냈다. 마침내 그분들을 만났을 때 나는 마치 이미 그분들을 알고 있었던 것 같았다. 그분들은 파뇰의 책 등장인물들과 너무나 닮아 있었다. 나는 외국으로 나간 선교사들은 그 문화권의 언어뿐만 아니라 문학에 대해 알기 위해서도 많은 노력을 기울여야 한다는 생각이 떠올랐다.

물론, 뉴비긴이 바르게 지적했듯이 이제 우리가 속한 서양 문화권 역시 선교지가 되었다.[29] 따라서 목회자-신학자들은 그들이 사역하는 공간이자 대상인 문화를 알아가기 위해 현대 소설을 읽어야 한다. 예를 들어, 이 글을 쓰는 시점에서 아마존닷컴Amazon.com의 베스트셀러 소설 중 하나(또한 '영성, 인격 변화' 부문에서 2위에 오름)는 파울로 코엘료가 1993년에 발표한 《연금술사*The Alchemist*》(문학동네 역간)다. 이 책은 전 세계적으로 1,500만 권 이상 팔렸다. 자전적 요소가 포함된 이 소설은 '자아의 신화'를 따르기 위해 에스파냐에서 이집트까지 여행한 양치기에 관한 이야기다. 그는 '세상에서 가장 터무니없는 거짓말'은 우리에게 일어나는 일을 우리가 더 이상 통제할 수 없다는 말임을 깨닫는다. 이 뉴에이지 복음에 따르면 진리란 '만물의 정기'가 모든 사람이 행복하기를 원한다는 것이다. "자아의 신화를 이루어내는 것이야말로 이 세상 모든 사람들에게 부과된 유일한 의무"이며, 우주는 우리가 성공하도록 돕기 위해 '공모하고' 있다. 이 소설에 따르면 영성이란 그리스도를 따르기 위해 자기 십자가를 지는 것이 아니라 위험을 무릅쓰고라도 자아에 충실하게 사는 것을 뜻한다. 이것은 MTD(도덕주의적이며 심리요법적인 이신론)가 아니라 HDP(인본주의적이며 비현실적인 범신론)라고 부를 만한 것이다. 어쨌든 이 책을 읽음으로써 신학자는 현대 문화를 더 잘 이해할 수 있다.

물론 목회자-신학자가 바쁘다는 것을 나도 잘 알고 있다. 하지만 소설을 읽을 시간이 없을 정도로 바쁜가? 나는 비용편익분석을 해보면 목회자가 소설을 읽는 데 들인 시간은 대단히 큰 수익을 가져다주는 것으로 나타나리라고 생각한다. 또 여기에도 지름길은 있다. 나는 굿리즈닷컴goodreads.com이나 '아츠 앤 레터스 데일리'www.aldaily.com를 자주 들러보기를 추천한다. 닐 플랜팅가는 초심자들에게 '1년에 소설 한 권'처럼 소박한 목표를 가지고 시작하라고 권한다.[30] 앞서 언급한 네 가지 이유 각각에 대해 한 권씩, 1년에 네 권이라면 훨씬 더 좋을 것이다.

물론 읽기는 우리에게 딱 그만큼의 도움만 준다. 신학적 이해는 이론적이기만 한 게 아니다. 머리로 아는 지식 이상의 것이 요구된다. 교회 종탑을 상아로 만들어서는 안 된다. 이해는 실천적이기도 하다. 우리의 상황을 정말로 이해할 때 우리는 그것에 대해 무언가를 **행할** 수 있다. 이해를 획득할 때 문제 해결 방법을 마련할 수 있다. 즉, **일상생활에서 지식을 실천하는 법**을 알 수 있다. 그리고 이해의 목적은 바로 그리스도 안에 있는 바를 실천함으로써 그리스도의 마음을 구현하는 것이다. 그러므로 우리는 그리스도를 전하는 사역을 행하는 이 마지막 방식에 초점을 맞추고자 한다.

(새) 생명의 목회: 명령법의 신학

—

　복음은 직설법이다. 복음을 설교할 때 무슨 일이 이미 일어났고 지금 상황이 어떤지를 말해야 한다. 예수께서 우리 죄를 위해 죽으셨고, 하나님이 죽은 자 가운데서 예수를 다시 살리셨으며, 예수께서 살아 계신 주이시고, 성령께서 우리를 믿음 안에서 그분과 연합시킨다. 하지만 직설법 복음(그리스도 안에 있는 바)에는 암묵적인 명령법, 즉 **그리스도 안에 있는 바**와 일치되는 삶을 살고 **그리스도 안에 있는 바**에 기쁘게 참여하기 위해 적극적으로 노력하라는 요구도 포함되어 있다. 그리스도라는 현실 안에서 사는 것이 공동체적 기획이라는 점에서 우리는 청유법(cohortative mood, 라틴어로 co, '함께' + hortari, '격려하다')에 대해서도 말할 수 있다. 청유법을 표시하는 '~하자'라는 말은 목회자도 자신이 하는 권면의 말에 귀를 기울여야 함을 뜻한다. "그러므로 우리가 화평의 일과 서로 덕을 세우는 일을 힘쓰나니"(롬 14:19). "우리가 그리스도의 도의 초보를 버리고 … 완전한 데로 나아갈지니라"(히 6:1-2). "우리가 서로 사랑**하자**"(요일 4:7). 하나님 앞에서 살기, 그리스도 안에서 살기, 성령을 통해서 다른 이들과 더불어 살기, 이것이 신학의 본질이다.

　목회자-신학자는 아슬아슬한 줄타기를 하듯이 그리스도인들에게 하나님이 이미 행하신 일을 상기시키는 동시에 그들에게 그들의 삶을 이 현실과 상응하도록 만들라고 권면한다. 그리스도 안에 있는 것은 선물이자 의무, 특권이자 책임이다. 선물을 과장하면 반율법주의적 자기만족에 빠질 위험이 있다. 책임을 과장하면 율법주의적 불안에 빠질 위험이 있다. 사도 바울은 서신서에서 이런 아슬아슬한 줄타기를 한다. 서신서에서 그는 먼저 독자들에게 위대한 직설법(예수께서 죽으셨고 우리를 의롭다 하시기 위해 부활하셨다)을 상기시킨 다음 이 현실 안에서 살라고 권면한다. 예를 들어, 골로새서에서 바울은 먼저 하나님이 행하신 일을 요약하고 나서야("그러므로 너희가 그리스도와 함께 다시 살리심을 받았으면") 비로소 명령법으로 말한다("위의 것을 찾으라. 거기는 그리스도께서 하나님 우편에 앉아 계시느니라", 골 3:1).[31]

어떤 이들은 복음을 명령법과 연결시키는 것에 반대할지도 모른다. 복음이 율법과 무슨 관계가 있는가? 흥미롭게도 복음에 순종한다는 생각은 철저히 성서적인 생각이다. 복음을 듣고도 복음에 순종하지 않을 수 있다(롬 10:16). 하지만 성령에 의해 그리스도와 연합한 이들에게 복음에 순종하는 것은 무거운 짐이 아니다. 그리스도께서 그들 안에 사시기 때문이다. 동시에 신학의 명령법은 중요하다. 하나님은 은혜를 인하여 믿음으로 말미암아 우리를 구원하신다. 하지만 그럼에도 불구하고 우리는 "두렵고 떨림으로" 부활을-향해-존재함을 이루어가야 한다(빌 2:12). 리처드 개핀은 이 긴장을 이렇게 포착한 바 있다. "직설법이 존재하는 곳, 직설법이 현실인 곳에서 명령법에 대한 관심은 아무리 불완전하거나 보잘것없거나 부적절하더라도 현실로 존재해야 하며 존재할 것이다."[32]

신학이란 말과 행동으로 그리스도 안에 있는 바에 상응하고자 하는 노력이다. **그리스도 안에** 있는가, 그렇지 않은가? 이것이 제자에게 주어진 유일한 물음이다. 기독교 교리는 **그리스도 안에 있는 바**를 명확히 함으로써 암시적으로 제자들에게 행군 명령을 내린다. 존재하는 바에 상응하게 살라. 제자들이 부활의 현실(즉, 새로워진 창조 질서) 안에서 살 때 그들은 예수 그리스도의 진리와 선, 아름다움에 참여한다.

"지혜를 얻으라"

지혜를 얻으며 명철을 얻으라(잠 4:5).

복음서에는 예수께서 하신 말씀과 행하신 일의 일부만을 기록하고 있지만(요 20:30; 21:25), 믿음과 생명을 얻기 위해 필수적인 것이 다 기록되어 있다(20:31). 마찬가지로 바울 역시 모든 진리(예를 들어, 예술이나 농업)에 관심이 있었던 게 아니라 "경건함에 속한 진리"에만 관심이 있었다(딛 1:1). 뿐만 아니라 경건함에 속하거나 그것에 이르게 하는 이 진리는 "영생의 소망", 즉 우리가 예수의 부활에 참여할 것이라는 소망에 기초를 두었다(1:2). 목회신학을 다루는 바울 서신의 주제는, 교회가 하나님의 구원 계획, 즉 예수 그리스도의 십자가와 부활을 통해 계시된 신비 안에서 살아가도록 돕는 것이 목회자의 의무라는 것이다.

'경건함에 속한kat'eusebeian' 복음의 진리에 특별히 주목할 필요가 있다. 이것을 이해할 수 있다면 왜 복음의 어법evangelical mood에서 직설법과 명령법이 모두 필요한지를 이해할 수 있을 것이다. 여기서 바울은 하나님에 대한 앎과 그분을 아는 결과로 나타나는 경건한 삶을 통합시키는 그리스도인의 실존을 묘사한다. 하나님을 아는 목적은 그분을 아는 사람 안에 경건함을 만들어내는 것이다. 우리는 아는 바를 실천해야 한다.[33] '경건함'은 구약에서 '주에 대한 경외'라고 부르는 것과 가장 잘 들어맞는다. 역시 초점은 하나님을 아는 것과 경건한 삶이 본질적으로 연결되어 있다는 것이다.[34] 신자는 참되다고 아는 바를 행해야 한다.

복음의 진리는 경건으로 이끌며, 경건은 복음의 진리와 상응한다. 반대로 불신자는 불순종함으로써 진리와 그들이 진리를 알고 있음을 부인한다(딛 1:16). "여호와를 경외하는 것이 지혜의 근본"이다(잠 9:10). 여기서 핵심은 지혜다. 지혜는 적용된 지식, 삶 속에서 실천한 지식이기 때문이다. 그리고 신학의 목적은 신자들이 예수 그리스도의 지혜 안에서 자라도록 돕는 것이다. 지혜로운 사람은 진리를 행한다. 그렇기 때문에 지혜로운 사람은 번성한다. 삶 속에서 진리를 실천한다는 것은 현실을 거스르지 않고 현실에 일치해 산다는 뜻이다. 어리석은 사람은 현실을 거슬러 살려고 하며, 따라서 실패할 수밖에 없다.

목회자-신학자는 그리스도인들에게 그리스도 안에 있는 그들의 정체성에 부합하는 존재가 되라고 권면할 때마다 명령법으로 말한다. 신학은 지혜를 배양하여 제자들이 지혜의 가르침을 따라 그들의 특수한 상황 속에서 그리스도의 새로워진 창조 질서에 부합하게 살 수 있도록 한다. 교리는 우리에게 무엇이 존재하는지와 상황이 어떤지를 말해줄 뿐만 아니라 **상황이 이러하므로** 우리 삶을 거기에 걸 수 있다고 믿으라고 요구한다. 믿음은 그리스도 안에 있는 바를 붙잡으며, 그것 안에서 살고, 경건한 행위로 그것을 실천하고자 한다.

"사랑을 더하라"

사랑을 더하라(골 3:14).

"하나님께서 그리스도 안에" 계시며(고후 5:19) "하나님은 사랑"이시다(요일 4:8). 그리스도 안에 있는 바는 곧 세상을 향한 하나님의 사랑이다. 그리스도 안에서 우리는 모든 피조물의 목적을 본다. "그리스도의 부활 안에서 피조물이 회복되고 하나님나라가 동튼다."[35] 그리스도인의 지혜는 예수의 부활에 의해 시작된 새로운 질서에 따라 사는 것을 뜻한다. 우리가 그렇게 살 수 있는 까닭은 우리에게 성령의 자유, 즉 그리스도 안에 있는 바와 일치를 이룰 수 있는 자유가 있기 때문이다(고후 3:17). 명령법으로 기술된 복음의 신학은 그리스도 안의 이 자유가 구체화된 모습과 밀접한 관계가 있다.

그리스도 안에는 "사랑으로써 역사하는 믿음"밖에 없다(갈 5:6). "사랑은 기독교 윤리의 전체적인 모습이며 인간이 창조 질서에 참여하는 방식이다."[36] 사랑은 가장 중요한 성령의 열매이며 그리스도 안에 있는 우리의 새로운 존재에 대한 맛보기이자 담보물이다(고후 1:22). 목회자-신학자는 교회가 사랑의 질서를 바로잡도록 도움으로써 그리스도 안에 있는 새 생명을 전한다. 새 피조물의 질서에, 궁극적 현실에 일치하는 방식으로 행동할 때 우리는 우리 사랑의 질서를 바로잡는다.

이 명령법(즉, "사랑을 더하라")은 직설법의 지식(즉, "상황이 이러하다")을 전제한다. 우리가 하는 사랑의 일은 현실 안에 주어진 새로운 질서, 즉 그리스도 안에 **있는 바**와 조화를 이룰 때만 그 질서가 바르게 잡힌다. "사랑의 질서를 바로잡는 것은 진리의 문제와 직결된다. 즉, 이웃이 어떤 존재인지, 하나님이 어떤 분이신지, 창조주에 대해 피조물의 질서를 바로잡는 것이 무엇을 의미하는지를 우리의 사랑이 제대로 드러내는가가 중요하다."[37] 우리는 동료 신자들이 어떤 사람인지를 제대로 파악할 때만, 즉 우리처럼 그리스도와 더불어 부활했고 그분과 연합한 성도로 볼 때만 그들을 우리 자신처럼 사랑할 수 있다. "이 모든 것 위에 사랑을 더하라. 이는 온전하게 매는 띠니라"라는 바울의 명령(골 3:14)은, 하나님이 예수를 죽은 자 가운데서 다시 살리시고 만물을 "그리스도 안에서 통일되게" 하려는 그분의 계획을 이루셨다는 직설법의 전제 아래서만 뜻이 통한다(엡 1:10). 그리스도 안에 있는 새 생명은 그리스도 안에 있는 바를 사랑함을 뜻하며, 이는 그분의 몸을 이루는 모든 구성원을 사랑함을 뜻한다. 남편이 "자기 아내 사랑하기를 자기 자신과 같이" 해야 한다면(엡 5:28), 목회자는 자신의 교회가 자신의 몸이기 때문이 아니라 회중이 그리스도의 몸이기 때문에 교회를 사랑해야 한다.

"그리스도를 본받으라"

  오직 주 예수 그리스도로 옷 입고(롬 13:14).

  신앙인은 그리스도 안에서 새로워졌다(고후 5:17). 이것이 가장 중요한 직설법이다. 창조의 목적에 대한 기대 속에서 하나님은 그리스도와 함께 우리를 다시 살리셨다. 목회자-신학자는 그리스도 안에 있는 바를 말하고 보여줌으로써 진리를 가르치며, 교회는 이 현실과 조화를 이루고 이 현실 안에서 살아가고자 노력함으로써 지혜를 얻고 사랑을 실천한다. 하지만 마지막 명령은 모든 것 중에서 가장 역설적이다. "그리스도(새 사람)로 옷 입고 부활을 살라"(골 3:9-14). 그분의 이름을 지닌 이들은 그리스도 안에 있는 바에 일치하는 삶을 살아야 할 뿐만 아니라 우리 안에 계신 그리스도라는 현실을 인식하고 그 현실이 활짝 피어나게 해야 한다. 바울은 "하나님이 그들로 하여금 이 비밀의 영광이 이방인 가운데 얼마나 풍성한지를 알게 하려 하심이라. 이 비밀은 너희 안에 계신 그리스도시니 곧 영광의 소망이니라"라고 말한다(골 1:27).

영광의 소망이란 곧 "창세전에" 품으셨던 구원 계획이다(엡 1:4). 이 것이 바로 C. S. 루이스가 창조의 목적이자 교회의 목적이라고 말했던 바다. "교회가 존재하는 유일한 목적은 사람들을 그리스도께 이끌고 그들을 작은 그리스도들로 만드는 것이다. 이 일을 하지 않는다면 모든 예배당과 성직자, 선교, 설교, 심지어는 성서까지도 시간 낭비일 뿐이다. 다른 어떤 목적을 위해 하나님이 인간이 되신 게 아니다. 온 우주가 다른 어떤 목적을 위해 창조되었을 리 없다."[38]

목회자-신학자의 고유한 소명은 특히 스스로 본을 보임으로써 그리스도인으로 하여금 예수 그리스도의 길, 진리와 생명의 길을 걷게 하는 것이다(요 14:6). 그리스도를 따르는 길은 그분처럼 행하는(**되는**) 것이다.[39] 목회자-신학자들은 그리스도 안에 있는 새로운 질서의 대변자들이다. 이상적으로는 그들이 바울처럼 "내가 그리스도를 본받는 자가 된 것같이 너희는 나를 본받는 자가 되라" 하고 말할 수 있어야 한다(고전 11:1). 그리스도의 몸에 속한 유기적 지식인으로서 목회자-신학자는 무엇보다도 그리스도의 마음이나 태도를 보여주어야 한다. 바울은 겸손을 그 특징으로 꼽는다(빌 2:5-11). 그리스도를 본받는다는 것은 도덕적으로 완벽하다는 말이 아니라 날마다 옛 자아에 대해 죽는다는 말이다(고전 15:31; 참고. 눅 9:23). 목회자-신학자가 자신 안에서, 자신에게 맡겨진 사람들 안에서 길러내야 하는 것은 십자가의 모습을 한 예수의 삶, 자신의 내어주는 사랑이다.

그리스도로 옷 입거나 그분을 본받는다는 것은, 아무리 노력해도 안 되는 어떤 존재인 것처럼 가장해야 한다는 말이 아니다. 그 반대로 성령께서 우리 안에 우리의 참된 존재를 실현하시도록 하는 것을 뜻한다. "그런즉 누구든지 그리스도 안에 있으면 새로운 피조물이라"(고후 5:17).[40] 윤리(명령법의 영역)는 마치 예수가 우리 외부에 있는 이상이기라도 한 것처럼 그분처럼 행동하기 위해 애쓰는 것에 관한 문제가 아니다. 오히려 우리의 삶이 그분의 삶에 참여하기 때문에 예수를 실천하는 것에 관한 문제다. 디트리히 본회퍼는 이렇게 설명한다. "다른 모든 윤리에서는 당위와 존재 사이의 대립으로 보는 문제를 … 기독교 윤리에서는 현실과 실현됨 사이의 관계, … 예수 그리스도와 성령 사이의 관계로 본다."[41] 그리스도께서 지금 다스리시며, 그리스도께서 현실로 만드신 바, 따라서 실제로 가능한 바를 실천하거나 **현실화**함으로써 이 통치에 참여하는 것이 제자의 특권이며 책임이다. "[그리스도는] '존재'이시며, 성령 안에서 '당위'이시다."[42]

신학자는 무엇을 위해 존재하는가? 목회자-신학자만이 할 수 있는 섬김은 무엇인가? 우리는 이렇게 답한다. 그리스도 안에 있는 바를 고백하고, 이해하고, 찬양하고, 전하고, 권하고, 그것에 자신과 다른 이들을 일치시키는 것이다. 신학은 제자들이 그리스도로 옷 입고 "그리스도의 장성한 분량이 충만한 데까지"(엡 4:13) 자라라는 그들의 소명을 성취하도록 도움으로써 교회를 섬긴다. 신학은 실제로 공적인 일을 한다. 즉, 사람들을 성장시키고 백성을 길러낸다. 개인과 공동체가 그리스도의 충만에 이르기까지 자라도록 돕는다. 요컨대, 신학이 실제로 하는 일은 **현실로 만드는 일**(사람들의 말과 생각, 행동을 모든 진리와 선, 아름다움의 원천이며 기준인 그리스도의 정신과 마음에 일치시키는 일)이다.[43]

신학의 목적: 신학교는 무엇을 위해 존재하는가?

목회자-신학자의 목적은 신학교와 밀접한 관계가 있다. 신학교는 목회자-신학자를 훈련시키기 위해 존재하기 때문이다. 신학교의 상황을 전반적으로 검토하는 것은 이 책의 의도와 맞지 않는다. (흔히 말하는 3대지 설교처럼) 간략히 살펴볼 시간밖에 없다. 그렇지만 이 장에서 다루는 목회자-신학자의 목적으로부터 다음 장에서 다룰 목회자-신학자의 실천으로 넘어가는 이 시점에 신학교에 대해 논하는 것이 적절하겠다. 신학교는 어떻게 목회자-신학자들이 교회를 그리스도 안에 있는 구원 안에서 지혜롭게 만듦으로써 그리스도의 신부를 준비시키는 것을 목적으로 삼는, 남자와 여자, 어린이들을 길러내는 농부가 될 수 있도록 그들을 잘 훈련시킬 수 있을까?

1. **신학교는 그리스도 안에 있는 바를 이해하고 실천하기 위해 성서**

적, 신학적 해독력을 기르기 위해 존재한다.** 일차적으로 신학교는 다른 기관에서도 똑같이 잘 습득할 수 있는 기술이나 지식, 즉 대중 앞에서 말하는 기술, 교육 기술, 상담 기술, 철학, 역사, 심지어는 종교에 관한 지식을 습득하기 위한 공간이 아니다. 일차적으로 신학교는 정보를 전달하기 위한 공간이 아니라 교회의 유기적 지식인, 하나님에 대한 지적인 사랑을 구현하는 지도자를 교육하고 만들기 위한 공간이다. 일차적으로 신학교는 신학을 가르칠 뿐만 아니라 실제로 배우고 공동체 안에서 살아내는 공간이다.

신학교의 특별한 소명은 학생들에게 하나님의 말씀(성서, 복음)을 바르게 다루기 위해 필요한 지식과 지혜를 심어주고, 학생들을 그리스도의 말씀이 풍성히 거하는 사람들로 만들어가는 것이다(골 3:16). 한 사람의 생각과 행동, 존재 안에 스며들 때 말씀은 풍성히 거한다. 신학교의 일차적 책무는 학생 안에 그리스도의 마음을 만들어가는 것이다.

신학 해독력을 기른다는 것은 학생들에게 신학적 전통을 가르친다는 것을 뜻한다. 처음부터 목회자와 교사들은 다른 이들에게서 받은 것을 전했다. 더 깊은 성찰이 필요한 많은 문제가 있지만, 신학교의 첫 번째 책임은 학생들이 온 교회가 이미 얻은 복음의 이해, 즉 정통 교리 안에 뿌리내리게 하는 것이다.

많은 복음주의 신학교가 초교파적이다. 이것은 강점일 수도 있고 약점일 수도 있다. 학생들이 가장 좋은 몇 가지 전통을 접할 수 있다는 점은 강점이다. 학생들이 일관된 신학 없이 졸업할 가능성이 크다는 점은 약점이다. 전통과 교파를 포기하는 시대에 복음주의 신학교가 복음주의의 유산을 재차 강조함으로써 학생들에게 정체성을 심어주는 것이 대단히 중요하다. 물론 어떤 이들은 이의를 제기할 것이다. 어떤 복음주의의 유산? 어떤 신학 전통? 복음주의자는 웨슬리 유형인가, 웨스트민스터 유형인가? 아르미니우스주의적인가, 개혁주의적인가? 물론 그런 이의를 제기할 수 있다.

복음주의는 고백적 개신교의 갱신 운동으로 시작되었다. 개신교는 로마 가톨릭의 개혁 운동으로 시작되었다. 핵심은 복음주의자가 개신교인이며 개신교인은 (로마가 아니라) 개혁된 가톨릭교인(공교회 교인)이라는 것이다. 따라서 복음주의에 대한 해독력을 지닌다는 것은 공교회 전통을 아는 것을 뜻한다. 윌리스 앨스턴은 "교회의 전통을 계승하는" 목회자의 소명에 대해 관심을 촉구해왔다. "전통을 계승하는 목회자의 책무를 통해 기독교의 사상과 신앙이 수 세기에 걸쳐 다음 세대의 손에 전해져왔지만, 이제는 이 책무가 성공이라는 척도에 의해 대체되고 목회를 오래 유지시킨다고 장담하는 다양한 요소에 의해 대체되고 말았다."[44] 목회자-신학자가 전통을 배우지 못했다면 어떻게 다른 이들에게 전통을 전해줄 수 있겠는가?

2. 신학교는 학제 간 목회적-신학적 지혜를 추구하기 위해 '성서신학', '조직신학', '실천신학'이라는 전형적인 구분을 강화하기보다는 초월하기 위해 존재한다. 특히 계속해서 공부를 하려는 학생들이 실천신학을 신학교 분과 중에서 별로 똑똑하지 않은 이복형제로 취급하는 경향이 많다. 이 똑똑한 학생들은 학위 과정의 필수 요건을 이행하기 위해 넘어야 할 다양한 목회 관련 장애물에 대해 불평한다. 거꾸로, 목회하는 법을 배우는 데 관심이 많은 학생들은 조직신학처럼 어려운 과목을 들어야만 한다는 점에 대해 안타까워한다. 이처럼 신학 안에

서 이론과 실천 사이의 괴리는 누구에게도 유익하지 않다. 목회자들이 교회 안에서 실패하게 만들 뿐이다.

박사 과정을 선택한 '똑똑한' 학생들은 교회사와 성서학, 신학 사이에서 무엇을 선택할지 고민하는 경우가 많다. '실천' 신학은 고려 대상이 아니며(실천신학을 하고 싶은가? 목회학박사나 심리학박사 학위를 받으라), 이것이 교회 안에서 지식인들을 유기적이며 실천적이기보다는 추상적이며 이론적이라고 여기는 주요한 이유 중 하나다. 이것은 정말로 안타까운 일이다. 이 책에서 계속 주장해왔듯이, 목회자-신학자의 일은 지적으로 어려우며 지혜와 이해(지식을 실생활의 문제, 이슈와 연결시키는 능력)가 필요하기 때문이다. 이런 능력은 학계에서 더 많이 필요하다. 박사 과정의 연구가 자질구레한 일상생활과 분리되기 쉽기 때문이다.

앞부분의 핵심 주장은 실천신학(명령법의 복음)이 교리신학(직설법의 복음)의 함의implication라는 것이다. 성서와 그리스도인의 삶에 관한 실생활의 물음이 신앙으로 하여금 이해를 추구하도록 자극한다는 점에서, 최선의 교리신학은 언제나 실천적이다. 실천신학이라고 불리는 것은, 그리스도 안에 있는 바가 무엇이며 그리스도 안에 있는 바가 실천적 상황(예를 들어, 부모와 자녀의 관계, 고용주와 피고용자의 관계)과 시사 문제(예를 들어, 사회 정의, 성)와 어떤 관계가 있는가를 이해하고자 하는 신학자들의 노력의 결과물일 뿐이다.[45]

목회자-신학자는 독특한 전문적, 임상적 기술을 가지고 있지 않지만 교회의 신학적 양심이며, 따라서 모든 것을 성서적-신학적 맥락에서, 하나님이 예수 그리스도 안에서 행하시는 일과의 관계 속에서 이해한다. 그렇다면 실천신학은 하나의 구별되는 분과가 아니라 이해를 계발하는 신학교의 책무의 핵심이다. "목회적 돌봄은 언어적, 비언어적으로, 직접적, 간접적으로 교회의 신앙을 전달할 기회다."[46] 그와 관련해 실천신학이 더 이상 신학교 안에서 구별되는 분과가 아니라 다른 모든 것을 하나로 묶어주는 접착제 역할을 해야 하는가 하는 문제에 대해서는 여전히 논의가 필요하다.[47]

3. **신학교는 특수한 종류의 보편적 지식인, 즉 그리스도 안에 있는 바에 대한 성서적 증언에 비추어 모든 것을 이해하고, 그리스도와 동행하고, 그리스도와 더불어 부활했다는 종말론적 현실을 실천하고, 다른 이들도 그렇게 하도록 돕는 사람을 길러내기 위해 존재한다.** 복음주의 학생들이 신학적 정체성의 위기를 지닌 채 신학교를 졸업한다는 것은 너무나도 안타까운 일이다. 더 안타까운 일은 그들이 여러 다른 분과에서 배운 것을 서로 연결시키는 데 어려움을 겪는다는 사실이다. 무엇이 목회학 석사 과정을 하나로 묶어내며, 그것을 서로 분리된 필수 과목의 모음 이상의 것으로 만들어주는가? 이것은 무엇이 교과 과정을 통합하는지, 더 구체적으로는 무엇이 신학교에 통일성을 부여하는지에 관한 물음이다.

교회의 유기적 지식인의 독특한 성격은 이 물음을 특히나 까다롭게 만든다. 우리가 살펴보았듯이, 목회자-신학자를 유기적 지식인으로 만드는 것은 전문화된 기술이나 지식이 아니다. "목회신학이 정당한 정체성을 지닌다면, 그것은 다른 모든 신학 분과를 중심, 즉 하나님의 백성을 돌보는 목회가 이루어져야 하는 공간으로 끌어당기는 제자의 정체성이다. 목회신학은 그 자체로서 보편적 지식인을 길러내는 분과가 되기 위한 특별한 덕목과 은혜를 지니고 있다."[48] 그렇다. 하지만 어떤 종류의 보편적 지식인인가? 짧은 답은 이것이다. 예수 그리스도 안에서 이루어진 궁극적 성취와 연관시켜 삶의 모든 것을 사고하는 보편적 지식인(엡 1:9-10).

그러므로 신학교 교과 과정 통합의 핵심은 해독력과 역량, 탁월함이 다 필요한 목회적 지혜가 되어야 한다. 해독력이란 그리스도를 닮은 목자가 되라는 소명을 이행하기 위해 목회자가 **알아야** 할 모든 것을 뜻한다. 역량이란 효과적으로 목회를 **하고** 해독력을 잘 활용하기 위해 목회자가 습득해야 할 능력을 뜻한다. 목회자-신학자는 지식뿐 아니라 기술에 관해서도 보편적 지식인이 되어야 한다. 탁월함이란 목회자가 그리스도(길과 진리, 생명)를 다른 이들에게 바르게 전하는 사람이 **되기** 위해 갖추어야 할 모든 인격적 자질을 뜻한다.

그리스도를 전하려면 예수 그리스도를 알아야 하며, 이를 위해서는 신구약의 증언, 이 증언에 대해 꾸준히 성찰해온 교회의 전통, 그리스도의 임재와 활동에 대한 개인적 경험이 필요하다. 그리스도를 (마음과 목숨, 힘, 뜻을 다해) 아는 것이 신학교 교과 과정의 시작과 끝, 중심과 테두리, 에너지와 질료가 되어야 한다. 신학교가 "예수 그리스도와 그가 십자가에 못 박히시고" 부활하신 것—그리스도, 온 그리스도, 오직 그리스도— 외에는 "아무것도 알지 아니하기로 작정"하게 하라(고전 2:2; 15장).

> 목회적 관점

죽음에 관해

데이비드 깁슨

좋은 이름이 좋은 기름보다 낫고
죽는 날이 출생하는 날보다 나으며(전 7:1).

죽음의 영역에서 목회자가 차지하는 자리는 잘 알려져 있다. 죽음이 찾아올 때 목회자는 슬퍼하는 이들 곁에서 그들을 위로한다. 한동안 죽음이 멀리 있을 때 목회자는 편안하게 지내는 이들에게 찾아가 그들을 혼란스럽게 한다. 개인 상담을 통한 것이든 성서 강해를 통한 것이든, 현재의 상실과 미래의 심판에 대한 전망이 죽음에 관한 목회 사역을 지배하는 것처럼 보인다.

나는 간략한 형태로 또 다른 지평을 제안하고자 한다. 죽음은 생명을 준다. **죽는 날이 출생하는 날보다 낫다.**

목회자의 의무는 우리가 만들어내는 신들을 신의 자리에서 끌어내리는 것이다. 우리가 돈과 성, 권력이라는 우상과 치열한 싸움을 벌이고 있다고 생각하는 것은 문화적 실수다. 이런 것들을 예배하는 까닭은, 자아라는 더 깊이 자리 잡은 우상 때문이다. 하나님과 분리되어

불멸의 피조물이 되고자 하는 욕망이 일차적인 죄—**교만**—이며, 죽음은 이를 해체하기 위해 하나님이 사용하시는 도구이다. 타락 이편의 삶이 지닌 유한성을 잘 보여주는 표지로 받아들인다면 죽음은 삶을 잘 살게 해주는 원천, 우리가 만든 거짓 신들의 진정한 파괴자가 될 수도 있다.

죽음은 죽일 뿐만 아니라 창조하기도 한다. 깨뜨리고 박살내기도 하지만 빚어내고 만들기도 한다. 이것은 저주가 **수행적**performative 발화 행위이기 때문이다. 저주는 왕좌를 찬탈하려는 피조물에 대한 하나님의 노여움을 뜻하며, 따라서 존중되어야 할 인간 실존의 제한된 경계를 설정한다. 경계를 침범해보라. 그러면 해체가 뒤따를 것이다. 약속된 것보다 더 많은 것을 기대해보라. 무엇이 찾아오는가? 에덴을 되찾았는가? 한 줌의 흙밖에 남지 않을 것이다. 국경을 감시하는 초병과 달리 죽음은 경계를 순찰하는 데 그치지 않는다. 그 자체가 경계, 즉 타락 이편에서 살아가는 인간 실존을 정의하고 그 한계를 규정하는 표지다.

여기에 죽음의 유익함이 있다. 전도서 7장 1절에 기록된 코헬렛(지혜자)의 말은 분명히 다른 해석이 가능하지만, 나의 주장은 이 말씀이 우리에게 죽음을 탁월한 설교자로 보라고 권하고 있다는 것이다. 죽음은 선생이다. 죽는 날이 태어나는 날보다 낫다. 죽음이 삶보다 더 좋아서가 아니라 **관이 아기 침대보다 더 나은 설교를 하기 때문이다.** "초상집에 가는 것이 잔칫집에 가는 것보다 나으니 모든 사람의 끝이 이와 같이 됨이라. 산 자는 이것을 그의 마음에 둘지어다"(7:2). "슬픔이 웃음보다 나음은 얼굴에 근심하는 것이 마음에 유익하기 때문이니라"(7:4).

코헬렛은 장례식에 가면 두 부류의 사람들이 있다고 생각한다. 어리석은 사람은 햇빛이 비치는 바깥으로 가기 위해, 하던 일로 돌아가기 위해 자리를 옮긴다. 지혜로운 사람은 관을 응시하며 언젠가는 자기 차례가 올 것임을 깨닫는다. 죽음에 대한 이런 부주의나 주의가 삶에서 전혀 다른 두 갈래의 길을 걷게 한다.

회원제 식당의 가장 좋은 자리에 앉아 있는 최상위 계층의 부자를 생각해보라. 그는 다 이루었고 성공했으며 혼자서 다 먹으면서도 불만스럽다(4:7-8). 교만한가? 이기적인가? 아마도. 하지만 왜? 그것은 그가 죽을 것이라고 믿지 않기 때문이다. 그는 미리 죽음을 만나지 않았고, 그것이 그의 손을 비틀어서 열고 그의 마음을 움직이는 것을 보지 못했다.

지혜로운 사람은 화장터에 앉아서 자신이 죽을 수밖에 없는 존재임을 새롭게 깨닫고 이렇게 혼잣말을 말한다. "죽을 수밖에 없다면 나는 어떻게 살아야 할까?" 죽음이 주는 답에 의해 다시 태어난 그는 일어난다. 포도주와 일, 섹스와 음식, 사랑과 웃음, 아름다움과 진리, 이 모두를 많이 누리자. 우선은 이 정도면 충분하다(9:7-9). 죽음은 운명에 갇혀 사는 사람이나 비관론자가 아니라 즐거움을 추구하는 사람을 만든다. 9장 7-9절에 기록된 지혜로운 추구의 목록은 빠짐없이 기록된 것이 아니라 대표적인 것만 적은 것이다. 바꿔서 말해보자. 자전거를 타고, 그랜드캐니언을 보고, 극장에 가고, 음악 만드는 법을 배우고, 아픈 사람을 찾아가고, 죽어가는 사람을 돌보고, 음식을 만들고, 굶주린 사람을 먹이고, 영화를 보고, 책을 읽고, 눈물이 날 때까지 친구들과 웃고, 축구를 하고, 마라톤을 하고, 바다에서 잠수를 하고, 모차르트를 듣고, 부모님께 전화를 드리고, 편지를 쓰고, 아이들과 놀아주고, 돈을 쓰고, 언어를 배우고, 교회를 개척하고, 학교를 세우고, 그리스도에 관해 말하고, 한 번도 가본 적이 없는 곳으로 여행하고, 아이를 입양하고, 재산을 기부하고, 당신 자신의 생명을 내어줌으로써 다른 누군가의 생명을 살리라.[49]

언젠가 일하기와 계획하기와 지식과 지혜가 중단될 것이다. 그러니 할 수 있을 때 하라. 할 수 있는 것이 무엇이든 최선을 다해서 하라. 자신이 죽어가고 있음을 참으로 아는 죽어가는 사람들은 모든 사람들 중에서 가장 살아 있는 이들이다. 그들은 영원히 살기 위해 존재하지 않는다. 그들은 지금을 위해, 오늘을 위해 살기 위해 존재한다. 무엇보다도 다른 이들을 위해 살기 위해 존재한다. "두 사람이 한 사람보다 나음은…"(4:9). "세 겹 줄은 쉽게 끊어지지 아니하느니라"(4:12). 네 겹이나 다섯 겹 줄은 얼마나 강할지 생각해보라.

장차 있을 잔치 소식이 코헬렛에게 전해졌을까? 그는 소문을 퍼트렸을까? 아니면 입을 닫고 있었을까? 그가 무엇을 알았든지, 우리는 이런 가르침이 죽음에 대한 공공신학의 핵심으로서 우리의 강단에서 흘러나와야 함을 알고 있다. 죽음과 세금만큼 확실한 것은 없다는 말은 진부한 표현이지만, 죽음이 공적 주목을 피하기 위해 할 수 있는 모든 것을 한다는 것 역시 참이다. 어니스트 베커는 죽음을 부인하는 것이 인간 활동 대부분을 추동하는 힘이라는 점을 설득력 있게 보여준 바 있다.[50] 너무 끔찍해서 차마 마주할 수 없기에 우리는 고상한 대화에서 그것을 무시하거나 에둘러 말한다. 그리고 다른 사람들에게나 일어나는 일이라고 취급해버린다. 코헬렛과 그의 가르침을 받은 제자들의 태도는 얼마나 다른가? 피조물이 자신을 **피조물**로 바라본다면, 유한성이 환영으로 장식해야만 하는 파괴적인 두려움과 절망을 만들어내지 않을 것이다. 죽음을 직시하는 것은 풍성히 열매 맺는 인간 삶을 추동하는 힘이다. 죽음 앞에 오는 것—**생명**—에 경이와 매혹을 느끼는 데 죽음이 필수 요소이기 때문이다. 죽을 준비를 할 때 우리는 사는 법을 배운다.

죽음은 겸손을 가르친다. 그것은 하나님이 되고자 하는 헛된 노력을 그치게 한다. 죽음은 젊은이에게 생명보다 더 위대한 것을 위해 생명을 잃고 그리스도와 그분의 나라를 위해 모든 것을 걸도록 가르쳐준다. 나이가 많은 이들에게 왜 무덤 너머에 계신 하나님이 공의와 평등 안에서 새로 태어날 세상의 소망이신지 가르쳐준다. 죽음은 이익 추구가 아니라 후히 베풂과 만족에 헌신하는 세계관을 만들어낸다. "두 손에 가득하고 수고하며 바람을 잡는 것보다 한 손에만 가득하고 평온함이 더 나으니라"(4:6). 죽음은 고통 속에서도 소망을 바라볼 수 있게 해준다. 죽음은 우리가 잃도록 도와준다. 언젠가 하나님이 모든 것을 바로잡으실 것이기 때문이다.

사는 데 죽음을 소비하라.

> 목회적 관점

진리와 선, 아름다움으로서 복음의 교리를 설교하라

빌 카인스

목회자로서 나는 성서에 계시된 복음의 진리를 전하는 전령이 되라고 부르심을 받았다. 이 복음의 진리를 교리라고 부르며, 이 교리를 설명할 때 나는 청중의 지성에 호소해 하나님이 (그리스도의 삶과 죽음, 부활을 통해) 우리를 그분과 화해시키고 하나님의 영광을 위해 우리를 그리스도의 형상으로 회복시키기 위해 그분이 실제 인간 역사 안에서 행하신 바를 명확히 설명하려고 노력한다. 나는 창조와 타락, 구속, 회복이라는 거대한 이야기를 제시하며, 어떤 점에서 이 이야기를 통해 우주와 우리 자신의 의식을 가장 잘 이해할 수 있는지를 지적한다. 성서에서는 우리가 하나님의 형상으로 창조되었다고 선언하면서, 왜 우리가 인간으로서 그런 존엄성을 가지고 있지만 이토록 타락했는지, 왜 우리가 자연의 일부이지만 동시에 자연보다 우월한지, 왜 우리가 이토록 절실하게 우리 삶의 의미와 목적을 갈망하는지를 설명한다. 설교를 통해 나는 인간 이성에 호소하며 사람들에게 그리스도의 복음이 참되기 때문에 그 복음을 믿으라고 말한다.

하지만 복음인 교리가 그저 합리적이기만 한 것은 아니다. 도덕적

이기도 하다. 성서의 가르침을 해설하면서 나는 청중의 양심에도 호소한다. 그들 앞에 위대한 우리 하나님의 거룩하심과 그분의 율법의 기준을 제시한다. 나는 그들의 자기 정당화와 위선, 어리석은 우상숭배를 폭로하고 그들로 하여금 그들 마음의 생각과 의도를 정확히 아시는 온 세상의 심판자와 대면하게 만들려고 노력한다. 거룩하신 하나님 앞에 설 때 우리는 정말로 죄인이다. 하지만 같은 성서의 교리가 우리 죄를 제거하기 위해 은혜 가운데 일하시는 자비와 긍휼의 하나님도 계시한다. 그리스도의 대속의 피를 통해 복음은 용서와 안에서부터 시작되는 도덕적 정화를 제공한다. 내가 선포하도록 부르심을 받은 메시지는 참되기만 한 게 아니다. 선하기도 하다. 복음은 지성을 만족시킬 뿐만 아니라 양심을 달래고 신자로 하여금 그리스도를 닮은 의로움 안에서 살게 한다. 설교를 통해 나는 사람들에게 그리스도의 복음이 선하기 때문에 그 복음을 믿으라고 말한다.

하지만 여기서 그치지 않는다. 복음과 그것이 만들어내는 새 삶은 참되고 선할 뿐 아니라 아름답기도 하다. 기독교 교리가 선언하듯이 추한 로마의 십자가에서 우리는 비길 데 없는 아름다움(하나님의 진노 말고는 아무것도 받을 자격이 없는 이들을 구원하기 위해 쏟으신 희생과 용서의 사랑)을 본다. 그리고 이 십자가로부터 매력적인 삶이 흘러나온다. 이는 곧 "온유하고 안정한 심령의 썩지 아니할" 아름다움(벧전 3:4), 겸손하고 긍휼하며 자신을 드러내지 않고 결단력이 있으며 만족할 줄 알고 단순한 기쁨으로 가득한 아름다움이다. 그리스도를 따르는 이들은 돈과 세상의 명예를 헛되이 추구하는 태도를 버리고 훨씬 더 만족스러운 무언가를 붙잡는다. 그리스도께서 그분의 성령을 통해 만드신 공동체는 사랑과 돌봄의 관계 안에서 장차 "남편을 위하여 [아름답게] 단장한" 신부(계 21:2)가 될 때 누리게 될 미래의 영광을 조금씩 엿볼 수 있게 해준다. 도덕적 힘을 지닌 복음의 진리를 해설할 때 나는 지성과 양심에만 호소하지 않고 마음(아름답고 매력적이며 유쾌하고 심지어 영광스러운 것에 끌리는 미적 감각)에도 호소한다. 나는 사람들에게 그리스도의 복음이 아름답기 때문에 그 복음을 믿으라고 말한다.

나는 모든 진리와 선, 아름다움을 지닌 복음을 선포한다. 설교에 대한 이런 접근 방식에 관해 디도서에 나타난 사도 바울의 예가 격려가 된다. 첫 절에서 그는 "경건함에 속한 진리의 지식"에 관해 말한다(1:1). 진리와 도덕적 선의 관련성이 이 서신서의 주요 주제다. 바울은 기독교 지도자들이 "미쁜 말씀의 가르침을 그대로 지켜야" 하며 "바른 교훈으로 권면"해야 한다고 말한다(1:9). 그는 디도에게 "바른 교훈에 합당한 것을" 말하라고 권면하며(2:1), 그런 다음 기독교 신자를(나이 든 남자와 나이 든 여자, 젊은 여자, 젊은 남자, 노예로서) 특징짓는 삶의 방식에 대해 가르친다. 그들은 거룩함과 절제, 순결, 겸손, 경건의 삶을 살아야 한다(2:2-3:1). 바울이 노예들에게 한 말은 모든 사람에게 똑같이 적용될 수 있다. 그들은 "우리 구주 하나님의 교훈을 빛나게 하는" 삶을 살아야 한다. NIV의 번역에 따르면, "우리 구주 하나님에 관한 가르침을 매력적으로 만들어야" 한다. 건전한 교리의 진리로부터 흘러나와야 하는 도덕적 선이 매력적인 아름다움을 드러내야 한다.

우리가 바로 이 관련성을 기대해야 하지 않겠는가? 기독교 교리는 복음에 관한 가르침이기 때문이다. 그리고 복음은 하나님의 성품의 계시다. 그리고 기독교 신학에서는 이 셋(진리와 선, 아름다움) 모두가 하나님 안에 통일된다고 주장한다. 어떤 의미에서 이 셋은 완벽한 진리, 무한한 선, 순수한 아름다움(완전히 영광스러운 아름다움)이신 하나님이 어떤 분이신지를 말하는 세 가지 다른 방법일 뿐이다. 이 셋은 다른 영역으로 분리될 수 없다. 하나님의 진리는 선하며, 그분의 선은 아름답고, 그분의 아름다움은 참되기 때문이다. 하나님은 모든 진선미의 원천이시다. 따라서 참되거나 선하거나 아름다운 모든 것은 궁극적으로 하나님을 가리킨다. 따라서 바른 교리, 즉 하나님의 복음에 대한 신실한 가르침은 셋 모두를 구현한다. 복음의 진리로부터 흘러나오는 선한 삶의 방식은 아름답다.

목회자로서 나의 소명에 충실하기 원하기 때문에 나는 지성과 양심, 마음에 호소하면서 모든 진리와 선, 아름다움을 간직한 복음을 선포하려고 노력한다. 나는 하나님의 성령께서 내 설교를 사용하셔서 듣는 이의 의지를 움직이시고 그들로 하여금 회개와 믿음, 사랑으로부터 우러난 순종으로 이 복음의 교리에 응답하게 하시기를 기도한다.

> 목회적 관점

설교를 위한 독서

코닐리어스 플랜팅가

설교자는 다양한 이유로 일반적인 독서를 한다. 순전히 즐거움을 위해, 때론 가책을 느끼면서도 책을 읽기도 한다. 하지만 그들이 책을 읽는 이유 대부분은 청중과 관계가 있다. 청중을 존중하는 설교자는 자신의 인생 경험이 설교가 자랄 만큼 비옥한 땅이라고 가정하지 않는다. 따라서 다른 이들의 경험으로부터 자양분을 받아들인다. 예를 들어, 설교자는 일차적 도구인 언어에 맞춰 자신의 귀를 조율하기 위해 시를 읽는다. 또한 인간의 성격을 잘 판단하기 위해 전기를 읽는다. 한편 신문과 잡지는 시사에 대한 설교자의 이해를 강화시킨다. 수필은 설교자에게 생각의 초점을 맞추는 법을 가르쳐준다(이 점에 관해 조지 오웰의 수필이 유익하다). 아동문학["아슬란 님이 오신다는 말이 떠돌고 있어요"(C. S. 루이스)]은 설교자에게 '고상한 단순함'이라고 부를 만한 산문체의 본보기를 제공한다.

설교자가 독서를 하는 목적은 설교를 아름답거나 풍성하게 만들기 위해서가 아니다. 모든 교인이 "모압 평지 뒤로 하늘이 분홍빛으로 발그레 물들었다"라거나 "사도는 날개를 접고 닳고 닳은 인생길을 터벅 터벅 걸어갔다"라는 표현을 듣고 싶어 하지는 않는다. 사실 그런 식으로 말하는 사람이 어디 있는가? 일반적으로 지나치게 문학적인 설교자의 설교는, 자신의 언어를 사용하든 다른 누군가의 언어를 사용하든 무기력하게 들릴 것이다.

하지만 설교자가 소설을 읽고 풀어서 말하거나 가끔은 직접 인용할 만한 중요한 이유가 있다. 첫째, 설교자는 늘 예화를 찾아 헤맨다. 그래서 "겸손을 옷 입으라"는 바울의 권면(골 3:12)에 대해 묵상하는 설교자는 온화한 자기 풍자의 화신이며 겸손한 매력을 지닌, 메릴린 로빈슨의 소설 《길리아드》 속 설교자 존 에임스에 대해 알고 싶어 한다. 에임스는 자신이 꾼 꿈에 관해 이렇게 말한다. "나는 생각나는 모든 어리석은 말을 하면서 예수님께 설교를 했다. 흰옷을 입고 거기 앉아 계셨던 그분은 참고 계시며, 슬퍼하고 놀라워하시는 것처럼 보였다." 인내에 대해 설교하는 사람은 괴로움과 심지어는 불의를 받아들이면서도 그것 때문에 마비되지 않는 놀라운 능력을 지닌, 《분노의 포도 *The Grapes of Wrath*》 속 주인공의 어머니(마 조드)를 기억할 것이다.

무엇이 좋은 예화인가 하는 문제는 설교자의 판단에 달려 있다. 이 예화가 적합한가? 얼마나 허구적인가? 예화와 그것이 예증하는 것이 얼마나 잘 들어맞는가? 이 예화가 일반적인 청중에게 어떤 유익을 줄까?

하지만 노련한 설교자는 미리 정해둔 주제에 대한 예화를 제공한다는 이유만으로 소설을 읽지 않는다. 먼저, 예화만을 위해 독서하는 것은 너무 일처럼 느껴진다. 또 너무 협소한 목적을 지닌 채 독서할 때 설교자는 더 크고 일반적인 유익, 즉 설교자를 지혜롭게 만드는 선별된 독서 프로그램의 유익을 놓치기 쉽다. 결국 좋은 글은 진리를 드러내는 사건과 이미지, 인물 묘사, 표현, 삶과 죽음, 죄, 은혜, 순례, 인내, 하나님, 노화, 기쁨, 갈망, 귀향, 뿌린 대로 거둠 등 해 아래 모든 것에 관한 통찰로 가득하다. 설교자 역시 성서에 나타난 같은 주제를 다룬다. 이런 주제를 이미 풍성히 이해한 상황에서 이런 작업에 임한다면 그는 이미 유리한 위치를 차지고 있는 셈이다.

수천 개 중에서 한 예를 생각해보자. 스타인벡의 《에덴의 동쪽*East of Eden*》에서 남편과 아내인 새뮤얼과 라이자 해밀턴은 맏딸인 유나를 잃는다. 그의 죽음을 묘사하면서 스타인벡은 인간 영혼마다 죽음을 얼마나 다르게 받아들이는지를 보여준다.

> 유나의 죽음으로 인해 새뮤얼은 현실에 안착하지 못하고 마음을 다잡지 못해 결국 노쇠해졌다. 한편, 남편 못지않게 가족들을 진심으로 사랑하는 라이자는 스스로 망가지거나 예민하게 굴지 않았다. 그녀는 별 탈 없이 지냈다. 그녀도 슬프긴 마찬가지였지만 꿋꿋이 버티었다.[51]

왜 이렇게 다를까? 새뮤얼은 사실 죽음을 믿지 않았다. 죽음은 "무모한 침입자였고, 그에게 깊이 각인되어 있던 불멸성을 부정했다." 하지만 라이자의 세상에서 죽음은 필연적이다. "죽음을 달가워한 건 아니지만 그녀는 죽음을 늘 의식하고 있었다. 그래서 누가 죽었다는 소식을 접해도 그녀는 그렇게 놀라지 않았다."

사려 깊은 설교자는 이 차이에 대해 곰곰이 생각하고 이를 죽음에 대한 성서적 태도와 비교할 것이다. 죽음은 무모한 침입자["맨 나중에 멸망 받을 원수"(참고. 고전 15:26)], 우리가 사는 세상에 절대로 생겨나지 말았어야 할 현상인가? 아니면 죽음은 "날 때가 있고 죽을 때가 있는"(전 3:2) 생명 주기의 자연스러운 일부인가? 아니면 둘 다인가?

설교자의 은사와 소명은 지혜다. 지혜 없이 누가 주일마다 회중을 가르치고 경고하고 영감을 주고 격려하는 일을 감당할 수 있겠는가? 지혜가 있다면 설교자는 회중이 "인내하며 슬퍼하고 놀라워" 하는 모습으로 앉아 있지 않을 것이라고 적어도 기대는 할 수 있다. 설교자는 소설 몇십 권만 가지고 있어도 수백 개의 세상에 들어가서 살아볼 수 있다는 것을 안다. 이런 세상 속에 설교자는 '중간의 지혜', 즉 하찮은 것부터 심오한 것까지 이어지는 스펙트럼의 한가운데 자리 잡고 있는 통찰을 모아둔다. 다음은 이런 통찰의 몇 가지 예다.

- 인간의 긍휼은 수면 아래에 있는 경우가 많으며, 매정한 사람이 먼저 긍휼을 보여주면 이것이 전염되어 다른 이들도 긍휼을 베푼다.
- 하지만 긍휼을 베푸는 사람이 자신의 조건대로 당신을 선대하고 싶어 할 때 긍휼이 선물이 아니라 부담처럼 느껴질 수 있다.
- 분노는 파괴하고 타락시킬 수 있다. 하지만 불의를 겨냥할 때 분노는 사람들을 일깨우고 그들로 하여금 결단하게 만들 수도 있다.
- 침묵은 말하기가 시작되는 자연스러운 환경이며, 듣기가 시작되는 자연스러운 환경이다. 하나님이 만드신 세상 안에 침묵과 소리, 침묵의 주기가 자리 잡고 있으며, 이 주기를 깨뜨릴 때 우리

는 방향 감각을 상실한다.
- 죄의 압력 아래서 사랑은 상상할 수도 없는 형태, 심지어는 배신처럼 보이는 형태를 띨 수 있다.

지혜로운 설교자는 지혜로워지기 위해 책을 읽는다. 결국 그들에게는 매주 올라야 할 높은 산이 있다. 설교자는 정말로 다양한 청중을 향해 세상에서 가장 웅장한 주제(하나님, 영광, 구원, 부활, 기억, 소망)에 대해 말하고, 그것도 듣는 이들이 정말로 관심을 기울일 수 있도록 말하도록 부르심을 받은 사람이다. 이 산을 오르고자 할 때 설교자는 도저히 제정신일 수가 없다. 하지만 성령께서 이를 예상하시고 듣는 이들의 마음을 움직이셔서 설교를 깨닫게 하실 것이다.

Chapter 4

하나님 집의 장인들
목회자-신학자의 활동

케빈 밴후저

우리는 하나님의 동역자들이요 너희는 하나님의 밭이요 하나님의
집이니라(고전 3:9).

신학 자체는 목적이 아니다. 계속 존재하기 위해 애쓰는 다른 기관들과 달리 신학은 단순한 자기 보존보다 더 고귀한 목적을 가지고 있다. 다른 모든 인간적인 것들이 그렇듯이 신학의 궁극적 목적은 하나님의 영광이다. 그러나 신학의 직접적인 목적은 하나님의 백성을 든든히 세우고 그들이 궁극적인 목적(행하고 말하고 고통당하는 모든 것 가운데 하나님을 영화롭게 함)을 실현할 수 있도록 그들을 훈련시키는 것이다. 신학의 사명은 세상을 향한 하나님의 선교에 동참하는 것과 밀접한 관계가 있다. 신학의 모든 것은 결국 그 출발점, 즉, 성부께서 그분의 두 '손'이신 성자와 성령으로 만물을 창조하고 껴안으신다는 진리로 되돌아간다.

이 장에서는 목회자-신학자가 기독교 목회, 즉 **하나님의** 선교에 임할 때 행하는 여러 구체적 활동을 살펴볼 것이다. 핵심이 너무 명확해서 놓치기 쉽다. 우리는 많은 회중과 목회자들이 기독교 목회에 대한 이해를 세속화했다는 경고로 이 책을 열었다. 그리스도인으로 우리가

할 수 있는 최대의 실수는 (우리가 하나님의 이야기에 등장하는 단역 배우가 아니라) 하나님이 우리 삶의 이야기에서 등장하는 조연 배우처럼 우리를 위해 존재하신다고 생각하는 것이다. 마찬가지로 목회자가 할 수 있는 최대의 실수는 목회를 일차적으로 하나님의 도우심으로 하는 인간의 일이라고 생각하는 것이다. 그와 반대로 하나님은 세상이 창조되기 전부터 그분의 교회를 세우는 일을 해오셨다(엡 1:4; 계 13:8). 목회자는 이제 막 이 일에 동참한 신참일 뿐이다.

더 구체적으로 말해보자. 교회는 삼위일체 하나님의 사역이지만, 목회자는 구체적으로 성자의 사역에 참여한다. 예수 그리스도는 하나님의 말씀을 하실 뿐만 아니라 그분 자체가 인류를 향한 하나님의 말씀이신 최고의 예언자이시다. 예수 그리스도는 죄를 제거하는 유일한 피의 제사를 드리셨고 그분 자체가 피의 제사이신 최고의 제사장이시다. 신-인으로서 예수 그리스도는 다른 이들에게 하나님을, 하나님께 다른 이들을 대표하는 유일한 매개자이시다. 예수는 왕의 권위를 지닌 하나님의 말씀이신 동시에 지혜롭고 순종하는 인류의 응답이시다.

목회자는 그리스도와의 연합 덕분에 예수의 사역에 참여한다. 모든 신자들처럼 목회자는 성부의 오른편에서 다스리시는 부활하신 성자 예수 그리스도의 인격과 연합되어 있다. 뿐만 아니라 모든 신자가 계속되는 성자의 사역에 어느 정도는 동참하지만 목회자는 위대한 목자이신 그리스도의 직분에 독특한 방식으로 참여하도록 성별되었다. "그리스도의 사역은 예언자의 사역과 제사장의 사역을 단일하고 통일된 말씀과 성례전의 사역으로 결합시킨다는 점에서 대담하다. 말씀과 성례전의 사역을 맡은 이는 공동 예배를 인도하는 제사장의 직분과 하나님의 말씀을 가르치고 해석하고 선포하는 예언자의 직분을 동시에 담당한다."[1] 그러므로 목회자는 예수 그리스도의 사역을 대표하며 그 사역에 참여한다.

> **목회자들 자신이 그리스도 안에 있을 때에만
> 그리스도 안에 있는 바를 참으로 전할 수 있다.**

목회 사역이 일차적으로 예수 그리스도의 사역이며 부차적으로만 인간 목회자의 사역임을 반드시 명심해야 한다. 목회자들 자신이 그리스도 안에 있을 때에만 그리스도 안에 있는 바를 참으로 전할 수 있다.[2] 또 그들이 그리스도 안에 있기 때문에 그리스도께서도 그들 안에 계시며 그분의 성령을 통해 그분이 주시는 유익과 더불어 그분 자신을 전해주신다. "그리스도와의 연합을 통해, 우리는 하나님의 영광을 위해 성령을 통해 예수 그리스도께서 우리와 함께, 우리에게, 우리를 위해 행하시는 사역에 동참한다."[3] 목회자-신학자의 사역을 구성하는 활동에는 이른바 남을 돕는 전문가helping professions가 갖춰야 할 특별한 기술이 필요할 수도 있지만, 궁극적으로 이 사역이 신학적 실천인 까닭은 **그리스도 안에 있는 바**를 전하는 일이기 때문이다.[4]

이 장에서는 먼저 우리가 목회적 대위임이라고 부르는 일, 즉 '제자를 만들고' '하나님의 집을 세우는' 일에 대해 살펴볼 것이다. 특히 에스라-느헤미야와 에베소서 말씀에 비추어 두 번째 이미지에 특별한 관심을 기울이고자 한다. 이 장의 나머지 부분에서는 각각 나름의 방식으로 가장 큰 계명(막 12:30)과 연결되는 네 가지 목회 활동에 대해 검토할 것이다. 목회자-신학자는 그리스도 안에 있는 바를 선포하고 가르치고 찬양하고 나눠주고 보여줌으로써 마음과 목숨, 뜻과 힘을 다해 하나님과 하나님의 백성을 사랑한다.

목회적 대위임: '제자 삼으라', '하나님의 집을 세우라'

예수께서는 '교회'(헬라어로 *ekklēsia*, '모임')라는 말을 세 차례만 사용하시는데, 이는 다 마태복음에 기록되어 있다(16:18에서 한 번, 18:17에서 두 번). 하지만 다른 곳에서 예수께서는 성별된 백성을 위한 하나님의 계획에 대해 자주 말씀하시며 그들을 양떼, 추수할 곡식, 그물 안에 모인 물고기, 혼인 잔치에 초대받은 손님으로 묘사하셨다. 예를 들어, 예수께서는 자신이 '이스라엘 집의 잃어버린 양'(마 15:24)에게 보내심을 받았다고 말씀하셨지만, "이 우리에 들지 아니한 다른 양들이 내게" 있다고 인정하기도 하셨다(요 10:16). 그러므로 마태복음에 기록된 그분의 마지막 말씀이기도 한 부활하신 후 제자들에게 하신 예수의 마지막 말씀이 그분의 성별된 백성에 관한 말씀이었다는 점은 의미심장하다. "그러므로 너희는 가서 모든 민족을 제자로 삼아 아버지와 아들과 성령의 이름으로 세례를 베풀고, 내가 너희에게 분부한 모든 것을 가르쳐 지키게 하라. 볼지어다, 내가 세상 끝날까지 너희와 항상 함께 있으리라"(마 28:19-20).

이 대위임을 목회적 대위임으로 이해할 수도 있다. 모든 그리스도인이 그리스도 안에 있는 생명을 증언해야 하지만 제자들에게 세례를 베풀고 그들을 가르치는 일은 목회자의 특권이자 책임이다.[5] 목회적 대위임의 핵심은 열방 가운데서 거룩한 나라를 만드는 것이다(벧전 2:9; 참고. 출 19:6). 혹은 연관된 이미지를 사용하자면, 교회는 **종말론적 대사관**, 즉 "다른 나라 안에서 한 나라[즉, 하나님나라]를 대표하는 기관"이다.[6] 현세적 기관을 운영하는 것과 종말론적 실체를 운영하는 것은 전혀 다른 일이다. 바로 그런 이유 때문에 목회자는 신학자가 되어야 한다.

목회자는 **하나님**을 위해 **사람들**[세속적(세상의) 공중 사이에서 종말론적(내세적) 공중으로서 모인 공동체]과 함께 일하기 때문에 공공신학자다. 목회자-신학자의 특수한 소명은 그리스도인들을 그리스도 안에 든든히 세우는 것이다. "그가 어떤 사람은 사도로, 어떤 사람은 선지자로, 어떤 사람은 복음 전하는 자로, 어떤 사람은 목사와 교사로 삼으셨으니, 이는 성도를 온전하게 하여 봉사의 일을 하게 하며 그리스도의 몸을 세우려 하심이라. 우리가 다 하나님의 아들을 믿는 것과 아는 일에 하나가 되어 온전한 사람을 이루어 그리스도의 장성한 분량이 충만한 데까지 이르리니"(엡 4:11-13).

목회자는 사람들을 그리스도 안에 든든히 서도록 돕기 위해 존재한다. 사실 교회 안에서 일어나는 모든 일은 사람들을 든든히 설 수 있도록 돕는 일이어야 한다. 여기서 '세우다'(헬라어로 *oikodomeō*)는 건물을 짓는다는 뜻이다(롬 14:19; 고전 14:3, 12; 고후 10:8; 12:19; 엡 4:12, 29). 신약에서는 세움에 관해 다른 두 이미지를 사용한다. 하나는 유기적이고 다른 하나는 비유기적이다. 유기적 이미지는 생물(이를테면, 밭의 곡식)을 자라게 함을 뜻한다. 예수께서는 베드로에게 "내 양을 먹이라"라고 명하신다(요 21:17). 여기서 성장은 양분과 양육의 문제다. 즉, 처음에는 하나님의 말씀이라는 젖을 주고 그런 다음 고기와 감자(즉, '단단한 음식', 히 5:14)를 먹게 한다. 비유기적 이미지란 건물의 이미지를 말한다. 바울은 고린도전서 3장 9절에서 두 이미지를 함께 언급한다. "너희는 하나님의 밭이요 하나님의 집이니라." 핵심은 목회자-신학자가 본질적으로 교회를 기르는 사람, 교회를 세우는 사람이라는 것이다. 여기서 '교회'는 문자적 의미의 건물이 아니라 사람들로 이루어진 공동체를 가리킨다. 이 장에서 목회자-신학자를 하나님의 집의 장인이라고 부르는 까닭은 이 점을 강조하기 위해서다.

"이 반석 위에": 어떤 반석? 누구의 기초?

하지만 목회자-신학자가 제자들을 세우는 방식에 대해 살펴보기 전에 밭과 건물 사이 어딘가에 존재하는 또 하나의 이미지, 즉 반석에 관해 생각해볼 필요가 있다. 반석은 밭에서 가져왔지만 그런 다음에는 건물의 일부가 된다. 그렇기 때문에 예수께서는 교회에 관해서 하신 첫 번째 말씀, 논란이 있기는 하지만 교회에 관한 가장 유명한 말씀에서 이 이미지를 사용하셨을 것이다. "또 내가 네게 이르노니, 너는 베드로라. 내가 이 반석 위에 내 교회를 세우리니"(마 16:18). 이 논쟁적인 본문에서 몇 가지 눈여겨볼 점이 있다. 이 본문이 논쟁적인 까닭은, 교황의 역할과 그의 '베드로적' 직분에 관한 로마 가톨릭 교인들과 개신교인들 사이의 논쟁에서 이 본문이 주요한 난제이기 때문이다.

무엇보다도 먼저, 여기서 예수께서 교회를 그분이 직접 세우겠다고 약속하신다는 사실은 무척 분명하다. 이것은 **그분의**("내") 교회이며, 이것을 세우시는 주된 행위자는 **그분**이시다(*내가 … 세우리니*). 교회는 예수의 부활과 승천, 그분이 하늘에서 계속하시는 사역으로부터, 또한 다양한 종류의 세우는 사역을 위해 교회 안에 다양한 사람들을 훈련시키기 위해 그분의 성령을 보내신 그분의 활동으로 생겨났다. 예수께서 교회의 궁극적 목회자(즉, 주된 운영 주체)이시다.

두 번째 논점은 더 논쟁적이다. 반석은 무엇 혹은 누구인가? 세 가지 해석이 가능하다. 그리스도 자신(예를 들면, 아우구스티누스)과 베드로(예를 들면, 로마 가톨릭 교인들), 그리스도에 대한 베드로의 고백(예를 들면, 다수의 개신교인들; 마 16:16-17을 보라)으로 해석할 수 있다. 관련된 다른 본문으로는 예수께서 교회의 기초*themelios*시라고 말하는 고린도전서 3장 11절("이 닦아둔 것 외에 능히 다른 터를 닦아둘 자가 없으니 이 터는 곧 예수 그리스도라")과 사도들과 예언자들을 기초(역시 *themelios*)로, 그리스도를 '모퉁잇돌'로 설명하는 에베소서 2장 10절이 있다. 그랜트 오스본은 논점을 정밀하고도 명확하게 설명하려고 노력한다. "예수께서 건축자이며 모퉁잇돌이시지만, 베드로는 예수께서 상부 구조물을 세우시는 첫 지도자/반석/기초다."[7] 오스본은 베드로가 그 반석이라고 생각하지만, 다만 문맥상 "그리스도에 대한 믿음을 고백한 그 베드로를 가리키는 것이 분명하다"고 본다.[8]

이 논점에 대해 장황하게 설명하는 까닭은, 목회자-신학자가 하나님의 집을 세우는 책임을 맡고 있다면 어떤 기초 위에 세워야 하는지를 반드시 알아야 하기 때문이다. 로버트 건드리는 헬라어로 *petros*('베드로')가 '헐거운 돌'—교회의 기초가 되기 어려운 것—로 번역될 수 있다고 지적한다. 그와 대조적으로 '이 반석petra'은 기반이 될 만한 돌이다. 앞서 7장 24절에서 예수께서 "누구든지 나의 이 말을 듣고 행하는 자는 그 집을 반석[petra의 대격] 위에 지은 지혜로운 사람 같으리니"라고 말씀하실 때 마태는 petra라는 단어를 사용했다. 그러므로 건드리에 따르면, '이 반석'은 '예수의 말씀, 그분의 가르침'을 뜻한다.[9]

예수의 말씀이 중요한 까닭은 바로 그분 자신이 하나님의 말씀이시기 때문이다. 마태복음 16장 16-18절에 기록된, 예수께서 그리스도라는 베드로의 고백은 요한복음에 기록된 그의 다른 고백과 짝을 이룬다. 거기서 그는 예수께 "영생의 말씀이 주께 있사오니"라고 말한다(요 6:68). **교회는 베드로의 쌍둥이 고백의 형식과 내용, 즉, 영생의 근원인 예수와 그분의 말씀에 대한 신앙고백 위에 세워진다.**[10] 예수께서는 고백하는 이들과 그들의 고백 위에 그분의 교회를 세우실 것이다.[11]

예수는 고백하는 이들과 그들의 고백 위에 그분의 교회를 세우실 명장 건축가시다. 목회자-신학자는 공인된 예수의 대변자로서 섬기는 특별한 역할을 맡고 있으며, 이 고백을 온전히 보존할 책임이 있다. 고백은 자신을 내어맡기는 주장이며, 직설법으로 그리스도를 전하는 주된 방식이다. 이 장에서는 목회자-신학자가 그리스도를 고백하고 전하는 다양한 방식(선포함, 가르침, 찬양함, 보여줌)을 살펴볼 것이다. 예수께서도 그러셨듯이 목회자-신학자는 다양한 방식으로, 특히 말로(그렇지만 말로만이 아니라) 그리스도를 고백한다.

제자들을 자라게 함: 하나님의 밭

목회자는 그리스도의 교회를 세우기 위해 사람들과 함께 일하는 공공신학자다. 이 일의 대부분은 공적으로 사람들 모두를 양육한다는 의미에서 공적이지만, 사람들 개개인과 함께 일해야 하는 중요한 공간도 있다. "내 양을 먹이라." 사람들은 개인들이다. 양떼는 개개의 양으로 이루어져 있고, 각각의 양이 제대로 먹게 해야만 양떼를 먹일 수 있다. 목회자-신학자는 사람들과 함께 일하지만 개인들과 함께 일할 (즉, 그들을 대상으로 목회할) 수도 있어야 한다. 제자 만들기를 위한 단 하나의 공식이나 지름길은 없다. 하지만 본뜰 틀은 있다. 즉, 선한 목자 예수 그리스도시다(요 10:14).

> **제자 만들기를 위한 단 하나의 공식이나 지름길은 없다.
> 하지만 본뜰 틀은 있다. 즉, 선한 목자 예수 그리스도시다.**

그리스도는 모든 목회자-신학자를 위한 본보기시다. 목자가 지배적인 이미지인 것은 아니지만 그래도 시사하는 바가 크다. 베드로는 예수께서 "너희 영혼의 목자와 감독 되신 이"라고 말한다(벧전 2:25). 예수께서는 영혼, 즉 한 사람의 자아나 내적 삶을 돌보는 감독(헬라어로 *episkopos*)이시다. 예수께서 "목자장*archipoimenos*"(5:4)이시지만, 목회자-신학자는 그분이 임명하신 대표('부목자undershepherd')로서 이 목자의 일에 참여한다. 바울은 에베소 교회의 장로들에게 "여러분은 자기를 위하여 또는 온 양 떼를 위하여 삼가라. 성령이 그들 가운데 여러분을 감독자로 삼고 하나님이 자기 피로 사신 교회를 보살피게 하셨느니라"라고 권면한다(행 20:28).

'감독'과 '군림'을 혼동해서는 안 된다. 베드로는 교회 지도자들에게 권력이나 역할을 남용하는 세상의 지도자들을 본받지 말라고 분명히 경고한다(벧전 5:3). 목자장께서도 "선한 목자는 양들을 위하여 목숨을 버린다"고 설명하신다(요 10:11). "하나님의 백성의 지도자들은 단 하나뿐인 참된 권위(양떼를 위해 자기 생명을 내놓음으로써 양떼를 섬기는 권위)를 지닌다."[12] 그런 점에서 목회자-신학자는 말 이상의 것으로 그리스도 안에 있는 바를 전한다.

목회자-신학자는 영혼을 감독하거나 (전통적 용어를 사용하면) '치유'함으로써 양떼를 치고 하나님의 밭을 일구는 경향이 있다. 영혼의 치유는 한 사람의 가장 심층적인 자아, 즉 다른 이들을 향한, 특히 하나님을 향한 마음가짐을 돌보는 일을 뜻한다. 하나님과의 관계보다 더 근본적인 일은 없으며, 예수 그리스도의 복음 외에 우리 존재의 깊은 곳에서 우리를 고통스럽게 만드는 것을 치료하는 다른 복음은 없다. 영혼의 돌봄이나 치료는 인간 육신이라는 밭에서 그리스도의 형상을 길러내는 일, 따라서 그 사람을 더 신실하게 하나님의 형상을 드러내는 사람으로 변화시키는 일을 뜻한다.

영혼을 감독하는 일을 유진 피터슨은 목회자가 "주중에 하는 일"이라고 부른다.[13] 개개인의 상태에 주의를 기울여야 하기 때문에 주일 예배 동안에는 이 일을 할 수 없다. 이것은 한 사람의 삶 속에서 하나님의 임재와 활동을 분별하고, 그 사람이 이를 분별하도록 돕는 일이다. 이 일을 하기 위해 목회자-신학자는 하나님의 성품과 돌보고자 하는 사람의 성품을 알아야 한다. 피터슨은 영혼의 돌봄은 목회의 특수한 형태가 아니라 목회자의 전반적인 책무(한 번에 한 사람씩 개개인을 세워 그리스도 안에서 그분의 형상을 닮아가게 함으로써 제자를 삼는 일)를 묘사하는 방식이라고 주장한다. 이 역시 공공신학이지만, 교회를 세우는 목회자-신학자의 책무 일부를 묘사할 뿐이다.

성전을 세움: 하나님의 건물

앞서 하나님이 그분의 아들을 위한 배우자를 얻기 위해 세상을 창조하셨다는 조나단 에드워즈의 믿음에 대해 말했다. 몇 세기 전에 생빅토르의 위그도 비슷한 말을 했다. 그의 말은 개별 영혼으로부터 공동체로서의 교회로 생각의 초점을 전환하도록 도와준다. 위그에게 목회자-신학자의 일차적 책무는 하나님이 임재하시기에 적합한 처소(신부의 침실!)가 될 수 있도록 영혼을 개조하는 일이다. 어느 학자는 위그가 당시(12세기)에 고딕 성당을 건축하는 모습을 보고 '영혼 건축'에 관한 통찰을 얻었다고 주장한다.[14] 위그는 영혼의 돌봄이 사실은 영혼을 **수리**하는 일, 즉 지혜의 형식, 곧 하나님의 참된 형상이신 그리스도를 다시 받는 일이라고 믿었다. 목회자의 목표는 "하나님의 형상으로 영혼을 개조하여 영혼과 교회가 하나님의 처소, 집, 성전이 되게 하는 것"이다.[15]

적어도 한 곳에서 사도 바울은 개인의 몸이 성령이 거하시는 '성전'이라고 말한 바 있다(고전 6:19). 하지만 성전의 이미지를 사용할 때 대부분 바울은 개인이 아니라 공동체, 즉 온 교회를 염두에 두고 있다. 교회, 곧 개인의 집합체가 아니라 그리스도 안에서 유기적으로 연합된 한 백성이 하나님이 세상을 창조하신 목적이다. 따라서 목회자-신학자에게는 개인을 섬길 뿐만 아니라 하나님의 집(여러 채석장에서 가져온 돌로 이루어진 살아 있는 성전인 교회)을 좋은 상태로 유지할 책임이 있다.

하나님의 집에 수리가 필요하고 수리하는 일을 이끌 사람들이 필요했던 때가 지금이 처음은 아니다. 구속이 언제나 꾸준히 이루어지는 것은 아니다. 조나단 에드워즈는 교회의 역사를 "단속斷續적으로 건축이 이루어질 수도 있지만 서서히 완성되어가는 건물"에 비유했다.[16] 바빌로니아인들이 솔로몬 성전을 파괴했고, 몇십 년 동안 성전 터는 폐허로 남아 있었다. 목회자-신학자는 예루살렘에서 하나님의 집을 재건하는 일에 참여했던 선배들로부터 교훈을 얻을 수 있다. 그들의 이야기가 에스라-느헤미야에 기록되어 있다. 에스라-느헤미야에서 하나님 집의 장인으로서의 목회자-신학자 이미지에 대한 성서적 선례를 찾을 수 있다.

에스라-느헤미야: 재건과 개혁

> 우리는 천지의 하나님의 종이라. 예전에 건축되었던 성전을 우리가 다시 건축하노라(스 5:11).

에스라-느헤미야는 세 건축자와 건축 계획에 관한 이야기다. 스룹바벨과 예루살렘 성전의 재건(스 1:1-6:15), 에스라와 예루살렘 공동체의 재건(스 7-10장), 느헤미야와 예루살렘 성벽의 재건(느 1:1-12:26). 각 경우에 건축에 대한 반대가 있었지만, 각 지도자는 자신의 사명을 완수한 다음 망명 생활에서 귀환한 사람들의 회중을 감독한다(스 6:16-22; 느 9-10장; 12:27-13:3).

교회 역시 많은 경우 이상적이지 않은 상황 속에서 하나님을 위한 집을 세우기 위해 노력하는 망명자, 즉 거류민과 나그네들의 거룩한 백성이다(참고, 벧전 1:1; 2:11). 두 번째 성전 건축에 관한 이 본문을 우의寓意로 해석해야 한다는 뜻이 아니다. 신실하게 하나님과의 언약을 실천하고자 노력했던 이스라엘과 오늘날 같은 노력을 하고 있는 교회 사이에 구속사적 연속성이 있다는 말이다. 에스라-느헤미야는 하나님의 집을 재건할 책임을 맡은 목회자-신학자에게 격려가 되는 말씀이다. 에스라와 느헤미야처럼 교회 지도자들은 궁극적 성취(하나님이 거하시기에 적합한 성소)를 이루기 위해 노력하는 가운데 안팎의 반대를 극복해야 한다. 하지만 이것은 결코 이룰 수 없는 목표다. 사람들은 여전히 거룩해지는 과정 가운데 있기 때문이다. 에스라와 느헤미야처럼 문제는 "계속되는 망명이 아니라 불완전한 회복"이다.[17] 에스라와 느헤미야처럼 오늘날 교회 지도자들은 이를테면 점령당한 영토 안에서(세속 문화에 둘러싸여) 살면서 하나님께 신실하려고 노력한다.[18] 흥미롭게도 에스라-느헤미야에 대한 첫 번째 주석은 8세기에 가경자可敬者 비드가 쓴 주석이다. 그에 따르면 이 두 책은 "주와 그분의 성전과 도시, 곧 우리[그리스도인]에 관한 말씀"이다.[19]

에스라-느헤미야에서는 '하나님의 집$b\hat{e}t\ h\bar{a}\check{e}l\bar{o}h\hat{i}m$'을 스물여섯 번 언급한다. 에스라 1-6장에서는 포로들이 예루살렘으로 돌아와 하나님이 그분의 백성 가운데 언약적으로 계신다는 물질적 상징인 성전을 재건하는 것에 관해 이야기한다. 백성이 이 일을 해야 하지만 이 계획배후의 실질적 원동력은 하나님의 일하심이라는 점이 분명하다. 페르시아 왕 고레스의 마음을 감동시키셔서 유대인들이 하나님의 집을 재건할 수 있도록 명령을 내리게 하신 분은 바로 주님이시기 때문이다(스 1:1-3).[20] 하지만 성전 재건은 이야기의 시작일 뿐이다. 에스라의 관심의 초점이기도 한 진정한 과제는 거룩한 **백성**을 재건하는 것이다. 바로 이 때문에 에스라를 구약에서 가장 대표적인 공공신학자로 볼 수 있다.

에스라는 제사장(스 7:11)이자 "모세의 율법에 익숙한 학자"(7:6)로 소개되는데, 이는 "기록된 하나님의 말씀을 공부하고 해설하는 사람"을 뜻한다.[21] 에스라는 "여호와의 율법을 연구하여 준행하며 율례와 규례를 이스라엘에게 가르치기로 결심"한 학자였다(7:10). 순서에 주목하라. 에스라를 두고 "행하지 못하는 사람이 가르친다"고 말할 수는 없다. 그 반대로 에스라의 경우 공부는 행함으로 이어지고, 그런 다음에야 가르침으로 이어졌다. "[에스라가] 개혁가의 모범인 까닭은 자신이 가르치는 바를 먼저 실천했고, 자신이 실천하는 바를 먼저 성서 안에서 확인했기 때문이다."[22] 즉, 에스라는 마음과 목숨, 힘, 뜻을 다해 하나님의 말씀을 전하는 일에 혼신을 다했다.

에스라 7-10장에서는 에스라가 예루살렘으로 돌아와 성전이 아니라 공동체를 재건하는 것에 대해 이야기한다. 따라서 이 부분은 목회자-신학자가 교회를 어떻게 세우는가에 관한 우리의 관심사와 직결된다. 에스라-느헤미야는 단지 오래전 세상에서 일어난 일에 대한 역사적 서술이 아니다. 오히려 하나님의 말씀 아래서 이루어진 종교적 개혁에 관한 이야기다. 그렇기 때문에 오늘날에도 대단히 중요하다.

이야기의 핵심은 에스라가 하나님의 말씀을 사용해 하나님의 백성을 개혁했다는 것이다. 이것은 공공신학에 관한 이야기다. 비드는 에스라가 파괴된 건물을 수리한 다음 사람들의 믿음과 사랑을 내적으로 재건하는 일에 관심을 기울인 것은 매우 적절했다고 정확히 지적한다.[23]

에스라가 예루살렘에 도착했을 때 그는 사람들이 유대인이 아닌 사람들과 통혼해왔고 따라서 '이 땅 백성들'로부터 스스로를 성별하지 못했다는 소식을 듣고 깜짝 놀랐다. 그는 죄를 고백하는 공적인 기도를 드림으로써 자신 앞으로 모인 사람들이 그들이 얼마나 신실하지 못했는지를 깨달을 수 있게 했다(9:6-10:1). 에스라는 하나님의 말씀을 사람들이 자신의 참모습(이방 신을 예배하는 이방인 아내와 결혼함으로써 하나님의 율법 바깥에서 살고 있는 우상숭배자)을 바라볼 수 있는 렌즈로 사용함으로써 사람들을 개혁한다. 거룩하지 않은 백성 가운데 서 있다면 재건된 성전조차도 거룩하신 하나님이 거하시기에 적합한 처소가 될 수 없다.

에스라기는 공동체의 진심 어린 응답으로 마무리된다. 그들은 죄를 고백하며 삶의 방식을 바꾸겠다고 다짐한다. "이 모든 아내와 그들의 소생을 다 내보내기로 우리 하나님과 언약을 세우고 율법대로 행할 것이라"(스 10:3). 이 본문의 핵심은 이혼이나 인종차별이 아니라 공동체의 개혁과 갱신이다.[24] 흥미롭게도 모세 율법 자체에서는 이 문제(즉, 이방인 아내)에 관한 직접적인 지침을 제시하지 않는다. 따라서 에스라는 즉석에서 율법의 정신과 일치하는 해석을 덧붙인 셈이다.[25] 비드는 이방인 아내가 "이단과 미신적인 철학자 분파를 상징한다"고 믿는다.[26] 마찬가지로 목회자-신학자는 오늘날 교회 안에 자리 잡고 있는 이방인 아내나 우상에 해당하는 것이 무엇인지 더 철저히 점검해

보아야 한다(요일 5:21).

이 이야기가 계속 이어지는 느헤미야기에서 느헤미야는 예루살렘으로 돌아와 성벽을 재건한다. 성벽을 수리하는 일은 공동체를 방어하는 일뿐만 아니라 공동체의 본질적 통일성을 회복하기 위해서도 필수적이었다.[27] 이 사업을 조직했던 느헤미야는 각 가정으로 하여금 자기 집에서 가장 가까운 성벽을 책임지게 했다(느 3:28-30). 비드는 이를 새 예루살렘을 건설하는 공동체로 해석했다. 그는 주석적 근거로 뒷받침되는 범위를 넘어서 성벽을 건설하는 이들이 다름 아닌 예언자와 사도, 전도자라고 주장하기도 한다![28] 주석적 근거로 뒷받침되는 범위 안에서 추론해보면, 느헤미야처럼 현재 하나님의 집을 건설하는 이들이 다양한 종류의 내적, 외적 반대(느 6장)에 부딪힐 것이라고 결론 내릴 수 있다.

느헤미야 7-13장에서는 공공신학자인 에스라가 다시 한 번 등장한다. 성벽처럼 외적 조건을 제대로 갖추는 것으로는 충분하지 않다. 중요한 것은, 사람들의 마음에 하나님의 말씀을 심어주고 그들이 그 말씀을 잘 받아들이고 그 말씀에 순종하게 하는 것이다. 에스라-느헤미야가 공동체의 개혁에 다시 초점을 맞추는 것도 바로 그 때문이다. 이 마지막 부분에서 에스라는 하나님의 율법을 읽고 설명하며 백성은 이에 대해 열정적으로 응답한다.[29] 백성이 '알아듣고 깨달았음'(느 8:2, 3, 7, 8, 12)을 거듭 강조한다는 점에 특히 주목할 필요가 있다. 들려준 말을 사람들이 이해했기 **때문에** 기쁨에 넘치는 반응을 보였다는 사실 역시 주목할 만하다(8:12). 율법의 말씀에도 이렇게 반응했다면 복음 선포에 대해서는 얼마나 더 열정적인 반응을 보이겠는가? 교회가 공동체의 갱신을 위해 이와 똑같이 헌신하고 에스라 주위에 모였던 백성처럼 "우리가 우리 하나님의 전을 버려두지 아니하리라"(느 10:39)라고 말하기를 바랄 뿐이다.

에베소서: 살아 있는 성전인 교회

에스라처럼 사도 바울 역시 하나님의 백성을 하나님의 집으로 세우기 위해 성령을 통해 말씀을 전했던 공공신학자였다. 이 장 첫머리에 인용한 말씀을 떠올려보라. "너희는 … 하나님의 집이니라"(고전 3:9). 바울 서신이나 나머지 신약성서 곳곳에서 이 이미지가 사용된 것을 알 수 있다.

요한복음에서는 예수께서 지상의 성전이 되어야 할 모든 것이 되시고, 지상의 성전이 해야 하는 모든 것을 행하시는 참된 성전이시라고 말한다. 핵심 본문은 요한복음 1장 14절이다. "말씀이 육신이 되어 우리 가운데 거하시매[문자적으로 '그 장막을 세우시매'] 우리가 그의 영광을 보니." 이 말씀은 분명히 모세가 세운 광야의 장막과 하나님의 임재를 표상하는 영광의 구름을 가리킨다. 하나님의 영광이 처음에는 성막에(출 40:34-38), 그다음에는 예루살렘 성전에(왕상 8:10-13) 임했다. 재건된 예루살렘 성전에는 이 영광이 임하지 않았지만, 성전인 예수의 몸에는 임했다(요 2:19-22; 참고. 13:31-32). 예수의 몸은 지성소, 즉 땅 위에 있는 하나님의 특별한 처소이자 속죄가 이루어지고 화해가 성취될 공간이다.

예수께서 그분의 교회를 세우실 반석에 관한 앞의 논의에 비추어 볼 때, 예수를 가리켜 '신령한 집'의 모퉁잇돌이 되신 보배로운 '산 돌'

이라고 말한 사람이 베드로라는 사실이 흥미롭다(벧전 2:4-5; 참고. 사 28:16). 베드로는 이 집을 성전이라고 하거나 '신령한'이라는 말을 성령과 연결시키지 않았지만 그렇게 했어도 좋았을 것이다. 그는 이어서 이 신령한 집을 "하나님이 기쁘게 받으실 신령한 제사"를 드리기 위해 존재하는 거룩한 제사장들로 묘사하기 때문이다(벧전 2:5). 다른 곳에서 '하나님의 집'은 명백히 성전을 가리킨다(마 12:4; 히 10:21). 하지만 가장 놀라운 점은 하나님이 그분의 백성을, 예수를 모퉁잇돌로 모시고 있으며 (으뜸 되시는 산 돌이신 그리스도와 연합해 있기 때문에) 산 돌로 이루어진 신령한 집(참고. 벧전 4:17)으로 만들어가신다는 것이다. 이 삼위일체의 건축 계획에 동참하는 일꾼인 목회자-신학자는 개인들을 위해서만이 아니라 공동체, 즉 그리스도와 동행하는 지역의 공동체를 위해서도 일한다. "이 공동체적 제사장직과 성전이 드리는 '신령한 제사'는 열방 가운데서 열방을 위해 살아가는 하나님의 백성의 거룩하고 십자가를 닮은 삶이다."[30]

> 교회(즉, 백성)는 그리스도 안에서 하나님이 분열된 인류를 연합된 백성으로 변화시키셨다는 산 증거이기 때문에 복음의 구현이다.

바울은 교회가 '살아 계신 하나님의 성전'이라고 분명히 주장한다(고후 6:16). 또한 그는 교회, 따라서 살아 있는 성전이 유대인과 이방인 모두로 이루어진다고 분명히 말한다. 이방인들에게 그 안뜰로 들어가는 것이 허락되지 않았던 예루살렘 성전과 놀라운 차이가 있다. 교회

(즉, 백성)는 그리스도 안에서 하나님이 분열된 인류를 연합된 백성으로 변화시키셨다는 산 증거이기 때문에 복음의 구현이다. 더 이상 유대인이나 헬라인이 없는 이 교회에 관해 말하면서 바울은 자신을 '지혜로운 건축자'에 비유한다(고전 3:10).

교회는 예수 그리스도의 인격과 사역을 중심으로 삼는 삼위일체의 건축 계획이다. 화해 사역은 성부를 위해 성령을 통해 성자께서 행하시는 사역이다. 그러므로 이방인은 더 이상 외인도 나그네도 아니며 "사도들과 선지자들의 터 위에 세우심을 입은 자"들이고 "그리스도 예수께서 친히 모퉁잇돌이" 되셨다(엡 2:18-20). 하나님의 집의 구성원이 된다는 것은 '하나님을 향해 살기'라는 계획을 위해 성별된 백성이 된다는 것이다. 바울은 교회를 하나님의 집이나 성전이라고 생각했으며, 그 구성원들은 그리스도 안에 연합된 돌들이라고 생각한다. 목회자-신학자는 그리스도 안에 있는 바를 전하기 위해 존재하며, 에베소서 2장 21-22절에서 바울은 이 현실에 대해 설명하기 시작한다. 그리스도 안에서 "건물마다 서로 연결하여 주 안에서 성전이 되어"간다(2:21). "너희도 성령 안에서 하나님이 거하실 처소가 되기 위하여 그리스도 예수 안에서 함께 지어져가느니라"(2:22).

목회자-신학자는 지속적인 건축 계획에 참여한다. 이미 기초는 놓였지만(즉, 그리스도의 속죄 사역은 성취되었지만) 이 건축물이 거룩한 성전으로 '자라고' 있다. 피터 오브라이언은 건축(비유기적)과 성장(유기적) 이미지의 결합을 강조한다. "건물이 **서로 연결**되어 있다는 표현은 한 돌이 다른 돌과 연합되어 있을 뿐만 아니라 건물 전체가 모퉁잇돌과 (그리고 그 안에) 연합되어 있음을 가리킨다."[31] 백성은 그리스도 안에 있으며, 그들은 그리스도 안에서 그분의 형상(즉, 거룩함)으로 더욱더 자라고 있다. 다른 곳에서 바울은 성전과 개교회를 연관시키지만(고전 3:16-17), 여기 에베소서 2장 21절에서 성전은 이제 그리스도 안에 있으므로 '하늘에 속한 모든 신령한 복'(엡 1:3)을 입은 모든 이들을 가리킨다. 다시 말해서 교회, 즉 '그리스도 안에서' 서로 연결된 백성은 성령, 곧 부활하신 주의 영이 그 안에 거하시기 때문에 성전이다(2:22).

그렇다면 교회는 결코 평범한 건물이 아니다. 실로 교회는 천상의 성전, 하나님의 뜻이 하늘에서 이루어지듯이 땅에서도 이루어지는 공간이다. 교회, 즉 그리스도 안에서 서로 연결된 백성은 하나님의 생명과 빛, 사랑이 시공간 안에서 구체화되는 공간이다. 네 번째 복음서에서는 예수의 육체적인 몸을 가리켜 하나님이 거하시는 공간이라고 말하지만, 에베소서 2장에서는 거기서 더 나아간다. 그리스도의 죽음과 부활 덕분에 이제 교회는 그리스도께서 그분의 영을 통해 거하시는 공간이 되었다. "이 돌림편지의 수신자들인 지상의 신자들은 부활하신 주의 영 안에서 그분을 통해 천상의 영역과 연결되어 있다."[32]

많은 주석가들은 에베소서 2장의 내용과 고대 근동의 왕들이 전승을 기념하기 위해 성전을 건축하는 관행을 연결시킨다. 마찬가지로 야훼께서도 물 같은 혼돈을 제압하신 후 에덴에 동산 성전을 지으셨으며, 약속의 땅에 대한 정복을 기념하기 위해 예루살렘 성전을 짓게 하셨다. 그레고리 비일은 적합한 처소를 세우시는 하나님이 성서 전체의 주제라고 생각한다. 성전은 '온 우주의 작은 모형'이므로 하나님의 임재가 만물 안에 충만해질 우주적 성전을 예표한다.[33] 이런 배경에서 보았을 때 교회, 즉 살아 있는 성전은 하나님의 피조물을 노예로 만든 통치자들과 권세들에 대한 그분의 승리를 기념하기 위해 하나님이 건축하신 것이다. "하나님은 다인종적, 다문화적, 다세대적인 예수 그리스도의 교회를 세우고 계시며, 이 교회는 어둠의 권세에 대한 그분의 승리를 기리는 기념물로서 굳건히 서 있다."[34] 우리는 교회 자체가 하나님의 승리라고 말할 수도 있다. "이 현실—성전은 우주의 상징이며 교회는 성령의 전이라는—은 교회가 장차 올 세상의 미리보기임을 뜻한다."[35]

바울은 자신의 목회적 책무가 바로 그리스도 안의 새 인류를 만들어가는 것이라고 이해한다. 그리스도를 배운다는 것(엡 4:20)은 '새 사람'을 입기 위해서 옛 사람을 벗어버리는 것이다(4:24). 이것은 단순한 은유가 아니다. 하지만 이것이 무엇을 의미하며 이를 위해 어떤 실천이 필요한지를 설명할 때 주의를 기울일 필요가 있다. 바울은 이런 필요성을 예상하고 그리스도인들이 피해야 할 행동과 태도, 채택해야 할 행동과 태도를 열거한다. 목회 사역의 핵심은 필요를 충족시키는 것이 아니라 제자들을 변화시켜 그들이 예수 안에 있는 진리와 같은 모습이 되게 하는 것이다(엡 4:21). 특히 중요한 것은 말하는 습관이다. "무릇 더러운 말은 너희 입 밖에도 내지 말고 오직 덕을 세우는 데 소용되는 대로 선한 말을 하여"(엡 4:29). 다시 한 번 강조하자면, 목회자와 평신도 모두가 말을 통해 덕을 세우는 사역에 참여한다.

> 교회는 도시를 새롭게 할 뿐 아니라 우주를 새롭게 하는 사역의 선봉이며, 화해를 실천함으로써 만물의 화해를 기대하게 한다.

목회자-신학자는 어떤 교회의 건축위원회가 제안한 것보다 더 야심찬 건축 계획에 참여한다. 목회자-신학자는 죽음과 파괴, 분열에 대한 하나님의 승리를 기리는 승전 행진procession, 성부와 부활하신 성자로부터의 '발출procession'(서방교회 전통에서 성령이 성부와 성자로부터 나오셨음을 설명하기 위해 사용해온 용어—옮긴이)에서 생명력을 얻은 행진의 선봉에 서 있다. 교회는 도시를 새롭게 할 뿐 아니라 **우주**를 새롭게 하는 사역의 선봉이며, 화해를 실천함으로써 만물의 화해를 기대하게 한다. 시간과 공간을 초월해 모든 신자들과 더불어 "교회(사도신조에서는 '공회'로 번역됨—옮긴이)를 믿습니다"라고 고백하는 것은 교회가 새 하늘과 새 땅의 전령이라고 고백하는 것이다. '그리스도 안에' 있는 새로운 현실의 첫 열매를 교회가 이해하고 그 열매에 동참하도록 감독하고 격려하는 일은 목회자-신학자의 특권이자 책임이다.

전도자: 그리스도 안에 있는 바를 선포함

우리는 기독교 신학이 말과 삶으로 **그리스도 안에 있는 바**를 전하는 일이라고 주장해왔다. 목회자-신학자는 말과 행동, 일반적으로는 (기쁨이 넘치는) 부활을-향해-존재함을 통해 이 종말론적 현실을 전한다. 목회자-신학자는 복음을 선포할 때 대체로 직설법의 형식으로 일하며, 그렇게 하기 위해 가능할 때마다 말, 즉 예수께서 직접 하신 말씀과 그분에 관한 말을 사용한다.

목회자-신학자는 하나님의 말씀이 제자들 안에 풍성히 거하게 하겠다는 목적 아래서 하나님의 말씀을 전하는 사람이다(골 3:16). 하나님의 말씀은 복음, 예수 그리스도 안에서 시작된 새로운 현실에 대한 선포다. 이것은 해야만 하는 말이다. "들어보았습니까? 예수 그리스도 안에서 만물이 새로워졌습니다. 그러므로 그리스도 안에 있는 사람들에게는 정죄함이 없습니다. 하나님이 그리스도 안에서 만물을 그분과 화해시키고 계시기 때문입니다. 들어보았습니까? 이 말이 무슨 뜻인지 깨달았습니까?"

물론 우리가 사는 방식이 우리가 하는 말의 의미를 보충해준다. '사랑'이란 과연 무엇을 뜻하는가? 예수께서 우리에게 말씀하시고 보여주신다. "사람이 친구를 위하여 자기 목숨을 버리면 이보다 더 큰 사랑이 없나니"(요 15:13). 그가 살아가는 모습이 그의 말과 일치할 때만 목회자-신학자는 복음의 의미를 전할 수 있다. 우울한 표정으로 "그분이 부활하셨다"라고 말한다면 그 사람은 자신이 한 말을 배반하고 있을 뿐이다.[36] 마찬가지로 선한 사마리아인 이야기에 관해 설교한 다음 나가면서 교회 문 앞에서 피를 흘리고 있는 낯선 이를 못 본 체한다면 그것은 모순된 행위일 뿐이다. 하나님의 말씀은 반복적으로 육신이 되어야 한다.

하지만 앞서 살펴보았듯이 목회자-신학자에게는 말씀을 전할 특별한 사명이 주어졌으며(행 6:4), 대개는 말로 그 일을 한다(물론 걸맞은 행동으로 그 말을 뒷받침해야 한다). 이것은 놀라운 말씀이다. 목회자는 말로 양떼를 먹이고 교회를 세울 수 있고, 또 세워야 한다. 왜? 믿음(그리고 이해)은 복음을 들음에서 나기 때문이다(롬 10:17). 예수는 명제가 아니라 인격체이시다. 그러나 성령께서는 언어라는 수단을 사용하셔서 그 복음을 제자들로 하여금 그리스도 안에 있는 바의 진리와 선함, 아름다움을 생각할 뿐만 아니라 그 관계 안에 스스로 자리 잡게 해주는 모든 것을 아우르는 틀로 만드신다. 언어는 사람들에게 살아 계신 그리스도를 소개하기 위해 성령께서 사용하시는 수단이다. 예수를 제시하는 수단은 말이다. 제자로 하여금 자신의 주님과 관계를 맺도록 매개하는 것은 말이다. 말은 그저 정보를 전달할 뿐만 아니라 삶 전체에 방향성을 부여하여 경험을 가능하게 하고 행동을 지시한다. 목회 사역의 자료는 양과 염소의 피가 아니라 말과 사람들이다(정규 예배 시간 중에 이따금 난도질을 당하는 것은 성서 본문뿐이다). 목회자-신학자는 넓은 의미에서 전도자. 복음을 전할 때 그들은 하나님의 말씀이 제자들 안에 풍성히 거하게 하기 위해서만이 아니라 제자들이 복음의 낯설고 새로운 세상 안에 살도록 하기 위해서 말을 사용한다.

상담: 목회자의 말씀 사역

말씀 사역을 공식 설교에 국한하는 것은 실수다. "그리스도의 말씀이 너희 속에 풍성히 거하게" 하라는 권면을 자세히 설명하면서 바울은 가르침뿐만 아니라 훈계와 노래에 대해서도 말한다(엡 5:19; 골 3:16). 이 점은 중요하다. 목회자는 말씀을 전할 때 머리뿐만 아니라 의지와 마음에 즉, 온 인격에 영향을 미치고자 한다. 온 인격(영혼)을 돌본다는 것은 한 사람의 외적 삶뿐만 아니라 내적 삶에도 관심을 기울이는 것이다. 물론 환경은 중요하지만, 모든 행동은 마음, 즉 의지하고 욕망하는 실존적 활동의 중심으로부터 흘러나온다.

다른 사람들도 우리를 돌보지만 목회자는 특별한 방식으로, 즉 그리스도께서 교회 안에 있는 모든 사람에게 복음의 진리와 선함, 아름다움을 전하라고 명하신 사람으로서 우리를 돌본다. 목회자가 언제나 고통스러운 상황을 바꿔줄 수는 없다. 하지만 고통스런 상황을 바꿔주는 것은 그리스도 안에서 사람들을 세우는 일의 목적이 아니다. 제자들이 다른 사람들과 구별되는 점은, 그들이 고통을 적게 겪는다는 것이 아니라 고통 가운데서 하나님의 임재와 활동에 응답한다는 것이다. 목회자는 사람들이 복음에 비추어, 살아 계신 그리스도와의 관계 속에서 자신의 경험을 바라보도록 도우며, 그들이 역경을 비롯해 모든 것에 대해 믿음과 소망, 사랑 안에서 반응하도록 돕는다. 따라서 목회자-신학자가 영혼을 돌보는 한 가지 방식은 많은 사람들이 지닌 하나님에 대한 이미지를 바꿔주는 것이다. (존 F. 케네디가 했던 유명한 말을 약간 비틀어서) 이렇게 말할 수 있다. "하나님이 당신을 위해서 무엇을 할 수 있는가를 묻지 말고 당신이 하나님과 그분의 나라(즉, 천국)를 위해 무엇을 할 수 있는가(그리고 어떤 고통을 견딜 수 있는가)를 물어보라."

말씀의 목회에는 가르침(아래를 보라)과 훈계뿐만 아니라 위로도 포함된다. 물론 말해야 할 때도 있으며, 침묵해야 할 때, 목회자가 영혼의 어두운 밤 동안 양떼를 묵묵히 지키기만 할 때도 있다. 그럼에도 불구하고 이런 길고 어두운 밤중에도 신학이 주는 위로가 있다. 고통은 하나님의 직접적인 뜻이 아니다. 지혜로우신 하나님은 어떤 악에서든 선을 끌어내신다. 하나님은 악을 정복하셨으며 다시 한 번 정복하실 것이다. 하나님은 우리를 떠나지도 않으시고 우리를 버리지도 않으실 것이다. 교회가 그리스도의 몸으로 기능하고 서로의 짐을 지고 우는 이들과 함께 울 때 이 진리는 훨씬 더 강력해진다.

목회자는 위기가 심해질 때까지 기다렸다가 조언을 해서는 안 된다. "목회적 돌봄의 목적은 위로를 주는 것이 아니라 삶의 방향을 재설정하는 것이다."37 이 일을 잘하기 위해서 목회자는 사람들을 더 잘 알아가야 하며, 그렇게 하기 위해서는 시간이(주로 듣는 시간이) 필요하다. 듣는 것이 말씀의 목회의 필수 요소라는 점이 이상하게 보일지도 모르지만, 사실이 그렇다. 귀를 기울임으로써만 목회자가 한 사람의 영적 상태를 가늠할 수 있다. 한 사람의 이야기에 귀를 기울임으로써만 목회자가 그 이야기를 복음의 이야기와 결합시킬 방법을 찾을 수 있다.

목회자-신학자의 조언은 단순히 심리 요법의 한 부류가 아니다. MTD(도덕주의적이며 심리요법적인 이신론)의 방식이나 그러하다. 궁극적인 목적은 그저 '사람들이 기분 좋게 느끼도록 만든다'는 뜻에서 '사람들을 돕는 것'이 아니다. 이런 방식은 기껏해야 말씀의 목회의 부산물에 불과하며, 말씀의 목회의 존재 이유가 아니다. 목회자-신학자가 제공해야 하는 바는 그저 좋은 기분이 아니라 정말로 좋은 소식, 그리스도 안에서만 얻을 수 있는 풍성한 위로다(고후 1:3-7). 윌리엄 윌리먼은 이렇게 말한다. "아마도 우리는 목회 상담에서 우리가 섬기는 사람들의 건강이 아니라 그리스도 안에서 그들의 성숙을 돕는 것을 가장 중요한 목적으로 삼아야 할 것이다."38 혹은 이 책에서 제시한 표현을 사용하자면, 우리가 섬기는 사람들, 그들의 마음과 머리를 **그리스도 안에 있는 바**에 일치시키는 것을 목적으로 삼아야 할 것이다. 그리스도 안에 있는 바의 중요한 부분은 '모든 위로의 하나님'에게서 오는 위로다(고후 1:3). 영혼을 돌보는 목회자는 그리스도의 제자들 안에 그리스도의 마음이 태어나고 자라게 하기 위해 애쓰는 산파처럼 행동한다. "**바울은 그리스도께서 보이신 하나님나라에 알맞은 태도와 행동의 본보기가 영적 성숙을 정의하는 기준을 제공한다고 생각했다.**"³⁹

심방: 몸으로 행하는 말씀 사역

온전한 말씀 사역은 몸으로 행하는 목회적 실천이다. 가끔은 환경의 제약 때문에 편지나 전보, 전자우편을 사용해야 할 때도 있지만, 말씀 사역의 기본은 직접 찾아가는 것이다. 성서에는 하나님이 몸소 찾아오시는 것에 대해 몇 차례 언급한다. 요셉은 형들에게, 하나님이 그들에게 찾아오셔서 그들을 이집트에서 인도해내실 것이라고 말했다(창 50:24). 하나님이 찾아오신다는 것은, 구원이나 심판을 위해(하나님이 누구를 보러 오시는가에 따라 다르다) 그분이 임하셔서 일하신다(그분이 온전히 그분이 되신다)는 뜻이다.

물론 '육신이 되신' 말씀이신 예수 그리스도가 궁극적인 하나님의 찾아오심이다(요 1:14). 예수께서 과부의 아들을 치유하셨을 때 사람들은 "하나님이 자기 백성을 돌보셨다!"라고 말했다(눅 7:16). 흥미롭게도, 구약성서(칠십인역)와 신약성서에서 '돌보다'라는 헬라어는 *episketomai*(epi+skopos에서 유래)로서 *episkopos*('감독자')라는 용어의 어근이다. 하지만 심방한다는 것은 '감독'하는 것이 아니라 '가서 보는 것'이다. 예수께서도 사람들을 만나러 그들의 집을 방문하셨다. 뿐만 아니라 심방이 아니라면 회중의 눈과 생각 밖에 있을 사람들을 찾아갈 때 목회자는 말로만 예수의 이름을 전하는 이들에 대한 그분의 경고에 귀를 기울여 그분의 명령에 순종하는 셈이다. "[내가] 헐벗었을 때에 옷을 입혔고 병들었을 때에 돌보았고 옥에 갇혔을 때에 와서 보았느니라"(마 25:36; 참고. 약 1:27). 심방은 목회자가 가난한 이들, 병든 이들, 낙심한 이들, 힘겨운 시간을 보내는 이들, 길을 잃고 헤매는 이들에 대한 예수의 섬김에 동참할 수 있는 한 방법이다.

다른 형태의 말씀 사역과 마찬가지로 심방의 목적은 세상을 위한 하나님의 사랑이신 그리스도를 구현함으로써 복음을 전하는 것이다. 하나님의 백성을 사랑한다는 것은 찾아가서 그들이 어떻게 지내는지 살펴보는 것이다. 한 사람이 특수한 시간과 공간 속에서 살아가는 환경을 이해할 때만 목회자는 사람들을 예수 그리스도의 길로 인도하는 특수한 방식으로 말씀을 전할 수 있다. 그러므로 목회자-신학자는 한 번에 한 사람씩 하나님의 집을 세워간다. "집집마다 심방해야 할"의무가 목회직의 필수 요소라는 톰 오든의 생각이 옳다면, 교회의 크기가 대략 어느 정도여야 하는지를 이해할 수 있다.[40] 목회자가 모든 집을 심방할 수 없다면 적어도 심방할 수 있는 장로들을 훈련시켜야 한다. 어떤 교회도 익명의 그리스도인들이 존재할 정도로 규모가 커서는 안 된다.

> 어떤 교회도 익명의 그리스도인들이 존재할 정도로 규모가 커서는 안 된다.

설교: 선포하는 말씀 사역

설교는 말씀 사역의 유일한 형식이 아니다. 그럼에도 불구하고 설교는 목회자-신학자의 가장 특징적인 활동이자 가장 중요한 활동 중 하나다. 설교는 목회 사역의 총체가 아니지만 그 축소판이다.

설교는 "가장 공적인 목회 행위다."[41] 많은 여론 조사에 따르면, 미국인들의 가장 큰 공포는 연설 공포증(대중 앞에서 말하기를 두려워하는 것)이다(죽음에 대한 공포가 두 번째로 큰 공포다).[42] 하물며 대중 앞에서 하나님의 말씀을 말해야 하는 목회자-신학자의 두려움은 얼마나 더 크겠는가? 어쩌면 바로 그런 까닭에서 너무도 많은 목회자들이 하나님의 말씀을 말하는 것을 시도조차 하지 않는 것인지도 모른다. 대신 그들은 귀를 즐겁게 하고, 희망을 주고 재미있는 이야기를 하고, 자신의 경험을 나누고, 홀마크 카드에 쓰인 문구만큼이나 상투적인 모호한 도덕적, 영적 메시지를 전달한다.

말은 우리가 지닌 가장 정교한 의사소통 수단이다. 말을 통해 단순한 생각과 복잡한 생각, 이 두 극단 사이에 존재하는 모든 것을 나눌 수 있다. 말씀 사역으로서 설교는 언어적 의사소통의 한 형식이며 숙달하기가 가장 까다로운 형식이다(하나님의 말씀을 바르게 다루는 것에 관해 말하자면 '숙달'이라는 말은 사용하기에 적합한 범주가 아닐지도 모른다). 중요한 점은 의사소통에는 말하는 사람과 듣는 사람이 있다는 사실이다. 의사소통을 하기 위해서는 최소한 두 명이 필요하다. 내가 말을 하는데 다른 사람이 이해하지 못한다면 나는 그저 "허공에다 말하는 것"일 뿐이다(고전 14:9).[43] 그러므로 설교자들은 성서 본문뿐만 아니라 메시지에 관해 사람들이 가지고 있는 질문도 주의 깊게 귀를 기울여야 한다.

하지만 가장 노련한 연설가조차도 모든 사람들을 이해시키지는 못한다. 오직 성령만이 메시지를 받아들이도록 귀와 마음을 여실 수 있다. 설교를 하려면(즉, 사람들 앞에서 허공에다 말하기 위해서는) 용기와 믿음이 모두 필요하다.

권위 있는 인물들이 우리에게 하는 말을 전반적으로 불신하는 오늘날에는 설교하기가 훨씬 더 어려워졌다. 한 사람이 하는 말이 무엇보다도 먼저 그 사람의 이익을 위한 것이라고 의심하는 것이 후기근대의 습성이다. 뿐만 아니라 무언가의 본질이 어떠하다고 말하고 진리 주장을 할 때, 당신의 관점으로 다른 이들을 억압한다는 비판을 받기 십상이다. 현대 문화에서 앵커가 혼자서 뉴스를 진행하는 대신 성차와 인종의 다양성을 반영하는 여러 명의 팀이 함께 진행하는 방식으로 바뀐 것이 그저 우연의 일치일까? 요즘은 항상 "그리고 이것은 사실입니다"라는 말로 뉴스를 마무리했던 월터 크롱카이트(미국의 유명한 뉴스 진행자—옮긴이)를 상상하기가 어렵다. 하지만 이것이 바로 목회자-신학자는 매주 해야만 하는 말이다. "그리고 이것은 **예수 그리스도 안에** 있는 바입니다."

목회자-신학자가 그리스도 안에 있는 바를 선포하는 까닭은 예수께서 바로 그 일을 하셨기 때문이다. "예수께서 … 오셔서 하나님의 복음을 전파"하셨다(막 1:14). 예수께서 오셔서 하나님나라를 선포하셨고, 오늘날 설교자들은 주께서 하신 이 말씀 사역에 동참한다. "그러므로 신학적 말하기가 가능한 이유는 예수께서 성령을 통해 자신을 증언하시기 때문이다."[44] 기독교의 설교를 다른 모든 형태의 인간 의사소통과 구별시키는 점은 그것이 궁극적으로 삼위일체의 활동인 일에 대한 참여라는 사실이다. 즉, 설교는 권위 있는 자료(성서, 하나님의 말씀)와 독특한 내용(복음, 그리스도 안에 있는 바), 독특한 설득력(조명, 성령의 사역)에 의해 구별된다. 설교는 "은혜와 진리가 충만"하신 분(요 1:14)을 전하기 때문에 은총의 수단이다.

여기서 기독교의 설교에 대해 전면적으로 논하기는 어렵다. 나의 직접적인 목표는, 신학이 공공신학의 최첨단인 까닭을 설명해주는 네 기능, 강단이 "세상을 이끄는"(방주의?) 뱃머리인 동시에 밭을 가는 쟁기인 네 가지 이유를 강조하는 것이다.[45]

1. **설교는 성서 해독력, 성서신학에 대한 이해, 정경 의식을 길러준다.** 회중으로 하여금 성서의 다양한 부분(여러 책들, 신구약)이 전체(정경)나 그 모든 것의 중심에 계신 분(예수 그리스도)과 어떻게 연결되는지를 이해하도록 돕는 수단으로서 잘 훈련된 성서 강해에 비길 만한 것은 없다.[46] 결국 모든 설교는 회중으로 하여금 하나님의 구속 사역이 어떻게 그리스도의 십자가로 귀결되는 동시에 그로부터 기인하는지를 더 잘 이해하도록 도와야 한다.[47]

2. **설교는 신학 해독력, 하나님의 임재와 활동에 비추어 우리의 세상(우리의 역사, 우리의 문화)을 읽어내는(그리고 필요하다면 비판하는) 능력을 길러준다.** 설교의 일차적 목적은 하나님의 말씀을 명확히 설명하는 것이지만, 부차적 기능으로서 현재 교회가 처한 상황을 밝히 이해하는 데 도움을 주기도 한다. 성서 강해의 초점은 하나님의 구속 드라마를 해설하는 것이지만, 지역 교회가 그들이 어떻게 이 드라마의 일부이며 이 드라마에서 어떤 자리를 차지하는지를 이해하는 것도 중요하다. 성서 이야기를 이해하는 것으로는 충분하지 않다. 바로 그 이야기

안에서 우리가 지금 어떤 위치에 와 있는지도 이해해야 한다. 그럴 때 비로소 지역 교회는 지속적 활동, 즉 성령을 통해서 그리스도 안에서 만물을 새롭게 하시는 활동에 이바지하기 위해 무엇을 말하고 행해야 하는지를 결정할 수 있다.[48]

목회자에게는 회중으로 하여금 하나님의 말씀을 더 잘 이해하는 동시에, 이 말씀 덕분에 우리가 사는 세상을 더 잘 이해하도록 도울 특별한 권리와 책임이 있다. 최선의 상황에서 설교는 공공신학이라는 왕관에 박힌 보석이다. 하나님의 말씀을 강해할 때 목회자-신학자는 회중에게 우리 시대의 우상을 분별하고 무너뜨릴 강력한 수단을 제공한다. 문화적 조건이 만들어낸 '성공'의 모형처럼 이런 우상 중 일부는 이미 교회 안으로 파고들었다.[49] 목회자는 회중에게 영성을 형성(혹은 변형)할 수 있는 문화의 힘에 대해 주의를 기울이라고 촉구해야 한다. 목회자가 할 수 있는 가장 예언자적인 행동은 거짓 우상(예를 들어, 명예, 부, 육체적 아름다움, 사회적 지위, 인기, 성공, 자아실현 등)을 추구하기를 그치고 살아 계신 하나님께 돌아와 그분을 섬기라고 촉구하는 것이다.

> 최선의 상황에서 설교는 공공신학이라는 왕관에 박힌 보석이다.

문화를 모르는 사람들은 잘못을 반복할 수밖에 없다. 문화가 인간성의 모습을 규정한다. 물질주의 문화는 우리를 물질주의자로 만든다. 이탈리아의 사회학자 안토니오 그람시는 지배적 사회 계급이 강압적이지 않은 수단(예를 들어, 학교와 언론, 시장)을 통해 민중에 대한 영향력을 유지하는 방식을 묘사하기 위해 '헤게모니'('통치자'를 뜻하는 헬라어 bēgemōn에서 유래)라는 용어를 사용했다. 헤게모니는 사람들로 하여금 특정한 가치나 관습(예를 들어, 동성 결혼)이 '상식'이거나 (사실은 그렇지 않을 때조차도) '중립적'이라고 스스로 생각하고 느끼도록 만들게 함으로써 작동한다. 한 이데올로기가 세상을 바라보고 그 안에서 행동하는 방식이 사회에 널리 퍼질 때 그것은 헤게모니를 쥐게 된다. 한쪽이 자신도 모르게 굴복하면 문화 전쟁을 할 필요도 없다. 바로 이 점에 관해 목회자-신학자가 유기적 지식인이라는 개념이 진가를 발휘한다.

원래 마르크스주의자인 그람시가 유기적 지식인에 관해 이야기할 때는 지배 계급이 아니라 노동 계급의 이익을 대변할 수 있는 사람들을 염두에 두었다. 목회자-신학자는 그리스도의 몸을 이루는 사람들의 이익을 대변하는 유기적 지식인이며, 목회자는 그 몸을 조직하여 문화의 통치가 아니라 그리스도의 통치를 중심으로 살아가게 한다. 다시 말해서, 목회자-신학자는 지역 교회가 문화적 영향력(문화의 계략에 수동적으로 굴복하지 않고 자신의 특정이 문화에 반영될 수 있게 하는 능력)을 되찾을 수 있도록 돕는다. 이를 위해 그들은 '[문화적] 권력에 이름을 붙이고' 제자도, 즉 교인들이 우리 시대의 우상이 아니라 주 예수 그리스도에게 자기 몸을 산 제물로 바치는(롬 12:1) 삶을 구체적으로 실천하도록 격려한다.

3. **설교는 언제나, 어디서나 가깝지만 우리가 파악할 수 있는 한계 너머에 계시는 예수 그리스도의 강력한 현실에 대해 지금 여기서 지역 교회를 일깨운다.** 아리스토텔레스의 유명한 정의에 따르면, "존재하는

것에 대해 그것이 존재한다고 말하고 존재하지 않는 것에 대해 그것이 존재하지 않는다고 말하는 것이 진리다"(《형이상학》, 1011B.25). 마찬가지로 설교가 진리의 수단인 까닭은 **그리스도 안에** '있는 바'에 관해 말함으로써 궁극적으로 존재하는 바에 관해 그것이 존재한다고 말하기 때문이다. 설교가 은총의 수단인 까닭은 **그리스도 안에 있는 바**에 관하여 말로 표현함으로써 그리스도를 제시하기 때문이다.[50] 설교는 머나먼 역사적 은하계에서 무슨 일이 일어나고 있는지에 관한 간접적 묘사가 아니다. 반대로, 복음을 선포하는 설교에서는 "만물이 주에게서 나오고 주로 말미암고 주에게로 돌아감이라"(롬 11:36) 하고 말함으로써 세상의 참 이야기를 제시한다. 따라서 설교는 우리의 상상력을 식민화하려는 다른 이야기들과 거짓 복음들의 공허함을 폭로함으로써 복음적이지 않은 생각을 결박하는 은혜와 진리가 충만한 말씀이다. 설교는 목회자-신학자의 무기고에 보관된 중화기이며, 따라서 좋은 삶에 이를 다른 길을 약속하는 다른 이야기들과 거짓 복음들에 사로잡힌 상상력을 직접적으로 공격할 수 있는 최선의 무기다. 말하자면 설교는 설교의 서부전선, 즉, 한 번에 한 심령씩 새로운 영토를 정복해감으로써 말씀의 전진을 이루어가는 최전선이다. **그리스도 안에 있는 바**를 제시하는 설교는 진리의 말씀과 은총의 수단일 뿐만 아니라 해방의 수단이기도 하다(요 8:32).

> 말하자면 설교는 설교의 서부전선, 즉, 한 번에 한 심령씩
> 새로운 영토를 정복해감으로써 말씀의 전진을 이뤄가는 최전선이다.

설교는 **그리스도 안에 있는 바**를 묘사할 뿐만 아니라 그 **탁월함**을 전달해야 한다. 설교는 우리에게 정보를 전달할 뿐 아니라 우리를 황홀하게 만들어야 한다. 우리의 지식을 증가시킬 뿐 아니라 우리를 감동시키고 우리에게 기쁨을 주어야 한다. 그리스도 안에 있는 바를 말한다는 것은 우리가 받은 모든 영적인 복을 세어보고 조사하는 것을 뜻한다(엡 1:3; 참고. 롬 15:27). 성서에 기초해 **그리스도 안에 있는 바**를 말한다는 것은 언어의 한계를 확장하는 것을 뜻한다. 아마도 그렇기 때문에 성서 자체에서도 구원을 묘사하기 위해 그토록 많은 이미지와 문학 형식이 사용되었을 것이다. 아마도 그렇기 때문에 목회자도 '작은 시인들', 즉 겉으로 드러난 모습보다 더 심층적인 현실을 보고 표현할 수 있는 사람들이 되어야만 할 것이다.[51] 그리스도께서 정말로 계시며 우리 가운데 계신다. 하지만 그분의 임재와 활동을 분별하기 위해서는 종말론적 상상력, 즉 바울이 '마음의 눈'(엡 1:18)이라고 불렀던 것이 필요하다. 하지만 하나님의 말씀을 향해 우리 마음이 열릴 때 우리는 그리스도께서 우리 가운데 계시며 성령께서 교회에게 부어주시는 은사들을 통해 우리를 위해 일하심을 믿음 안에서 인식할 수 있다.

설교는 목회자-신학자가 사람들로 하여금 이 세상에서 정말로 일어나고 있는 일에 ─ 하나님이 그리스도 안에서 행하시는 일에 ─ 눈을 뜨게 함으로써 이해를 돕는 주요한 수단 중 하나다. 우리에게 그리스도 안에 있는 바에 대해 말하는 설교는 우리의 상상력에 호소하여 우리가 현실을 참으로 있는 그대로, 곧 영원히 움직이는 기계적 우주가 아니라 출산의 고통 가운데 있는 하나님의 피조물로 바라볼 수 있게 해준다. 우리 각자뿐만 아니라 멀리와 가까이에 있는 우리의 그리스도인 이웃도 마찬가지로 아담 안에 있는 옛것으로부터 그리스도 안에 있는 새것이 나온다는 것을 깨닫게 해준다. 그리스도 안에 있는 모든 사람들이 지금 그분의 형상으로 변화되고 있다. 따라서 그리스도께서 모든 역사의 의미, 삶 자체의 의미이시다. 그리스도께서 신성(언약적 주 되심)과 인성(언약적 종 되심)의 궁극적 모형이시기 때문이다.

> 설교는 듣는 마음에 복음을 새겨 넣고
> 듣는 사람이 그 이야기 속으로 들어가게 한다.

4. 설교는 지금 여기서 지역 교회로 하여금 예수 그리스도라는 새로운 현실과 관계 맺게 하고, 제자들로 하여금 정말로 현실적인 삶을 살아가기 위해 그리스도 안에 있는 바와 조화를 이루는 신념과 가치, 실천을 채택하게 한다. 설교의 목적은 교회 밖에 존재하는 무언가를 묘사한 다음에야 비로소 어떻게 그것을 '적용'할 것인지 묻는 것이 아니다. 오히려 설교는 듣는 마음에 복음을 **새겨 넣고** 듣는 사람이 그 이야기 속으로 **들어가게 한다**. 설교는 "교회를 하나님의 삶 안으로 끌고 들어가는" 활동이다.[52] 목회자-신학자가 복음을 선포할 때 그는 그리스도의 예언자적 직분에 참여한다.

초대교회에서 그랬듯이 하나님의 말씀은 계속 커지고 '점점 왕성하여'진다(행 6:7; 12:24; 19:20). 그 말씀은 그리스도의 몸을 세우고 제자들에게 그리스도 안에 감춰진 그들의 참 정체성을 상기시킴으로써 점점 왕성해진다. 그 말씀은 각 제자가 그리스도 안에서 자신이 누구이며 어떻게 그런 존재가 될 수 있는지 깨달을 수 있도록 도움으로써 점점 더 왕성해진다. 그 말씀은 지역 교회가 지금 여기서 공동체로서 하나님나라 비유를 실현하기 위해 어떻게 행동해야 하는지를 이해하도록 도움으로써 점점 더 왕성해진다. 회중이 그리스도 안에 있는 바를 이해하고 그들의 마음과 뜻, 생각을 이 현실에 일치시키기 시작할 때마다 하나님의 말씀은 점점 더 왕성해진다.

목회자-신학자는 의사소통적 인과성communicative causality이라는 위엄을 부여받았다. 즉, 그는 하나님의 말씀을 선포함으로써 사람들에게 현실을 전하고 사람들이 그리스도 안에 있는 바에 일치하는 방식으로 행동하도록, 따라서 현실적으로 살아가도록 돕는다. 목회자는 '줄타기를 하는 사람'이다. 그의 설교는 성서와 현재의 상황을 연결하는 밧줄 위를 걸어가면서 하나님의 말씀이 삶의 모든 것에 영향을 미치게 하고 삶의 모든 것이 하나님의 말씀에 일치되도록 만든다. 설교, 즉 그리스도 안에 있는 바를 고백하고 그것에 삶을 일치시키기 위한 말하기는 이해와 순종을 길러냄으로써 그리스도의 몸을 세워야 할 책임을 맡은 교회의 유기적 지식인이 해야 할 신학 활동의 핵심이다.

비록 그 결과가 자동적이지도 않고 즉각적이지도 않지만, 하나님의 말씀을 전하는 설교는 반드시 덕을 세운다. 믿음을 만들어내고 강화시키는 말씀을 통해 궁극적으로 우리를 그리스도와 연합하게 하고 그분의 형상으로 변화시키는 분은 성령이시다. 여기서 핵심은 믿음이다. 허공에다 하나님의 말씀을 선포하기 위해서는 믿음과 용기가 필요하기 때문이다. 하지만 허공으로부터(out of the air: '난데없이'라는 뜻의 관용구이기도 함—옮긴이) 하나의 몸이 만들어지기 시작한다. 목회자는 하나님의 집의 장인이며 석공이다. 설교를 준비할 때 자신이 무슨 일을 하는지를 기억하는 것이 대단히 중요하다.

두 석공이 열심히 일하고 있었다. 무슨 일을 하는지 묻자 한 사람은 "돌을 깎아서 완벽한 정사각형을 만들고 있다"라고 답했다. 다른 한 사람은 "성당을 짓고 있다"라고 대답했다. 목회자들도 마찬가지다. 그들은 무슨 일을 하고 있는가? 한 목회자는 "잘 짜인 설교를 준비하고 프로그램을 계획하고 갈등을 중재하고 있다"라고 답할지도 모른다. 공공신학자인(또한 작은 시인인) 목회자는 다르게 답할 것이다. "나는 성전을 짓고 있다." 회중을 살아 있는 성전으로 보기 위해서는 믿음과 용기, 성서적으로 훈련된 상상력이 필요하다. 하지만 이것이 정말로 바른 대답이다. 목회자-신학자는 각각의 산 돌을 깎고 다듬고 닦아서 그리스도와 연합하고 서로와 연합하게 한다.

교리문답 교사: 그리스도 안에 있는 바를 가르침
—

복잡한 신학 용어나 원칙을 배우는 것 자체가 특별한 가치를 지닌 것은 아니다. 동일 본질*homoousios*(성부와 성자가 같은 본질을 지니신다는 교리—옮긴이)이나 칼뱅주의적 외부*extra Calvinisticum*(그리스도의 신성이 그분의 인성 밖에서도 역사하신다는 칼뱅주의 교리—옮긴이) 같은 헬라어와 라틴어 용어는 대부분의 지역 회중의 일상적 관심사와는 한참 동떨어져 보인다. 그렇다면 왜 초대교회에서는 새로운 신자들이 세례를 받기 전에 1년에서 3년까지 교리문답catechesis('구두로 교육하다'라는 뜻의 헬라어 *katēcheō*에서 유래함) 기간을 거쳐야 한다고 주장했고 이를 위한 교육 지침서를 만들었을까?[53] 짧게 답하자면 이렇다. 거룩한 교리*doctrina*('가르침')의 목적은 제자들이 그리스도 안에 있는 바에 관한 지식 안에서 자라게 하기 위함이다.

냉정한 진실은 일종의 주입 교육이 불가피하다는 것이다. 삶의 과정에서 우리는 모두 다양한 종류의 교리(신학적 교리뿐만 아니라 경제적, 정치적, 이데올로기적 교리까지)를 주입받는다. 교리(견해와 신념, 가르침)는 어디에나 있다. 학교에서 공식적으로 이를 가르칠 뿐만 아니라 가정과 동네, 운동장, 직장에서 비공식적으로도 가르친다. 텔레비전 역시 우리를 교육하거나 세뇌시킨다. 다양한 매체는 문화가 우리를 교육하는 수단이다. 우리가 무슨 교리(공산주의, 자본주의, 소비주의, 혹은 다른 무언가)를 들이마시든지 우리는 우리가 참되며 옳다고 믿는 바대로 살아간다. 현실을 잘못 이해할 때 어리석게 살 가능성이 크다. 신학(하나님을 향해 살아감)은 그리스도의 몸에 꼭 필요한 생명의 피다. 이 책의 목적은 비성서적 교리(예를 들면, 이기주의)가 우리로 하여금 하나님이 아니라 자신만을 위해 살아가도록 만드는 상황에서 교회가 서서히 생명을 잃게 만드는 피 흘림(즉, 신학적 무지)을 멎게 하는 것이다. 목회자는 우상숭배라는 독소와 이데올로기적 감염, 다른 형태의 거짓 가르침에 맞서기 위해 그리스도의 몸에 예방 접종을 해야 한다.

목회서신에서는 교리(헬라어로 *didaskalia*, '가르침')를 대단히 자주 언급한다. 바울은 거짓 가르침에 맞서야 했으며, 오늘날 목회자들도 그래야 한다. 바울은 교리 자체를 위해서 교리를 강조하지 않지만, 디모데와 디도에게 건전한 교리*hygiainousē didaskalia*(딤전 1:10; 딤후 4:3; 딛 1:9; 2:1)를 가르치라고 권고한다. 건전한 교리는 그리스도의 몸의 건강을 위해 유익하다. 건전하지 못한 교리(독소와 같은 가르침)는 건강을 해치고 그리스도의 몸이 제대로 기능을 발휘하지 못하게 만든다. 의미심장하게도 바울은 '건전한 교리'를 관념뿐만 아니라 부모 살해나 거짓말, 동성애 행위, 인신매매처럼 **실천**에 관련해서도 대조를 이루는 용어로 사용한다. 그와 대조적으로, '건전한' 교리는 [그리스도의 몸을] 건강하게 만든다는 뜻에서 건강에 유익하다. 그리스도 안에 있는 바에 조화를 이룰 때 교리는 건전하다.

바울은 승천하신 그리스도께서 교회에 주시는 다양한 은사에 관해 말하면서 예언자와 복음 전도자, 그리고 하나의 정관사로 연결된 '목사와 교사'(헬라어로 *tous poimenas kai didaskalous*, 엡 4:11)를 언급한다.[54] 이런 구문은 두 집단이 반드시 동일하지는 않지만 그럼에도 불구하고 겹치는 기능을 지님을 암시한다. "모든 목사는 가르치지만 … 모든 교사가 목사인 것은 아니다."[55] 가르침의 목적은 "성도를 온전하게 하여 봉사의 일을 하게 하며 그리스도의 몸을 세우는" 것이다(4:12). 목회자-신학자는 교인들을 가르쳐 그들이 스스로 일상의 목회자가 되게 함으로써 교회를 이끈다. 그런 방식으로 교회 안의 모든 사람, 즉 특별한 목회(앞서 언급한 '은사')를 하는 사람과 일상적 목회를 하는 사람 모두가 교회를 세우는 활동을 하며, 따라서 성령을 통한 그리스도의 건축 계획에 참여한다.[56] 가르침의 목적은 (성자를 믿는 것과 아는 일에) 하나 되는 것과, 그리스도 안에서의 성숙이다(4:13). 그리스도 안에서 성숙한 이들은 더 이상 "온갖 교훈의 풍조에 밀려 요동하지" 않을 것이다(4:14).

건전한 교리는 이 몸의 건강을 위해 필수적이다. 그러므로 신학자를 교회의 '박사doctor'('가르치다'라는 뜻의 라틴어 *docere*에서 유래)라고 부르는 것은 적절하다. 목회자들의 교육을 감독하는 또 다른 종류의 박사를 인정하는 한, 칼뱅 역시 기꺼이 목회자를 '박사'라고 불렀다.[57] 교회의 박사들은 특히 성서를 바르게 해석함으로써 건전한 교리를 보존하고 거짓 교리를 바로잡는다. 이제 우리는 어떤 의미에서 목회자-신학자가 특수한 종류의 유기적 지식인인지를 이해할 수 있다. 그는 특히 **그리스도 안에** 있는 바와 있게 될 바를 가르침으로써 그 몸에 속한 동시에 그 몸을 돌보는 박사들이다.

성서의 책 순서를 따르든지, 성서정과lectionary를 따르든지 질서 있는 강해 설교가 성서 해독력을 기르는 최선의 방법인 것처럼, 신조든 신앙고백이든 질서 있는 교리 해설 교육은 목회자-신학자가 지역 교회 안에서 신학 해독력을 기르는 최선의 방법이다. 지역 교회는 특수한 시간과 공간 속에서 공교회와 천상의 교회를 나타내는 구현체다. 따라서 지역 교회는 믿는 것에 하나 되기를 마땅히 추구해야 한다(엡 4:13). 그리고 기독교 교리를 배움으로써 믿음의 일치를 추구할 수 있다. 초대교회부터 교리교육의 중요성에 관한 글이 여러 편 있었다. 그 중 한 글에서 아우구스티누스는 교리를 가르치는 이들에게 교리 요점 목록을 제공하기보다는 창조에서 시작해 중요한 전환점(예를 들면, 타락, 회복의 소망)을 설명하는 구원사의 '전체 이야기'를 들려주라고 권고한다.[58] 아우구스티누스의 주장이 옳다. **그리스도 안에 있는 바**를 바르게 말하기 위해서 교리를 가르치는 사람은 구속의 드라마를 이루는 모든 장을 가르쳐야 한다.

칼뱅은 예언자가 아니라 목회자였지만, 오늘날 교회는 이 문제에 관한 그의 주장에 마땅히 귀를 기울여야 한다. "하나님의 교회는 교리 교육 없이 절대로 스스로를 지켜낼 수 없다."[59] 칼뱅의 《제네바 교회 교리문답Catechism of the Church of Geneva》(1541)은 십계명과 사도신조, 주의 기도, 성례전에 초점을 맞춘 373개의 물음과 대답으로 이루어져 있다. 이 교리문답에서는 믿음과 순종, 교회의 삶에 관한 문제를 다룬다.[60] 이 교리문답은 교회와 가정에서 사용되었고, 공동 예배 시간에 1년에 네 번 암송했다. 첫 물음은 다른 모든 물음에 대한 배경이 된다. "인간 삶의 제일 중요한 목적은 무엇입니까?" 답: "하나님을 아는 것입니다."

인간으로서 우리의 소명이 하나님을 향해 사는 것이라면 하나님을 아는 것과 하나님 앞에서 우리 자신을 아는 것은 전혀 이론적인 문제가 아니다. 아마도 그렇기 때문에 《하나님을 아는 지식Knowing God》(IVP 역간)의 저자인 제임스 패커는 자신을 묘사하기에 가장 적합한 말이 '현대의 교리문답 교사'라고 생각했을 것이다.[61] 패커는 교리 교육을 "실천에 초점을 맞추는 제자도의 교리와 윤리의 전수"라고 정의한다. "[교리 교육은] 그 방법에서 성서에 기초하며, 관점에서는 그리스도 중심적이고, 형식에서 선언적이며, 주제에서는 송영적이다."[62] 교리문답은 우리의 지성을 다해 하나님을 사랑하라는 명령에 대한 응답이다. 하지만 주의 기도와 십계명에 초점을 맞추는 대부분의 고전적인 교리문답에서는 우리의 정서와 행동에 영향을 미치며 우리의 경건과 의무를 강조한다.[63] 교리문답은 무엇보다도 **그리스도 안에 있는 바**의

진리와 선함, 아름다움을 배우는 활동이다.[64]

모든 목회자는 교리문답 교사여야 한다. 이것은 신학자가 보편적 지식인이어야 한다는 앞서의 논의와도 잘 들어맞는다.[65] 목회자-신학자를 (전문의가 아닌) 일반의라고 생각해보라. 그의 의무는 그리스도의 몸의 건강을 돌보는 것이고, 이를 위해 건전한 교리를 가르친다. 지구상 많은 곳에서 그리스도의 몸이 망가져 있다. 비만인 경우도 있고 병든 경우도 있다. 그런 의미에서 교회는 성령의 메스(즉, '하나님의 말씀', 엡 6:17)로 수술하듯이 거짓 가르침을 제거하고 교리문답의 정맥 주사로 그것을 건전한 교리로 대체하는 수술실이다. 다시 살아나 그리스도 안에 있는 바를 새롭게 깨달은 교회라는 몸은 교리가 지성 안에서만 헛도는 대신에 혈류를 타고 흐르게 한다.[66]

예전 집례자: 그리스도 안에 있는 바를 기림
—

앞 장에서는 목회자-신학자가 기독교의 패러다임이 되는 기분, 즉 부활을-향해-존재함의 기쁨을 구현하고 촉진하는 사람이라고 강조했다. **그리스도 안에 있는 바**는 가르쳐야 할 무언가, 즉 우리의 지성으로 하나님을 사랑하는 방법을 뜻한다. 하지만 그것은 기뻐해야 할 무언가, 즉 마음으로부터 흘러나오는 하나님을 향한 우리 사랑의 표현이기도 하다. 복음의 많은 요소가 우리를 기쁘게 만들지만, 교리 교육과 가장 밀접하게 연관된 요소는 한 사람이 그리스도의 몸과 하나가 되는 것을 축하하는 세례다. 초대교회에서 세례는 교육 과정의 정점이자 한 사람의 믿음을 공적으로 드러내고 제자로서 한 사람의 삶이 시작되는 시간이었다. 세례는 그리스도와 함께 죽고 다시 살아남을 상징하며, 따라서 한 사람의 새로운 생일이 된다. 한 사람이 세례를 받을 때마다 교회는 지구 위에 있는 그리스도의 몸인 살아 있는 성전에 돌 하나가 추가됨을 기뻐한다.

목회자-신학자는 회중을 이끌어 **그리스도 안에 있는 바**를 함께 기릴 책임이 있다. 이것을 *orthodoxa*('바른 찬양, 바르게 영광 돌림')라고 부른다. 많은 목회자들은 자신이 예전 집례자라고 생각하지 않을지도 모르지만, 엄밀히 말해서 이것이 하나님에 대한 올바른 공동 예배의 핵심이다. 예전은 문자적으로 '사람들의 일'을 뜻한다[헬라어 레이투르기아*leitourgia*는 레이토스*leitos*('대중')+에르고스*ergos*('일')에서 유래]. 하나님의 구원 사역에 대한 교회의 공동 예배를 인도하는 사람은 공공사업청 public works administration(고속도로와 공공건물 건설 등을 담당했던 미국의 행정 기관—옮긴이)에서 일하는 사람과 같다. 그리스도인의 찬양과 예배의 공동체적 표현을 이끄는 이 일 역시 공공신학이다.

예전은 공식적일 수도 있고 비공식적일 수도 있다. 공식적 예전의 예는 성공회의 공동기도서Book of Common Prayer나 스코틀랜드 장로교회의 공동예배서Book of Common Order다. '예전적'이라는 용어를 한 계점까지 확장할 정도로 지나치게 격식을 차리지 않은 경우도 있지만, 이른바 비예전적 예배 중 다수는 사실 비공식적 예전이다. 질문은 여전히 남는다. 어떻게 목회자는 사람들과 함께 일하는 공공신학자로서 사람들이 지성을 다할 뿐만 아니라 마음을 다해 하나님을 사랑하도록 이끌 수 있을까? 어떻게 교회는 **그리스도 안에 있는 바**를 기리는 일을 바르게 행할 수 있을까?

모임: 무엇이/어느 곳이/언제가 예배인가?

교리는 그리스도 안에 있는 바라는 진리를 말로 제시하는 반면, 예배는 같은 진리를 교회의 공동체적 삶 속에서 상징적 행동을 통해 제시한다. 이는 하나님에 대한 응답이나 봉헌의 형태로 이루어진다. 목회자가 '예배'의 책임을 다른 이들, 대개는 음악가에게 넘겨줄 때, 그는 교회를 든든히 세울 소중한 기회를 잃어버리는 셈이다. 목회자-신학자가 음악가가 되어야 한다는 뜻이 아니라, 하나님의 백성이 모여서 행하는 집회를 인도하는 것 역시 자신의 책임이라고 생각하지 않는다면 그가 자신의 소명을 오해하고 있다는 뜻이다.[67] **예배는 본질적으로 신학적 행위**, 즉 하나님이 세상에 주시는 사랑을 인식하고 사람들이 십일조와 기도, 순종의 모습으로 하나님께 사랑을 돌려드리는 행위이기 때문이다.[68] 하나님의 백성이 함께 모이는 것은 바로 이를 위해서다. 즉, 그들 가운데 계신 삼위일체 하나님의 임재와 활동을 더불어 찬양하기 위해서다.

예전, 특히 전례력은 일종의 살아 있는 신학대전 *summa theologiae*, "기독교 신앙과 경험 전체에 대한 간략한 요약"이다.[69] 전례는 그리스도의 몸을 구속의 드라마라는 행위 속으로 이끌기 위한 활기 넘치는 방식이다. 세례는 들어가는 관문일 뿐이다. 예수의 삶 속에 일어난 사건(예를 들어, 대강절과 성탄절, 성금요일, 부활절, 오순절 등)과 짝을 이루도록 배치된 성서 읽기를 통해 전례력을 지키는 교회는 주마다 그리고 해마다 예수의 삶 속에서 자신의 삶을 경험하는 법을 배운다.

왜 굳이 교회가 존재하는가?[70] 교회(헬라어로 에클레시아ekklēsia)는 '모임', 즉 어떤 목적을 위해 하나님의 부르심을 받고 모여서 무언가 함께하는 사람들의 모임이다. '예배worship'라는 영어 단어는 이 모임의 목적이 최고의 존재께 가장 가치 있는 것을 돌려드리는 것임을 암시하며, 사람들이 하는 일이 하나님과 하나님의 어린양을 찬양하는 것이라는 점은 참이다(시 96:7-8; 계 5:11-12). 하지만 (1) 예배가 그저 인간이 하는 일이라거나 (2) 주일 아침 예배 시간에만 이루어진다거나 (3) 예배의 전반부, 즉 설교 전까지만 이루어진다거나 (4) 신령과 진정으로 예배하는 것이 곧 '찬양을 통한 황홀경'이라고 생각하는 것은 어처구니없는 잘못이다.[71]

첫 번째 경우에 하나님은 예배 가운데 은혜롭게 임재하고 활동하시며 성서와 설교, 노래, 성례전을 통해 그리스도를 전해주신다. 동시에 교회의 예배는 설교(진리 말하기)와 기도(중보하기), 찬양(노래하기)을 통해 그리스도의 예언자적, 제사장적, 왕적 직분에 참여한다. 어떻게 찬양이 그리스도의 왕적 직분에 상응하며 그 직분에 대한 참여인가?[72] 피조물에 대한 그리스도의 통치와 이 땅 위 그분의 나라의 도래를 기뻐함으로써다. 하나님의 말씀을 듣는 행위처럼 교회의 찬양은 그 자체가 성령께서 가능하게 하신 일이다.

예배가 무엇이며 어디서, 언제 예배가 이루어지는가를 명확히 설명함으로써 두 번째부터 네 번째까지의 오류에 대해 답할 수 있다. 첫 그리스도인들의 모임처럼 오늘날 지역 교회에서 그리스도인들의 공동 예배에는 기도하기, 하나님의 말씀에 대한 해석 듣기, 하나님의 일을 위해 헌금하기, 주의 만찬 행하기, 찬양의 제사 드리기와 같은 활동이 포함된다. 물론 우리는 하나님이 외적인 경건의 행동만 하는 사람들을 만족스러워하지 않으신다는 것을 안다. 하나님은 "제사를 기뻐하지 아니하시"며(시 51:16), "상하고 통회하는 마음"(시 51:17)의 표현이 아닌 종교 예식을 "싫어하"신다(사 1:14).

예배가 잘못되는 것은 두 방식 중 하나다. 하나는 우상이나 거짓 신처럼 가치 없는 무언가를 예배하는 것으로서, (말하자면) 예배가 객관적으로 잘못된 경우다. 혹은 바른 대상을 잘못된 방식으로 예배할 수 있는데, 이것은 예배가 주관적으로 잘못된 경우다.[73] 예수께서는 호세아 6장 6절을 인용하시면서 신령과 진정으로 예배하고자 하는 이들을 위한 지침을 주신다. "나는 인애를 원하고 제사를 원하지 아니하며 번제보다 하나님을 아는 것을 원하노라"(참고. 마 9:13). 목회자-신학자가 회중으로 하여금 한 분이신 참 하나님에 대해 바르게 응답하도록 돕고 가르친다면 그는 예배를 바르게 인도하는 셈이다. 하나님이 기뻐하시는 바른 예배란 우리의 입술뿐만 아니라 우리의 삶으로도 예수 그리스도 안에 있는 은혜를 인정하는 것이다. 그리스도의 희생이 바른 제물과 바른 예배를 가능하게 한다. 우리 삶 전체를 산제사로 드리고 감사로부터 흘러나오는 삶을 살 수 있게 한다.

(신학처럼) 예배의 핵심은 궁극적으로 하나님을 향해 사는 삶이다. "현대의 그리스도인들은 '예배'라는 말을 통상적이며 제한된 방식으로 사용하여 주로 주일 예배에서 일어나는 일에 적용함으로써 이 주제에 관한 성서의 가르침의 너비와 깊이를 모호하게 만든다."[74] 덜 제한된 예배의 정의는 "하나님이 행하셨고 행하시며 행하겠다고 약속하신 바에 대한 기쁨에 넘치는 응답"일 것이다.[75] 이것의 바울의 예배 이

해이며, 따라서 그는 로마서 독자들에게 "너희 몸을 하나님이 기뻐하시는 거룩한 산 제물로 드리라. 이는 너희가 드릴 영적 예배니라"라고 말한다(롬 12:1).[76] 따라서 예배는 교회의 집회에서 행하는 것보다 더 많은 의미를 담고 있으며, 교회의 집회는 **예배**라는 말이 흔히 뜻하는 것보다 더 많은 의미를 담고 있다.

우리는 우리 몸(우리의 온 자아)을 하나님을 섬기기 위해 산 제물로 드림으로써 하나님을 예배한다. 우리가 하나님을 섬기기 위해 할 수 있는 가장 중요한 일 중 하나는 복음을 전하는 것이다. 이것은 공식적으로 말씀의 사역을 하는 성직자만의 책무가 아니라 특히 "신령한 노래들"(엡 5:19; 골 3:16)을 통해 비공식적으로 말씀의 사역을 하는 평신도의 책무이기도 하다. 예배란 무엇인가? 예배는 사랑과 자비로 우리에게 자신을 내어주신 하나님을 사랑하고 찬양하는 마음으로 우리 자신을 하나님께 내어드리는 것이다. 예배는 언제 어디서 이루어지는가? 어디서든 하나님의 백성이 하나님께 자신을 드리는 때마다 예배가 이루어진다. 고대 이스라엘에서도 하나님을 바르게 섬기기 위해서는 "삶의 모든 영역에서 순종과 신실함이 필요했다."[77]

성서에 따르면 정규 주일 예배의 일차적 목적은 우리가 흔히 '예배'라고 부르는 것을 행하는 게 아니다. 그렇다면 지역 교회가 갖는 모임의 목적은 무엇인가? 바른 대답은 **그리스도 안에 있는 바를 기리기** 위함이라고 이미 주장한 바 있다. 하지만 더 구체적으로 말해볼 수 있다. 교회는 **그리스도 안에서 세워지기** 위해 모인다. 바울은 지역 교회가 모이는 목적에 관해 말할 때 '예배'보다는 '건덕健德'이라는 말을 자주 사용한다.[78] 건덕은 무엇보다도 먼저 하나님이 행하시는 바다.

교회 지도자들은 그리스도 안에 있는 바를 기리고(뒤에서 살펴보겠지만 여기에는 기억하기가 포함된다) 이를 드러내기 위해 함께 일함으로써 교회를 세우시는 삼위일체 하나님의 사역에 참여한다. 간단히 말해서, 하나님의 백성은 그리스도를 배우도록 서로 격려하고 그리스도를 기리고 공동체로서 그리스도의 삶을 실천하기 위해 모인다. 우리는 하늘에서처럼 땅에서도 성자를 드러내기 위해 모인다.[79]

> **하나님의 백성은 그리스도를 배우도록 서로 격려하고 그리스도를 기리고 공동체로서 그리스도의 삶을 실천하기 위해 모인다.**

따라서 교회의 예전(공동 예배의 순서)은 삶의 예전(개인적 예배의 모습)을 위한 훈련이다. 엄밀히 말해서 성도에게 '평범한' 시간ordinary time(전례력에서는 성령강림절 이후 대강절 전까지 특별한 절기가 없는 시간을 가리키는 말—옮긴이)이란 없다. 날마다 깨어 있는 매순간이 우리에게는 우리 삶을 하나님을 위한 제물로 만들 기회다. 그렇기 때문에 목회자-신학자가 주일 예배의 모든 요소에 관여하는 것이 너무도 중요하다. 교회 안에서 드리는 공동 예배의 핵심 목적은 개인적, 공동체적으로 자기 몸과 삶을 하나님을 섬기기 위해 성별된 제물로 드리는 사람들을 세우는 것이다. 이보다 분명한 공공신학의 예는 없을 것이다.

교회는 왜 존재하는가? **성도들이 지역 교회로 모이는 궁극적 목적은 믿음과 소망, 사랑 안에서 든든히 세워져 언제 어디서든 신령과 진정으로 예배할 수 있는 사람이 되는 것이다.** 공동 예배는 성도를 세우는 일차적 수단 중 하나다. 달리 말하면, 교회는 하나님의 백성을 세워서 그들이 교회로 모이지 않는 주중에도 자신을 산 제물로 바침으로써 하나님을 섬길 수 있도록 하기 위해 모이고 예배한다. 우리가 통상 공동 예배라고 부르는 것은 그리스도인들이 모였을 때 언제 어디서나 드러나야 하는 바를 응축된 형태로 우리에게 보여준다. "두세 사람이 내 이름으로 모인 곳에는 나도 그들 중에 있느니라"(마 18:20).

기도: 정말로 현실적으로 살아가기

그리스도 안에 있는 바는 다름 아닌 현실, 즉 하나님과 세상, 우리 자신에 관한 진리다. 그리스도 안에 있는 바를 기릴 때 우리는 현실적인 것을 중심으로 우리의 생각을 재배치하고 그것을 향해 우리 마음을 재배열한다. 이것이 바로 마크 래버튼이 《껍데기 예배는 가라 *The Dangerous Act of Worship*》(직역하면 '예배라는 위험한 행위'—옮긴이)라는 책에서 주장하는 바일 것이다.[80] 예배가 위험한 까닭은 우리를 일깨워 그리스도 안에 있는 바(즉, 세상과 우리를 위한 하나님의 목적)를 깨닫게 하며, 그렇게 함으로써 돈 바꾸는 사람들의 상을 뒤엎을 뿐만 아니라 우리가 소중히 여기는 생각들을 불안하게 하고 우리의 화려한 자기 이미지를 깨뜨리겠다고 위협하기 때문이다. 기도에 관해서도 같은 말을 할 수 있다. 기도는 현실의 질서를 바로잡고 우상숭배라는 우리의 환영을 걷어내기 때문에 위험하다.

모든 환영 중에서 피조물을 창조주와 혼동하는 환영이 가장 위험하며 가장 어리석다. 이런 유혹에 매력을 느낀다고 인정하는 사람은 드물고, 우리가 하나님과 같다고 분명히 주장한다고 인정하는 사람은 더욱 드물다. 그럼에도 불구하고 이 유혹은 실질적이고 너무나도 교묘하다. 하나님이 마치 우리가 시키는 대로 행하시며 우리가 그분의 도우심을 원할 때 문지르기만 하면(간구하면!) 나타나는 램프의 요정인 것처럼 행동하고 기도하기 시작할 때 우리는 이런 근본적 혼란에 빠지기 쉽다. 하지만 예수와 시편, 우리보다 앞서간 성도들과 더불어 기도하는 법을 배울 때 우리는 우리가 마땅히 있어야 할 자리로 재빨리 돌아갈 수 있다. 우리는 주권적인 주님, 전능하신 하나님, 천지의 창조주 앞에 엎드린다. 기도는 하나님을 향해 사는 삶일 뿐만 아니라 그분께 말하는(그리고 그분께 귀 기울이는) 행동이기도 하다. 기도는 한 사람이 하나님과 맺은 관계를 보여주는 축소판이다.

> 기도는 한 사람이 하나님과 맺은 관계를 보여주는 축소판이다.

신학이 하나님과 세상의 관계를 다룬다면, 기도도 예배처럼 본질적으로 신학적인 행위라고 주장할 수 있다. 성 에바그리우스의 말처럼 "당신이 신학자라면 당신은 참으로 기도할 것이다. 당신이 참으로 기도한다면 당신은 신학자다."[81] 따라서 예수께서는 참으로 신학자셨다. 제자들은 그분이 기도하시는 것을 늘 보았기 때문이다. 누가복음만 보아도 예수께서는 여러 차례 기도하셨다(3:21; 5:16; 6:12; 9:18, 28-29; 10:21; 11:1; 22:41-45). 또한 누가는 예수께서 제자들에게 기도하라고 권면하시며(10:2; 18:1; 21:36; 22:40, 46), 기도에 관해 부정적인 예를 드시거나(18:10-11; 19:46; 20:47) 스스로 본을 보이심으로써(11:2-4) 그들에게 기도하는 법을 가르치시는 모습을 묘사한다. 예수께서 하나님의 이름의 거룩함 혹은 성별됨에 가장 먼저 관심을 기울이셨다는 사실은 중요하다. "아버지여, 이름이 거룩히 여김을 받으시오며"(눅 11:2).

초대교회 그리스도인들 역시 신학자들이었다. 그들은 예루살렘 다락방에 모여서 "오로지 기도에 힘썼다"(행 1:14). 오늘날 목회자들이 목회 기도의 전통을 포기한다면 공공신학을 할 소중한 기회를 잃어버리는 셈이다.[82] 모인 공동체를 기도로 이끌지 않는다는 것은 그리스도 안에 있는 바를 기릴 뿐만 아니라 사람들에게 신학을 가르칠 최선의 기회 중 하나를 놓치는 것이나 다름없다. 기도는 그리스도를 통해 우리가 천지의 창조주이며 성부이실 뿐만 아니라 아바('아빠')이신 하나님께 나아갈 수 있다는 복된 소식의 재현이기 때문이다. 교리적 신학에서는 신적 초월과 내재라는 개념으로 하나님과 그분의 백성 사이의 관계를 어렵게 설명하지만, 참된 기도는 이 관계, 즉 거룩하신 창조주 하나님이 사랑하시는 아버지로서 우리 가운데 임하신다는 것을 분명히 보여준다.

목회자-신학자는 목회 기도를 통해 현실을 전할 독특한 기회를 가지고 있다. 서방 전통에서는 목회 기도를 '본기도collect'라고 불러왔다. 아마도 이 기도가 교회를 한데 모으기 때문이거나("기도합시다") 백성의 염려를 모아 공동체의 기도로서 하나님께 아뢰기 때문일 것이다. 본기도는 흔히 다섯 요소, 즉 기원("오 하나님"), 하나님의 속성에 대한 인정(예를 들어, "자비가 풍성하신"), 청원(예를 들어, "우리를 용서하소서"), 간구의 이유(예를 들어, "예수 그리스도의 사역을 통해"), 결론(예를 들어, "그분의 이름으로 기도합니다. 아멘")으로 이루어진다. 예전을 중시하는 교단에는 특수한 상황이나 특별한 날을 위한 '본기도'가 포함된 기도서가 있지만, 그렇지 않은 전통에 속한 목회자들은 꼭 '본기도'라는 용어를 사용하지 않더라도 목회 기도를 작성할 필요가 있다. 공동기도서와 같은 책을 사용하지 않는 교회의 목회자-신학자의 경우는 공적 기도를 이끌어야 할 책임이 훨씬 더 크다.

말은 중요하며, 목회자는 자신이 하나님께 기도할 때 사용하는 말에 대해 주의 깊게 생각해보아야 한다. 공적 기도는 공공신학을 할 중요한 기회다. 아이들이 아빠가 엄마에게 하는 말을 듣고 부모를 부르는 법을 배우듯이, 목회자-신학자는 공적 기도라는 본보기를 통해 회중에게 하나님(아빠!)께 말하는 법을 가르친다. "목회자는 공적으로 드리는 기도가 회중의 기도 생활 전체에 결정적인 영향을 미친다는 점을 기억해야 한다."[83]

기도할 때 죄의 고백을 결코 드리지 않는 목회자는 회중도 그럴 필요가 없다는 생각을 심어줄 위험이 있다. 오고 있는 하나님나라("나라가 임하시오며")를 위해 기도하는 대신 회중의 필요를 위해서만 기도하는 목회자는 우리가 그분의 부르심에 따라 살아야 하는 게 아니라 하나님이 우리가 시키는 대로 행하신다는 생각을 심어줄 위험이 있다.

기도는 그리스도 안에 있는 바, 즉 성부와 성자 사이의 대화일 뿐만 아니라 우리가 하나님의 자녀로 입양된 것을 기뻐하는 행위다. 그리스도인은 기도함으로써 성자께서 성부와 누리시는 사귐에 참여한다("우리 아버지여…"). 더 나아가 예수께서 기도를 통해 하나님이 주신 사명을 지향하도록 그분의 삶을 조정하셨듯이 우리도 그렇게 할 수 있다. 예수께서는 기도를 통해서 "내 원대로 마시옵고 아버지의 원대로 되기를 원하나이다"(눅 22:42)라고 말씀하실 힘을 얻으셨다. 마찬가지로 우리는 기도를 통해서 '그리스도 안에' 있는 우리의 소명과 정체성을 되새긴다. C. S. 루이스는 "이제 기도할 때 나는 이 '진짜 세상'과 '진짜 자아'가 결코 근본적 실재가 아님을 깨닫고 다시 또 깨닫는다"라고 말한다.[84] 기도는 그리스도 안에서 우리가 누구인지를 상기시킨다는 점에서 우리를 깨우는 소리이자 우리로 하여금 현실을 새롭게 마주할 수 있게 하는 활력소다. 목회자여, 우리에게 기도하는 법을 가르쳐달라.

성찬: 주의 만찬

지금까지 나는 설교와 예배, 기도에 관해 설명하면서 '본질적으로 신학적인 행위'라는 구절을 세 차례 사용했다. 각각이 하나님과 관계가 있으며 그분의 백성을 만드는 행위이며, 따라서 '공공신학'이다. 예전 집례자(즉, 하나님 앞에서 모임이라는 공적인 일을 인도하고 조정하는 사람)인 목회자를 다루는 이 부분을 마무리하면서 아마도 이 구절이 가장 잘 어울릴 주장을 제시하고자 한다. 주의 만찬을 집례하는 것은 본질적으로 (가장 중요한?) 공공신학적 행위다.

> 주의 만찬은 그리스도 이야기의 요약이자
> 그분이 성취하신 현실의 맛보기다.

주의 만찬의 핵심은 **그리스도 안에 있는 바**다. 주의 만찬 자체가 그리스도 이야기의 요약이자 그분이 성취하신 현실에 대한 맛보기이기 때문이다. 예수께서는 마지막 만찬 때 이 성례전을 제정하시면서 제자들에게 "이것은 너희를 위하여 주는 내 몸이라. 너희가 이를 행하여 나를 기념하라. … 이 잔은 내 피로 세우는 새 언약이니"라고 말씀하셨다(눅 22:19-20). 주의 만찬을 행할 때 우리는 "주의 죽으심을 그가 오실 때까지" 선포한다(고전 11:26). 빵과 포도주를 나누고 이스라엘의 유월절 식사를 떠올림으로써 대속하시는 예수의 십자가 죽음을 기억할 때, 우리는 구속의 드라마 전체를 요약해 언어적, 시각적, 본능적으로 재현한다. 주의 만찬은 과거의 구원 사건을 돌아보고 미래의 주의 오심을 기대하는 현재의 행위다.

따라서 주의 만찬을 통해 우리는 궁극적 현실을 맛볼 소중한 기회를 누릴 있다. 그리스도 안에 있는 바, 즉 궁극적 현실은 하나님과의 **사귐**communion(성만찬을 뜻하기도 함—옮긴이)이자 서로와의 **사귐**이기 때문이다. 주의 만찬을 행할 때 우리는 몸짓으로 단어를 표현하는 게임을 하는 게 아니라 수직적 차원과 수평적 차원에서 이 현실에 참여한다. 주의 만찬을 행할 때 우리는 몸으로, 말과 행동으로 그리스도께서 하나님과 그분의 백성 사이에, 또 그 백성 안에서 이루신 사귐(헬라어로 코이노니아koinōnia)에 참여한다. 한마디로 그리스도 안에 있는 바는 하나님과의 **평화**, 우리의 그리스도인 형제자매와의 **평화**다.

바울은 고린도 교회 안의 문제에 관해 이야기하면서 주의 만찬에 관해 가르쳤다. "너희가 교회에 모일 때에 너희 중에 분쟁이 있다 함을 듣고"(고전 11:18). 그리스도인들 사이의 분열은 그리스도의 몸에 난 상처일 뿐만 아니라 그리스도 안에 있는 바, 즉 "성도의 교통"(사도신조)을 교회가 제대로 이해하지 못했음을 보여주는 증거이기도 하다. 앞에서 우리는 교회가 살아 있는 성전이며 그리스도의 죽음이 이방인으로 하여금 하나님의 백성 안으로 들어오지 못하도록 막았던 적대감이라는 담(엡 2:14)을 허물었음을 강조했다. 그리스도 안에서 죄인과 하나님 사이의 화해가 이루어졌을 뿐만 아니라 다양한 종류의 인간 사이에도, 즉 주인과 종, 남자와 여자, 유대인과 이방인 사이에도 화해가 이루어졌다. 주의 만찬을 집례하는 목회자는 화해를 이루시는 그리스도의 사역에 참여한다(고후 5:18).

주의 만찬은 '그리스도 안에' 존재하는 하나 됨의 극적 재현이다. 그것은 복음의 핵심을 파악하는 공공신학의 강력한 활동이다. 복음은 성령께서 믿음을 통해 모든 인종과 계급, 계층의 사람들이 그리스도와 하나 되게 하신다는 것이다. 그들은 그리스도와 연합되고 또 서로와 연합된다. 성찬대는 이 하나 됨이 두드러지게 전시되는 공간이다. 혹은 그렇지 않을 수도 있다. 바울은 고린도에서 행해지던 나쁜 공공신학에 대해 염려했다. 그들은 분파로 나뉘었을 뿐만 아니라 합당하지 않게 주의 만찬을 먹었다. "너희가 함께 모여서 주의 만찬을 먹을 수 없으니, 이는 먹을 때에 각각 자기의 만찬을 먼저 갖다 먹으므로 어떤 사람은 시장하고 어떤 사람은 취함이라"(고전 11:20-21). 몇 절 지나서 바울은 "주의 몸을 분별하지 못하고" 먹고 마시는 것에 대해 경고한다(11:29).

주의 몸을 분별한다는 것은 수많은 족속과 나라, 계급에 속한 사람들이 그리스도 안에서 하나가 되었음을 이해한다는 뜻이다. "우리가 축복하는 바 축복의 잔은 그리스도의 피에 참여함[코이노니아*koinōnia*]

이 [아니냐?]"(고전 10:16). 그리스도인의 코이노니아란 누군가와 무언가를 나누거나 무언가 안에서 누군가와 함께 참여함이다. 그리스도인들이 서로와 나누는 바는 그리스도 안에 있다는 현실, 즉 "그의 피로 말미암아 의롭다 하심을 받았다"(롬 5:9)는 현실이며, 성령을 통해 그리스도의 부활 안에서 나누는 사귐의 기쁨이다. 세상의 논리를 전복하는 복음의 은혜로운 논리를 볼 수 있고 만질 수 있는 방식으로 재현하는 성례전을 집례할 때 목회자는 중요한 공공신학 작업을 한다. 주일에 이웃과 빵과 포도주를 나누지만 주중에 이웃과 아무 상관없이 지낸다면 그것은 그리스도 안에 있는 바와 완전히 모순된 삶일 뿐이다. 따라서 주의 만찬은 축제일 뿐만 아니라 교회가 그리스도 안에 있는 사귐을 더 깊이 이해하고 더 참되게 실천하는 일종의 체험적 교리 교육이기도 하다.

성령을 통해 그리스도 안에서 더불어 성만찬을 행할 때 우리는 그리스도의 몸을 분별하는 셈이다. 이 사귐은 현실적이다. 인간을 나누는 것처럼 보이는 피상적 차이들(예를 들어, 언어와 피부색)보다 더 현실적이다. 따라서 주의 몸을 분별하는 것의 수평적 차원은 그리스도 안에서 누리는 참된 성도의 사귐을 이해함을 뜻한다. 성만찬이 아니라면 전혀 관계가 없었을 사람들과 그리스도의 살과 피를 나누는 것 자체가 몸을 통해 이뤄진 공공신학의 도발적인 선언이다. 그리스도 안에 존재하는 새로운 인류, 아무런 인종적, 사회적, 경제적 분열도 존재하지 않는 새로운 인류를 구현할 때 교회 자체가 공공신학이 된다.

하지만 주의 몸을 분별하는 것에는 수직적 차원도 있다.[85] 그리스도께서 주의 만찬에, 일차적으로 성찬대 위가 아니라 성찬대 **곁에 실제**

로 임재하신다. 이것은 주의 만찬이며, 그분은 식사이신 동시에 식탁으로 초대하시는 주인이시다. 그분은 살아 계신다. 부활하신 그분의 몸은 하늘로 올라가셨다. "승천으로 인해, 교회와 함께 계시는 그리스도의 임재라는 사실과 현실이 아니라 그 양상이 바뀌었다."[86] 우리 마음을 주께로 들어 올리셔서 손님을 주인과 연합시키시는 성령을 통해 주의 만찬에 참여할 때 우리는 살아 계신 그리스도와 사귐을 누린다. 그리스도의 실제적 임재를 전해주는 것은 주의 만찬의 요소(빵과 포도주―옮긴이)가 아니라 그 행위와 사건 전체다. 주의 만찬은 그리스도 안에 있는 바가 그분과의 연합, 하나님과의 사귐, 그리고 서로와의 사귐임을 우리에게 상기시켜준다.

주의 만찬을 집례하는 것은, 동작은 단순하지만 그 의미는 너무나도 정교한 공공신학의 행위다. 목회자-신학자는 매주 주의 만찬을 집례함으로써 그 안에 있는 풍성한 신학적 보물을 캐내야 한다. 그것은 복음의 요약이자 현실의 목회, 교회에 관한 진리의 재현이다.[87] 하나님의 백성은 함께 떡을 떼면서 성령을 통해 그리스도 안에서 그들의 참된 정체성을 깨닫는다. 주의 만찬을 정기적으로 행할 때 우리는 "이를 행하라"(눅 22:19)는 주의 명령뿐만 아니라 "모든 민족을 제자로 삼으라"(마 28:19)는 그분의 위임에도 순종한다. 성만찬은 말이 포함되지만 말을 초월하는 심오한 가르침을 제공하는 시간일 뿐만 아니라 그리스도 안에서 하나님의 백성을 세우는 구체적 수단이기도 하다. "우리가 떼는 떡은 그리스도의 몸에 참여함[코이노니아 *koinōnia*]이 아니냐?" (고전 10:16)

변증가: 그리스도 안에 있는 바를 논증함

1,000년 이상 동안 기독교 세계 최고의 지성인들이 이를테면 '변증가의 돌', 즉 우주론적인 납을 신학적인 금으로 만들 방법을 찾았다. 그들은 이 세상에서 하나님의 존재에 대한 결정적 증거를 찾았다. 변증학은 기독교 신앙에 대한 변호이며, 이는 분명히 교회의 박사들이 해야 할 일 중 하나다. 변증학에서는 "어떤 해도 입히지 말라"는 말이 "어떤 오류도 받아들이지 말라"는 뜻이다. 바울은 디도에게 교회를 감독하는 사람들이 "바른 교훈으로 권면하고 거슬러 말하는 자들을 책망"할 수 있어야 한다고 말했다(딛 1:9). 요한 크리소스토무스는 바울의 굳센 의지를 칭송한다. "바울이 온 세상을 도망가게 만들었으며 그가 플라톤과 다른 모든 철학자들보다 더 강력하다는 것을 모르겠는가? 하지만 그가 기적을 행했기 때문이라고 말할지도 모른다. 단지 기적으로만이 아니다. 사도행전을 통독해보면 그가 가르침으로 반대자들을 압도할 때가 많았음을 깨닫게 될 것이다."[88]

목회자는 복음의 진리를 증명하고 거짓 가르침을 논박할 책임을 맡은 변증가다. 달리 표현하자면, 목회자에게는 신실하고 신뢰할 만한 방식으로 복음을 증언하고 교인들도 그렇게 할 수 있도록 도울 책임이 있다. 바울처럼 목회자가 기적을 행하거나 전문 지식인이 되어야 한다는 뜻인가? 플라톤이 아니라 새로운 무신론자들을 논박하기 위해 삼단논법과 입자물리학 전문가가 되어야 한다는 뜻일까?[89] 나는 대안적인 방식이 존재한다고 믿는다. 이 대안은 변증학에 대한 확장된 전망으로부터 나온다.

목회자가 방어해야 할 진리는 하나님의 존재가 아니라 십자가의 지혜다. "십자가의 도가 멸망하는 자들에게는 미련한 것이요 구원을 받는 우리에게는 하나님의 능력이라"(고전 1:18). 바울은 자신이 "복음을 변증하기 위하여 세우심을 받았다"고 분명히 말한다(빌 1:16). 복음의 진리를 변호하기 위해 천재가 되거나 기적을 행해야 하는가? 서론에서 나는 제자들이 천재가 아니며 목회자도 천재가 될 필요가 없다고 주장했다. 변호해야 하는 것은 이론이 아니라 지혜이며, 지혜는 실천된 지식이다. 우리는 이론적 증거가 아니라 실천해 보임으로써 지혜를 '증명'한다.

신자들의 공동체는 십자가의 지혜와 부활하신 그리스도의 주 되심을 실천해 보이는 공동체다. "성령이 그리스도인의 증언을 통해 성부와 성자를 증언하지 않으시면 그리스도인은 아무런 주장도 할 수 없다."[90] 목회자에게 필요한 것은 철학자의 돌이 아니라 신학자의 모퉁잇돌, 즉 예수 그리스도이다. 모든 산 돌들이 그분께 결합되고 신자들이 그분 안에서 함께 자라나기 때문이다. 이 건축물(하나님의 백성, 그리스도의 몸, 성령의 사귐)은 구체화된 논증, 온 세상을 "달아나게 하는" 기적이다(크리소스토무스).

> 신자들의 공동체는 십자가의 지혜와 부활하신 그리스도의
> 주 되심을 실천해 보이는 공동체다.

사실 교회의 실존은 **그리스도 안에 있는 바**에 관한 진리에 대한 두

주장, 두 가지 다른 논증으로 이뤄진다. 첫째는 **기쁨에 찬 인내에 근거한 논증**이다. 하나님의 백성이 지적이든 실존적이든 모든 종류의 혹독한 시련을 기꺼이 받아들이고 고통이 인내와 연단과 결코 실망시키지 않을 소망을 만들어낸다는 확신(롬 5:3-5) 속에서 기뻐하며 끝까지 견뎌낼 때 기독교 신앙은 참된 것으로 '증명'된다. 히브리서 기자는 독자들에게 "비방과 환난으로써 사람에게 구경거리가 되었던[테아트리조theatrizō]" 경험을 비롯해 그들이 전에 고통을 견뎠음을 기억하라고 말한다(히 10:32-33). 믿음의 극장에서 상연되는 것은 혹독한 시련과 고통, 조롱, 죽음 등 모든 것을 견디는 진리다. 그리스도인은 순교함으로써 우리 안에 있는 그리스도의 생명을 드러낸다. "무릇 하나님께로부터 난 자마다 세상을 이기느니라. 세상을 이기는 승리는 이것이니 우리의 믿음이니라"(요일 5:4). 교회가 그리스도의 건축물이라는 증거는 "음부의 권세도" 교회를 이기지 못한다는 사실이다(마 16:18).

둘째, 교회는 이를테면 **사귐의 확장에 근거한 논증**을 구현한다. 교회의 공동생활이 얼마나 건강한가는 복음을 얼마나 온전히 증언하는가에 달려 있다. 교회가 그 본질(성령의 사귐)을 구현할 때 교회는 실현 가능성을 보여주는 구조물이 된다. 예수께서 명하셨듯이(마 18:21-22) 그리스도인들이 정말로 서로를 용서한다면 철학자 자크 데리다조차도 '그런 것이 존재한다면'이라는 말로 용서의 힘을 약화시키지 못할 것이다. 추상적 신학 개념을 무시하거나 유행이 지난 것처럼 보이는 교리에 대해 반론을 제기하기는 쉽다. 하지만 인종 간의 화해, 가족 간의 용서, 사회 정의, 희생적 사랑을 통해 복음의 진리를 실제 삶 속에서 실천하는 사람들을 무시하기는 결코 쉽지 않다. 화해의 사역에 반대하기는 어렵다.

교회는 하나님의 선하심을 맛보고 바라보라고 세상에 강요할 수 없다. 그럼에도 불구하고 **그리스도 안에 있는 바**의 의미와 달콤함을 전할 책임이 있다. 이에 관해 주의 만찬―**사귐이 되고 사귐을 행함**―보다 더 나은 공적 논증은 없다. 본회퍼는 "기독교 공동체는 우리가 실현해야 할 이상이 아니라 우리가 참여할 수 있도록 하나님이 그리스도 안에서 창조하신 현실이다"라고 주장한다.[91] 주의 만찬은 복음의 집대성summa이자 변증apologia이다. 주의 만찬을 행할 때 교회는 연합과 사귐, 즉 **그리스도 안에 있는 바**의 실체를 선포할 뿐만 아니라 구체적 방식으로 재현하기 때문이다.

예수께서도 공공신학이 지닌 이 측면의 중요성을 강조하셨다. "너희가 서로 사랑하면 이로써 모든 사람이 너희가 내 제자인 줄 알리라"(요 13:35). 목회자의 소명의 마지막 요소는 교회를 훈련시켜 세상을 향한 사명을 감당할 수 있게 하는 것이다. "우리의 신학이 참되고 우리의 교리가 바르고 우리의 예전이 적합하기 때문에 하나님이 예수를 보내셨음을 세상이 믿고 깨닫지는 않을 것이다. **우리 안에서 예수를 볼 때** 세상은 깨닫고 믿을 것이다."[92] 결국 최선의 변증은 세상을 향해 사귐을 행하고, 사랑의 일을 베풀며, 그리스도 안에 있는 바와 있을 바에 관한 진리를 보여주는 하나님의 백성이다.

> **최선의 변증은 세상을 향해 사귐을 행하고, 사랑의 일을 베풀며, 그리스도 안에 있는 바와 있을 바에 관한 진리를 보여주는 하나님의 백성이다.**

교회는 왜 존재하는가? 그리스도 안에 있는 바를 보여주기 위해서. 함께 결합되어 성전, 즉 하나님이 임재하고 활동하시는 공간을 이루는 산 돌들인 하나님의 백성은 복음의 진리와 능력, 현실을 보여주는 공동체가 되어야 한다. 하나님의 집에서 장인이 되어 이 구체화된 논증을 건설하고 감독하는 것이 목회자의 위대한 특권이자 책임이다. 최선의 변증은 실천된 공공신학이다.

> 목회적 관점

설교의 드라마
가이 데이비스

목회자로서 나는 여러 역할을 해야만 한다. 나는 설교자이자 상담자, 교회 지도자, 회의의 의장이다. 시간을 내서 해야 할 일이 많기 때문에 신학책 읽기를 언제나 우선순위에 놓지는 못한다. 히포의 아우구스티누스나 장 칼뱅, 헤르만 바빙크의 글을 읽으며 시간을 보내는 것이 사치처럼 느껴질 때도 있다. 하지만 그렇지 않다. 신학이 없다면 나의 목회는 기업 경영이나 사회사업과 거의 구별되지 않을 것이다. 그렇기 때문에 나는 하나님의 백성을 위해 공공신학자가 되기를 열망한다.

목회자가 공공신학자로 섬길 수 있는 방법은 많다. 하지만 무엇보다도 나는 복음 설교자로서 일함으로써 신학을 공적 영역으로 가지고 들어온다. 하지만 이것은 내가 할 일이 조직신학을 덩어리째 차려서 내놓는 것이라는 뜻이 아니다. 설교는 '불붙은 신학'이 되어야 한다. 강단 기교를 아무리 많이 더해도 전형적인 조직신학 글에 불을 붙일 수는 없다. 따라서 우리는 신학과 설교 사이의 관계를 다시 생각해 보아야 한다.

이 점에 관해 나는 신학을 '하나님 드라마*theodrama*'의 관점에서 가장 잘 이해할 수 있다는 케빈 밴후저의 주장이 유익하다고 생각한다.

> 복음은 '하나님 드라마'—특히 하나님이 예수 그리스도 안에서 우리를 위해서 행하신 일과 연결되는, 하나님의 등장과 퇴장의 연속—다. 따라서 복음—그리스도 사건과 그것을 전하는 정경—은 하나님의 자기 계시 행위의 삼위일체적 경륜 안에서 절정에 해당하는 순간으로서 나타난다. 신학은 하나님이 먼저 하신 말과 행동에 응답하고 그것과 조화를 이룬다. 따라서 신학 자체도 하나님 드라마 활동의 일부다.[93]

이 통찰은 신학이 설교에 어떻게 영향을 미쳐야 하는가에 관해 생각해볼 수 있도록 내게 도움을 주었다. 하나님 드라마에 초점을 맞추는 설교는 전도를 지향한다. 우리가 예수의 복된 소식을 전하고 회개와 믿음, 복음에 대한 순종으로 그 소식에 응답할 것을 촉구할 때, 사람들은 구속의 은총에 관한 드라마와 결합된다. 하나님 드라마에 초점을 맞추는 설교는 교회 교인들이 구속의 드라마 안에서 제 역할을 할 수 있게 한다. 하나님의 백성을 훈련시켜서 그들이 권위 있는 성서의 각본에 충실하고 현대적 배경에 어울리는 방식으로 복음을 재현함으로써 하나님 드라마를 무대 위에 올리게 한다.

하나님 드라마에 초점을 맞추는 설교 접근법에서는 성서가 우리에게 권위 있는 하나님의 발화 행위를 제공한다는 점을 강조한다. 우리는 말함으로써 행위를 한다. 말을 교환함으로써 남자와 여자는 결혼

관계를 시작한다. 말로 우리는 사람들을 모욕할 수도 있고 격려할 수도 있다. 성서에 담긴 하나님 말씀은 성서적 **발화**다. 이 발화(발언의 단위)는 **행위를 불러일으키고자 하는**illocutionary(언어철학자 존 오스틴의 발화 행위 이론에서 발화 행위에 뒤따라 발생하는 행위를 가리키는 용어—옮긴이) 목적을 지닌다. 하나님은 그분의 말씀으로 행동하신다. 그분은 약속을 하시거나 경고하시거나 명령하심으로써 그분의 백성과 언약적 관계를 맺으신다. 성령께서는 이처럼 행위를 의도하는 발화illocution에 **발화 결과로 의도된 행위가 실제로 발생하게 만드는**perlocutionary 힘을 부여하신다. 따라서 우리가 설교할 때 청중은 약속을 믿고 경고에 귀를 기울이고 명령에 순종한다. 하나님 드라마에 초점을 맞추는 설교에서는 성서 안에서 하나님의 의사소통 행위를 발견하고 선포하기 위해 노력한다. 우리는 하나님의 말씀이 일단 선포되면 그 말씀은 결코 헛되이 그분께 돌아가지 않고 그분이 기뻐하시는 뜻을 반드시 이룰 것이라고 확신할 수 있다(사 55:11).

구속사 설교학에서는 성서 계시라는 거대한 드라마 속에서 특정 성서 본문을 해석하려고 한다. 성서의 메타내러티브와 분리해서는 개별 본문을 이해할 수 없기 때문에 이런 접근법은 가치를 지닌다. 하지만 구속사 설교는 본보기를 제시하고 실천을 강조하는 성격을 띠는 성서 계시를 해석하는 데 어려움을 겪기도 한다. 그 결과 설교가 성서신학에 대한 연구나 다름없어질 수도 있다. 하나님 드라마에 더 초점을 맞추는 접근법에 도움을 받아서 나는 구속사 메타내러티브와 본보기를 제기하고 실천을 강조하는 성서의 가르침 사이의 간격을 메울 수 있었다. 성서가 계시하는, 하나님이 그리스도 안에서 행하신 일에 관한 이야기―하나님 드라마―에 비추어 우리는 신자들에게 성서의 본보기를 따라 살아가며 주의 명령에 순종하라고 촉구한다. 하나님 드라마에 초점을 맞추는 설교는 복음의 직설법과 명령법 모두를 강조한다.

하나님 드라마를 강조하는 설교에서는 성서와 교회, 세상 사이에서 삼각 균형을 유지하려고 노력한다. 물론 성서는 우리에게 권위 있는 각본이지만, 성서를 교회와 분리시켜서 이해해서는 안 된다. 나는 성서를 특이하게 해석하고 싶지 않고, 더구나 이단적으로 해석하기는 더더욱 원치 않는다. 교회의 풍성한 신조적 유산에 비추어 성서를 읽을 때 그런 잘못된 해석을 방지할 수 있다. 설교를 준비할 때 우리는 본문의 의미를 파악하기 위해 오래된 성서 주석과 새로운 성서 주석을 참고한다. 하지만 기도하면서 본문을 이해했을 때 우리는 해야 할 일을 반만 했을 뿐이다. 그런 다음 우리는 현재의 문화적 상황 속에서 우리가 섬기는 이들에게 진리를 적용할 방법을 찾아야 한다. 그때에야 비로소 '모인 교회'를 훈련시켜서 세상의 무대 위에서 예수의 전인적 제자로서 살아가는 신자로 이루어진 '흩어진 교회'로서 살아가게 만들 수 있다.

말씀을 선포하는 행위 자체가 하나님 드라마의 일부다. 설교할 때 나의 목표는 내가 섬기는 회중에게 교리를 가르칠 뿐만 아니라 하나님의 백성이 성서의 진리를 이해하고 느껴서 그것을 실천할 수 있도록 만드는 것이다. 나는 스스로 본문에 대해 생각하고 느껴야 한다. 그때 비로소 나의 목회는 메시지의 살아 있는 실천이 된다. 연기를 하듯이 설교한다는 뜻이 아니다. 우리는 다른 이들에게 설교하기 전에 먼저 메시지를 자신에게 적용해야 한다. 나는 내 설교가 하나님 드라마의 재현(그리스도께서 중심이 되시는 하나님의 말씀이 변화시키는 성령의 능력을 통해 그분의 백성에게 선포되는 계시의 사건)이 되기를 바란다.

내 설교가 무언가를 성취하기 위해서는 그리스도의 영께서 내 안에서, 그리고 내가 하나님의 말씀을 선포하는 사람들 안에서 일하셔야 한다. 우리는 의식적으로, 기도를 통해 성령께 의존하면서 목회해야 한다. 신약성서에서는 설교를 진리의 정확한 선포일 뿐만 아니라 성령께서 가능하게 하시는 복음의 하나님과의 만남으로 이해한다(살전 1:5). 그렇기 때문에 나는 하나님의 백성에게 하나님의 말씀을 선포할 때마다 하나님이 이 만남을 가능하게 해주시기를 기도한다.

하나님 드라마에 초점을 맞추는 설교자로서 나는 하나님의 백성을 위한 목회자-신학자가 되기를 열망한다. 10년 전 목회를 시작했을 때 내가 섬긴 교회들은 내부 문제에 몰두한 채 그리스도를 위해 잃어버린 영혼에게 다가가려는 노력은 거의 하지 않았다. 나는 이제 신자들이 서로를 더 깊이 사랑하고 교회들이 더 선교를 지향하고 있다고 믿는다. 신학이 설교를 통해 '공적 자산'이 될 때 우리가 섬기도록 부르심을 받은 하나님의 백성은 속량하시는 하나님의 은총이라는 위대한 드라마에서 자기 역할을 수행하기 시작할 것이다. 우리는 우리 가운데서 일하시며 우리 가운데 계시는 성령의 임재를 통해 느리지만 분명히 우리를 점점 더 그리스도의 형상으로 변화시키는 하나님의 의사소통 행위를 증언하는 특권을 부여받았다. 이것이 설교의 드라마다.

> 목회적 관점

강단 변증가로서의 목회자–신학자

제이슨 후드

메건에게는 어려운 10년이 될 것이다. 그는 일자리를 잃을 것이다. 결혼에 관해 불가능한 기대를 가지고 있다가 결국에는 자신이 배웠던 것과 달리 '그리스도인의 결혼'이 장밋빛이 아님을 깨닫게 될 것이다. 그는 기독교 로맨스 소설에서, 포르노에 중독된 채 20대 초반을 보낸 남편을 대하는 법을 배우지 못했다. 그가 사랑하는 이모는 암 진단을 받을 것이다. 가장 좋아하는 사촌은 성전환 수술을 받고 호르몬 요법을 받기로 했다. 그의 교회에는 놀라울 정도로 죄인과 성도가 섞여 있으며, 각각 그의 믿음에 위협과 축복이 될 것이다.

메건은 이런 도전에 대처하는 훈련을 받지 못했다. 어떻게 교회는 메건의 필요를 채워줄 수 있을까? 메건에게는 많은 것이 필요하다. 규칙적으로 제공되는 복음의 양식, 신실한 그리스도인의 삶을 위한 본보기가 되어줄 성숙한 그리스도인, 마음 놓고 까다로운 질문을 할 수 있는 공간, 기독교에 대해 적대적인 외부자들을 매력적이고도 자비로운 태도로 대하는 훈련이 필요하다. 또한 메건에게는 특히 기독교에 대한 대중적 대안과 그것이 약속하는 거짓 위안을 폭로함으로써 그가

CHAPTER 4 하나님 집의 장인들

속한 문화적 상황에 맞게 신앙을 변증할 수 있는 강단 신학자도 필요하다. 변증학은 신자가 아닌 이들만을 위한 게 아니다. 삶과 고통, 후기기독교 문화에 당혹감을 느끼는 메건 같은 신자들을 위한 것이기도 하다.

팀 켈러를 검색해보라. 〈뉴욕 타임스〉 베스트셀러인 《살아 있는 신 *The Reason for God*》(메가북스 역간)을 내기 훨씬 전부터 켈러는 강단에서 그가 '패배자의 신념'이라 부르는 문제에 대해 자주 말했다. 걸림돌이 되는 이 신념은, 기독교가 완전히 불합리하지는 않더라도 믿기 어렵게 들리게 하는, 문화적 조건에 의해 규정된 근본 확신이다. 카이로에서 모든 이슬람교인은 예수는 십자가에 달려 죽지 않았고 하나님은 자식이 없고 따라서 예수는 하나님의 아들이 아니라고 믿는다. 서양에서는 아무도 예수의 십자가 죽음에 대해 문제 삼지 않지만, 한 종교가 하나님께 이르는 **유일한** 길이라는 관념은 믿을 수 없는 게 되었다. 반대로 카이로에서는 이런 생각이 전혀 문제가 되지 않는다.

성서의 모든 본문이 기독교를 후기기독교 시대의 서양에서 받아들이기 어려운 것으로 만드는 여섯 개의 다음 '걸림돌 신념' 중 하나를 건드린다.

1. 다른 모든 관점을 거짓으로 만드는 하나의 참된 종교란 있을 수 없다.
2. 악과 고통 때문에 성서에서 말하는 전능하신 하나님을 믿을 수 없다.
3. 개인의 선택은 신성하며, 이는 주 되심에 대한 나의 복종을 요구

하는 어떤 종교나 이데올로기에 의해서도 침해될 수 없다.
4. 교회의 실적은 너무도 참담하다.
5. 하나님의 분노나 진노는 불쾌하며, 심지어는 부당하다.
6. 성서는 신뢰할 수 없고 사회적으로 퇴행적이다.

기독교 신앙에 대한 이런 걸림돌은 뉴욕에서만 확인되는 게 아니다. 어디서든 찾을 수 있으며 문화적 공기의 일부가 되었다. 이것은 신자가 아닌 사람들에게만 해당되지 않지 않는다. (놀라울 정도로 솔직한) 기독교 학교의 학생들과, 주변 문화로부터 자신의 세계관을 온전히 구출해내지 못한 교인들도 이런 문제를 제기할 정도로 문화적 환경의 일부가 되었다. 이런 걸림돌이 너무나도 우세하기 때문에 이를 받아들이는 사람들은 대체로 이를 비판적으로 시험해보지 않았을 정도다. 하지만 많은 경우에 이런 걸림돌은 놀라울 정도로 취약하다.

시험 사례로 잘 알려진 마태복음 28장 16-20절에 대한 설교를 생각해보라. 나는 이 본문에 관한 설교를 많이 들어보았지만, 현대의 문화적 분위기 속에서 살아가는 불신자들이 제기하는 반론에 답하는 설교는 들어본 기억이 없다. 마태복음 28장 16-20절에서 말하는 예수의 주 되심은 처음 세 걸림돌 신념과 맞선다. 그분의 주 되심의 범위는 너무나도 전면적이며(걸림돌 신념 1), 우리가 보거나 경험하는 고통의 정도를 생각해보면 그분이 정말로 다스리시는지에 관해 의문을 제기하지 않을 수 없다(2). 여기서 나는 신념 3에 대해서만 논하고자 한다. 주 되심에 대한 예수의 주장은 우리 문화에서 다른 어떤 것보다 중시하는 자아실현과 자기규정이라는 가치에 위배된다.

이 책을 쓰는 시점의 대중음악 차트는 세 번째 걸림돌 신념을 강력히 예증한다. 동성 결혼을 강력하고 효과적으로 지지하는 노래인 매클모어의 〈같은 사랑Same Love〉이 난잡한 파티에 관한 노래인 마일리 사이러스의 〈우린 멈출 수 없어We Can't Stop〉보다 훨씬 큰 공감을 불러일으킨다. 하지만 두 노래 모두 무제한의 자유라는 현대적 서사 역할을 하고 있다. 두 노래 모두 내 몸은 내 것이며 나 자신도 내 욕망을 주체할 수 없다고 가르친다. 나는 자유롭고 자율적인 사람으로 살아야 하며 그렇게 인정받아야 한다.

메건(그리고 그가 데려온 직장 동료)은 성서 본문의 맥락 속에서 마태복음 28장의 말씀을 들어야 한다. 우리의 삶과 온 세상을 다스리신다고 주장하시는 그분은 우리를 위해서 죽으신 후에 우리와 세상을 다스리신다. 강단 신학자는 대안적 '자유'가 사실은 대안적 주님들임을 지적한다. 매클모어의 노래 후렴구에서는 "나도 노력해보았지만, 나도 원하지만 나는 변할 수 없다"라고 고백한다. 마일리 역시 숙명론에 입각해 성을 말한다. "우린 멈출 수 없어." 이 자유는 자아의 폭정으로 이어진다. 결혼의 재정의를 선언하는 성적 급진주의자들 역시 모든 성적 제약의 종말에 대해 말하지만, 이는 결국 또 다른 종류의 노예제일 뿐이다. 이제 나는 여섯 살짜리 아들이 원한다면 자신을 여자아이라고 부르도록 허락해야만 한다. 기독교 상담자가 하나님이 그에게 주신 피부와 염색체에 만족하라고 그에게 조언한다면 그는 면허를 상실할 것이다. 성차에 대한 '전통적' 접근법을 노예제라고 비난한다. 하지만 이 아이는 성차에 대한 자신의 선택이라는 폭정에 팔려 노예가 되었다. 급진적인 성적 자유는 대단히 교묘하게 우리의 상상력을 지배하고 우리의 충성을 요구하고 우리의 습관을 강요하고 우리의 자유를 제한하기 시작했다. 딜런의 말처럼 "당신은 누군가를 섬겨야만 한다"
(밥 딜런이 1979년에 발표한 노래의 제목—옮긴이).

자기만족과 인정에 대한 추구는 결코 끝나지 않는다. 자아라는 신은 절대로 만족할 줄 모른다. 이런 인정의 추구는 당신의 욕망을 지배하고 당신의 에너지를 빨아들이고 당신의 돈을 허비하게 만들 것이다. 결국 문화는 당신이 너무 늙었거나 너무 재미없다고 말할 것이다. 문화는 당신을 버릴 것이다. 당신의 성생활은 당신을 버릴 것이다. 하지만 왕이신 예수께서는 절대로 당신을 버리지 않으실 것이라고 약속하시며, 문화적 혼란이라는 광야 가운데 당신이 개척할 수 있는 모든 길보다 더 참된 길을 내셨다. 그분을 섬길 때 우리는 참된 해방을 찾고, 그분의 아버지의 품 안에서 우리는 사랑받는 자녀로서 우리의 정체성을 찾는다.

결론

공공신학자로서의 목회자에 관한 55개 논제

케빈 밴후저

왜 교회에는 목회자-신학자가 필요할까? 목회자-신학자는 무엇을 위해 존재하는가? 간단히 말해서, 우리의 대답은 목회자-신학자가 부활하신 그리스도께서 주신 선물로서 특히 사람들이 그리스도 안에 있는 바를 고백하고 이해하고 기리고 전하고 서로에게 권하고 그것과 자신을 일치시키도록 가르침으로써 그리스도의 교회를 세우는 일을 돕는다는 것이다.

비전의 회복을 다룬 이 책과 비전 선언문이 특히나 잘 어울리므로 우리는 각 장의 핵심 논제를 요약함으로써 이 책을 마무리하고자 한다. 우리는 이 논제들이 오늘날 교회와 신학교에서 이루어져야 할 일과도 연관이 있다고 믿는다.

1. 전혀 예상하지 못한 곳, 즉 목회직에서 세속주의라는 팥죽 한 그릇과 그 생득권을 교환할 위험에 처해 있다(서론).
2. 목회자와 그들이 섬기는 교회가 성서가 아니라 현대 문화에서 가져온 지도자상(예를 들면, 경영자, 심리 치료사)에 사로잡혀 있는 경우가 너무 많다.
3. 학계에서 신학이 차지하는 위치나 성서학과 교리신학의 학제적

분리는 목회자와 교회 모두에게 유익하지 않다.
4. 목회자는 사역에서 특별히 경계를 늦추지 말아야 하며, 강단을 자신의 주장을 내세우는 자리로 삼거나 하나님의 이름 대신 자신의 이름을 높이거나 그분의 이름과 나란히 자신의 이름을 높이지 않도록 조심해야 한다.
5. 목회자는 하나님이 그리스도 안에서 세상을 위해 행하시는 일을 이해하고자 애쓰고, 이를 말하고 보여주며 다른 이들도 그렇게 하도록 가르치는 소명을 지닌 신학자다.
6. 목회자는 **사람들**(신자들의 모임)을 위해, 그들과 더불어, 그들을 대상으로 일하며 공적 광장에서 공적 첨탑으로서 증언하기 때문에 공공신학자다.
7. 목회자는 다른 이들을 그리스도 안에서 세운다는 점에서가 아니라(모든 그리스도인이 이 특권과 책임을 공유한다) 이 건축 계획을 감독하는 책임을 맡았다는 점에서 독특하다.
8. 목회자-신학자는 그리스도의 몸 안에 있는 유기적 지식인, 구원을 향한 지혜와 복음적 지성을 지닌 사람이다.
9. 유기적 지식인으로서 목회자-신학자는 신앙 공동체를 대표해, 이 공동체를 믿음 안에서 세우기 위해 이 공동체의 믿음과 소망, 사랑을 명확히 진술한다.
10. 목회자-신학자는 특수한 종류의 보편적 지식인, 즉 하나님이 예수 그리스도 안에서 행하셨고 행하시며 행하실 일에 비추어 삶 전체를 바라보는 일이 전문인 사람이다.
11. 목회자-신학자라는 직분은 최근의 혁신이 아니라 고대 이스라엘

의 지도자 직분, 즉 예언자와 제사장, 왕에서 유래했다(1장).

12. 목회자-신학자는 예수께 그 직분을 위임받았고, 새 언약 공동체의 선한 목자이신 예수의 사역을 계속 이어가며, 예언자이자 제사장, 왕이신 예수의 삼중적 메시아 직분에 참여한다.

13. 제사장처럼 목회자-신학자는 (특히 거룩함의 의무에 관해 사람들에게 그리스도 예수 안에 계시된 하나님의 은혜로운 공급하심을 보여줌으로써) 인간 앞에서 하나님을 대표하고, (특히 찬양이나 감사의 제사와 중보의 기도를 드림으로써) 하나님 앞에서 인간을 대표한다.

14. 예언자처럼 목회자-신학자는 주로 말로(하지만 말로만은 아니다) 진실을 말하는 사역을 하며, 특히 그리스도 예수 안에 있는 진리에 관해 하나님의 관점을 선포한다.

15. 고대 이스라엘의 선한 왕처럼 목회자-신학자는 하나님의 말씀에 대한 겸손한 순종을 통해 십자가를 닮은 하나님의 지혜와 공의를 구현하며, 그렇게 함으로써 이 땅 위에서 천국 시민권의 본보기를 보인다.

16. 교회사의 이전 시기에 목회자들은 한결같이 자신의 소명을 신학적 관점에서 이해했으며, 교회사에서 가장 훌륭한 신학자들 대부분은 목회자이기도 했다(2장).

17. 초대교회에서 목회자-신학자는 오래된 신앙의 규칙을 기준으로 삼아서 복음의 본질을 이루는 신학적 실체를 이해하고자 했으며, 이스라엘의 하나님과 예수 그리스도의 아버지를, 만물의 창조주와 교회의 구원자를 동일한 분으로 이해했다.

18. 초대교회 특정 시점에 주교는 지역 교회의 목회자일 뿐만 아니라

더 광범위한 지역을 감독하는 사람('확장된' 목회자-신학자)으로서 교회의 일치를 대표하고 참된 신앙을 지켜내고 오류를 반박할 책임을 맡았다.

19. 개신교 종교개혁에서는 목회자-신학자를 일차적으로 하나님의 말씀 사역자로 이해했으며, 따라서 그의 담론은 다른 어떤 지상의 말보다 더 권위가 있었다.

20. 청교도 전통에서 목회자-신학자는 거룩한 삶을 위해 하나님의 교리를 적용했으며, 바른 가르침을 통해 마음과 삶을 변화시키는 데 탁월했다.

21. 조나단 에드워즈는 목회직을 '하나님의 일', 즉 (특히 설교를 통해) 인간 앞에서 하나님을 대표하고 (특히 기도를 통해) 하나님 앞에서 인간을 대표하는 그리스도의 일에 참여하는 것이라고 이해했다.

22. 찰스 피니와 같은 19세기 부흥운동가들은 바른 교리보다는 열정적인 대중 연설을 통해 회개하고 믿도록 의지를 움직이는 데 더 관심을 기울였으며, 사실상 신학보다 '결과'를 더 중시했다.

23. 19세기 신학자들은 과학자와 철학자들로부터 학문적 도전을 받았고 지적인 권위를 되찾으려는 노력에 주의를 집중했으며, 그 결과 교회를 섬기는 목회자들의 관심사와는 거리를 두었다.

24. 자신의 소명을 남을 돕는 전문직으로 이해하게 된 많은 현대의 목회자들은 성공(즉, 결과)을 보장하는 실용적 기술을 습득하는 데 몰두했기 때문에 신학에 관한 관심을 잃어버렸다.

25. 1940년대에 목회직을 신학적 직분으로 이해하는 역사적 전망을 회복하려는 소수의 복음주의자들이 나타나기 시작했다.

26. 목회자-신학자는 전문가가 아니라 어디서나 언제든지 모든 사람에게 그리스도를 전할 책임이 있는 거룩한 실존적 만물박사다 (3장).

27. 목회자-신학자는 기분을 바꾸는 현실(복음이라는 좋은 소식)을 전함으로써, 상황에 민감한 방식으로 부활을-향해-존재함이라는 기쁨에 넘치는 기분을 인격적으로 구현함으로써, 죽음과 죽어감, 일반적으로는 죽음을-향해-존재함의 불안이라는 문제를 다룬다.

28. 목회자-신학자는 '복음의 기분'—직설법적 선언("그분이 부활하셨다! 그분이 주시다!")과 예수 그리스도 안에서 이미 새로워졌지만 아직 온전히 새로워지지 않은 세상에 조율된 존재 방식을 구현한다.

29. 목회자-신학자의 독특한 책무는 성서에 근거해 무엇이 '그리스도 안에' 있었고 있으며 있을지 말하는 것이다.

30. 말로 **그리스도 안에 있는 바**를 제시하는 목회자-신학자는 궁극적으로 현실의 목회, 즉 **존재하는 바**의 진리(하나님과 인류, 둘 사이의 관계에 관한 진리)를 전하는 일에 참여한다.

31. **그리스도 안에 있는 바**를 전한다는 것은 이해를, 곧 부분(사람들과 사건들, 복음을 이루는 것들)이 전체, 즉 예수 그리스도 안에서의 그들의 궁극적 성취와 어떻게 연결되는가에 관한 이해를 전한다는 뜻이다.

32. 목회자-신학자는 예수의 부활에서 정점에 이른 하나님의 구속 사역이라는 성서 이야기에 비추어 큰 물음과 큰 그림에 관해 이야기하기 때문에 공적 지식인이다.

33. 목회자-신학자는 하나님의 말씀을 공부하고 해석하고 다른 이들

에게 이해할 수 있도록 가르치는 특권을 지니고 있으며 이 일을 위해 헌신한다. 오직 성서만이 하나님이 인류를 화해시키고 피조물을 새롭게 하기 위해 그리스도 안에서 행하시는 바를 기록한 신적 권위를 지닌 말씀이기 때문이다.

34. 목회자-신학자는 회중의 성서 해독력을 향상시키기 위해 노력하며, 이를 위해 특히 성서신학에 관심을 기울이고 다양한 성서의 책들과 인물, 사건 안에 담긴 그리스도 이야기의 통일성을 파악하는 데 초점을 맞춘다.

35. 목회자-신학자는 회중의 문화 해독력을 향상시키기 위해 노력한다. 문화가 가치와 실천, 신념과 행동을 규정하는 영성 형성의 수단임을 알기 때문이다.

36. 사람들을 그리스도 안에서 든든히 세우기 위해 그들과 함께 일하는 공공신학자로서 목회자는 다양한 사람들을 이해하기 위해 소설을 읽어야 한다.

37. 목회자-신학자는 직설법뿐만 아니라 명령법으로도 말하며, 회중에게 그리스도의 영을 통해 **그리스도 안에서** 우리에게 펼쳐진 새로운 종말론적 현실을 말할 뿐만 아니라 그 현실과 조화를 이루도록 변화될 것을 촉구한다.

38. 신학교는 그리스도 안에 있는 바를 이해하고 살아내기 위해서 성서 해독력과 신학 해독력을 길러주고자 존재한다.

39. 신학교는 '성서신학'과 '조직신학,' '실천신학'이라는 전형적인 학제 구분을 강화하기 위해서가 아니라 학제를 가로지르는 목회적-신학적 지혜를 추구하기 위해 이 구분을 극복해야 한다.

40. 신학교는 특수한 종류의 보편적 지식인, 즉 그리스도 안에 있는 바에 비추어 모든 것을 이해하고, 그리스도와 동행하며, 그리스도와 부활했다는 종말론적 현실을 실천하고, 다른 이들도 그렇게 하도록 돕는 사람을 길러내기 위해 존재한다.
41. 목회자-신학자가 하는 일은 목회자 자신의 그리스도와의 연합에 기초를 두며 그리스도 안에 있는 바를 전하는 일에 초점을 맞춘다(4장).
42. 위대한 목회적 대위임이란 그리스도께서 목회자들에게 주신 명령, 곧 하나님을 위해 사람들과 함께 일하는 공공신학자, 그리스도의 양떼를 먹이고 하나님의 집을 세우는 일꾼이 되라는 명령이다.
43. 예수께서는 고백하는 사람들과 그들의 고백이라는 반석 위에 그분의 교회를 세우실 명장 건축가이시다.
44. 목회자-신학자는 하나님의 집을 짓는 건축가, 하나님이 거하실 지상의 처소(사람들로 이루어진 성전)를 만들기 위해 산 돌들을 다듬어 모퉁잇돌과 결합시키는 석공이다.
45. 하나님의 집의 장인으로서 목회자-신학자는 도시의 갱신만이 아니라 우주적 갱신을 위한 일을 감독하며, 교회가 실천하는 화해의 사역을 통해 만물의 화해를 기대한다.
46. 목회자-신학자는 교육과 설교뿐만 아니라 상담과 심방을 통해서도 그리스도 안의 화해와 갱신에 대한 하나님의 말씀을 전한다.
47. 설교는 목회자-신학자가 보유한 은혜와 진리의 무기고에 들어 있는 핵심적 도구로서, 성서 해독력과 성서신학적 능력, 예수 그

리스도의 탁월성에 대한 전인적 이해를 길러준다.
48. 설교는 회중이 문화를 해석하고, 문화적 헤게모니를 인식하며, 어떻게 특정한 문화적 텍스트와 경향이 이 땅 위에 하나님의 통치를 실현하는 데 도움이 되거나 방해가 되는지를 이해하는 능력을 길러주는 탁월한 수단이기도 하다.
49. 설교는 목회자-신학자가 사람들을 일깨워 사회문화적 현상의 표면 아래에서, 배후에서, 그와 나란히, 그 위에서 하나님이 그리스도 안에서 행하시는 바의 구속적 현실을 깨닫게 만드는 주요 수단 중 하나다.
50. 일종의 주입 교육이 불가피하기 때문에 목회자-신학자는 바울서신에서 주장하듯이 교리문답 교사의 역할을 반드시 되찾아야 하며, 사람들이 현실을 더 잘 이해하고 현실에 더 부합하도록, 그리하여 더 현실적인 삶을 살 수 있도록 하기 위해 교리를 가르쳐야 한다.
51. 목회자-신학자는 그리스도의 몸에 건전한 교리를 제공하여 그 몸이 건강을 유지하고 번성하고 그리스도 안에서 성숙할 수 있게 한다.
52. 목회자-신학자는 제자들이 한 주 내내 자기 몸을 산 제물로 바침으로써 공동체 안에서든 밖에서든 예배할 수 있도록 모인 회중을 이끌고 그리스도 안에 있는 바를 기리며 믿음과 소망, 사랑 안에서 회중을 든든히 세우기 위해 함께 노력한다.
53. 회중을 이끌고 기도할 때 목회자는 공공신학의 핵심을 이루는 행위를 수행한다. 기도 자체가 하나님 앞에서 죄인이 어떤 존재이

며 그리스도 예수 안에서 하나님 앞에서 성도가 어떤 존재인지를 인정하는 현실의 목회이기 때문이다.

54. 주의 만찬을 집례할 때 목회자는 공공신학의 핵심을 이루는 행위를 수행한다. 주의 만찬 자체가 신자들이 성령을 통해 믿음 안에서 그리스도와 연합했기 때문에 살아 계신 하나님과의 사귐을, 그리고 인종과 계급, 성별의 차이에도 불구하고 서로 사귐을 누릴 수 있다는 종말론적 현실의 목회이기 때문이다.

55. 목회자-신학자는 십자가의 지혜와 복음의 진리를 변호하는 변증가로서 공동체의 실천을 통해 믿음의 인내와 그리스도 안에 있는 사랑, 용서, 사귐을 증명하도록 돕는다.

주

서문

1 성서를 하나님의 말씀으로서 해석해야 한다는 맥락에서 그렇게 말했다. 전문을 인용하자면, "목회자-신학자는 성서에 대한 신학적 해석을 공적인 방식으로 설교하는 복음주의권의 기본적인 공적 신학자가 되어야 한다." Kevin J. Vanhoozer, "Interpreting Scripture between the Rock of Biblical Studies and the Hard Place of Systematic Theology: The State of the Evangelical (dis)Union," *Renewing the Evangelical Mission*, ed. Richard Lints (Grand Rapids: Eerdmans, 2013), 224.

서론: 목회자, 신학자, 공적 인물

1 Terry Eagleton, *Culture and the Death of God* (New Haven: Yale University Press, 2014), 1.

2 하지만 바울이 '다스리는 것'을 하나님이 교회에 주신 다양한 은사 중 하나로 꼽았음을 잊지 말아야 한다(고전 12:28). 그러나 이것은 (직분이 아니라) 영적 은사이기 때문에 교회를 든든히 세우기 위해 지혜롭게 이 은사를 사용해야 한다.

3 예를 들어, H. R. Niebuhr, James Gustafson, and Daniel Day Williams, eds., *The Purpose of the Church and Its Ministry: Reflections on the Aims of Theological Education* (New York: Harper & Row, 1956)과 Edward Farley, *Theologia: The Fragmentation and Unity of Theological Education* (Philadelphia: Fortress, 1983)을 보라.

4 모든 그리스도인에게는 신학적 소명이 있다. 그들의 삶의 소명이 무엇이든(예를 들어, 은행 회장, 배관공, 교사, 간호사 등), 맡은 역할이 무엇이든(예를 들어, 아들/딸, 남편/아내, 부모/조부모, 이웃, 시민 등), 모두가 하나님을 영화롭게 하도록 부르심을 받았다. 복음을 전하라는 목회자의 소명은 더 중요하다는 뜻에서 '더 고등하지' 않지만 '성별'되었다는 엄밀한 의미에서 '더 거룩하다'.

5 데이비드 트레이시(David Tracy)는 신학자에 대한 '사회적 초상'을 제시하는 과정에서 이렇게 세 종류의 대중이 있다고 말한다. Tracy, *The Analogical Imagination: Christian Theology and the Culture of Pluralism* (New York: Crossroad, 1998), 3-31에 있는 그의 논의를 보라.

6 같은 책, 31. 비슷하게 제럴드 히스탠드는 "Taxonomy of the Pastor-Theologian: Why PhD Students Should Consider the Pastorate as the Context for Their Theological Scholarship," *Expository Times* 124, no.6 (March 2013): 261-271에서 교수-신학자(학계), 대중 신학자(사회), 교회 신학자(교회)라는 목회자-신학자의 삼중적 유형을 주장한다.

7 참고. 앨버트 몰러(R. Albert Mohler Jr.): "신학이 교회보다는 대학에 더 밀접히 연결된 학문 분과로 변했다는 사실은 지난 몇 세기 동안 일어난 가장 통탄할 만한 변화 중 하나다." Mohler, *The Pastor as Theologian* (Louisville: Southern Baptist Theological Seminary, 2006), 4. http://www.sbts.edu/resources/files/2010/09/the-pastor-as-theologian.pdf.

8 이 주제에 대한 더 자세한 논의는 "Pastor-Scholar to Professor-Scholar: Exploring the Theological Disconnect between the Academy and the Church," *Westminster Theological Journal* 70 (2008): 355-369를 보라.

9 목회자-신학자라는 전망이 상실된 역사적 배경에 대한 더 자세한 설명은 2장을 보라.

10 더 자세한 논의를 위해서는 David Kelsey, *To Understand God Truly: What's Theological about a Theological School?* (Louisville: Westminster John Knox,1992)을 보라.

11 이를 명확히 설명하는 책으로는 Fred Sanders, *The Deep Things of God: How the Trinity Changes Everything* (Wheaton: Crossway, 2010)을 보라.《삼위일체 하나님이 복음이다》(부흥과개혁사, 2016).

12 이런 부자연스러운 구분에 관해서는 Kevin Vanhoozer, "Interpreting Scripture between the Rock of Biblical Studies and the Hard Place of Systematic Theology: The State of the Evangelical (dis)Union," *Renewing the Evangelical Mission*, ed. Richard Lints (Grand Rapids: Eerdmans, 2013), 201-225를 보라.

13 본문의 신학적 메시지와 교회가 수 세기 동안 이를 해석해온 방식에 집중하는 주석 시리즈가 더 많이 출간되고 있으므로 이런 상황이 바뀔지도 모르지만, 아직 이런 학문적 추세가 자리를 잡지는 못했다. 주석 집필의 새로운 경향을 보여주는 예로는 Brazos Theological Commentary on the Bible과 InterVarsity Press의 Ancient Christian Commentary on Scripture 시리즈(분도출판사에서 〈교부들의 성경 주해〉 시리즈로 번역 출간되고 있다─편집자)로 가 있다.

14 George Lakoff, Mark Johnson, *Metaphors We Live By* (Chicago: University of Chicago Press, 1980).《삶으로서의 은유》(박이정출판사, 2006).

15 나는 다른 책에서 성서 주석에 관해 비슷한 주장을 한 적이 있다. Kevin Vanhoozer, "'Exegesis I Know, and Theology I Know, but Who Are You?': Acts 19 and the Theological Interpretation of Scripture," *Theological Theology: Essays in Honor of*

John B. Webster, ed. Darren Sarisky, R. David Nelson, Justin Stratis (London: T&T Clark, 2015)을 보라.

16 William H. Willimon, *Pastor: The Theology and Practice of Ordained Ministry* (Nashville: Abingdon, 2002), 55.《21세기형 목회자》(한국기독교연구소, 2004).

17 우리는 반대쪽 극단으로 움직여 지성을 과장하고 프랑켄슈타인 목사를 만들기를 원하지 않는다. 우리는 목회자-신학자의 인격과 사역에 대한 확장된 관점을 견지한다. 우리는 지혜로서의 신학을 강조함으로써 앎과 행함, 사람됨 사이에서 바른 균형을 유지할 수 있다고 생각한다. 아래에서 우리가 주장하듯, 사람들이 말하자면 공공신학의 '원재료'이기 때문에 목회자는 사람들과 관계 맺는 법도 배워야 한다.

18 Joseph Hough, John Cobb, *Christian Identity and Theological Education* (Atlanta: Scholars Press, 1985).

19 도널드 메서(Donald E. Messer)는 상처 입은 치유자, 섬기는 지도자, 정치적 신비가, 실천적 신학자, 포로 된 해방자 등 다섯 가지 이미지에 초점을 맞춘다. *Contemporary Images of Christian Ministry* (Nashville: Abingdon, 1989).《새시대 새목회: 현대의 목회상 탐구》(기독교대한감리회홍보출판국, 1997).

20 Robert C. Dykstra, ed., *Images of Pastoral Care* (Danvers, MA: Chalice, 2005)에서는 이들 이미지에 관해 각각 한 장(章) 이상을 할애해 집중적으로 논한다. 조나단 에드워즈는 목회자를 청지기, 지혜로운 건축자, 건축가, 상인, 어부, 군사로 묘사하면서 각각의 이미지에 대한 성서적 근거를 제시한다. "Some Thoughts concerning the Revival," *The Great Awakening*, vol. 4 of *The Works of Jonathan Edwards* (New Haven: Yale University Press, 1972), 445.《부흥론》(부흥과개혁사, 2005).

21 Dykstra, *Images of Pastoral Care*, 3.

22 Karl Menninger, *Whatever Became of Sin?* (New York: Hawthorne Books, 1973), 17.

23 목회자들이 이 물음에 어떻게 답했는지를 냉정하게 서술한 책으로는 E. Brooks Holifield, *A History of Pastoral Care in America: From Salvation to Self-Realization* (Eugene, OR: Wipf & Stock, 2005)을 보라. 이 책의 부제가 책 전체의 주장을 압축적으로 전달한다. "이야기는 자기 부인이라는 이상으로부터 자기애로, 자기애로부터 자기 문화로, 자기 문화로부터 자기 통제로, 자기 통제로부터 믿을 만한 문화 안에서의 자아실현으로, 결국에는 문화적 관습과 사회적 제도에 맞서는 자아실현으로 바뀌었다"(12).

24 John H. Leith, *The Reformed Imperative: What the Church Has to Say That No One Else Can Say* (Philadelphia: Westminster, 1988), 13.

25 시워드 힐트너(Seward Hiltner)는 목회 신학에 대한 더 세속적 이해를 제시한 책을 썼다. *Preface to Pastoral Theology* (Nashville: Abingdon, 1958)를 보라.《목회신학원론》(대한 기독교서회, 1968). 힐트너의 필요에 기초한 목회관에 대한 비판으로는 Andrew Purves, *Reconstructing Pastoral Theology: A Christological Foundation* (Louisville: Westminster John Knox, 2004), xxxi-xxxiv을 보라.

26 Andrew Abbott, *The System of Professions: An Essay on the Division of Expert Labor* (Chicago: University of Chicago Press, 1988), 309.

27 같은 책, 308.

28 참고. 앤드루 퍼브스: "목회 신학은… 하나님에 관해 말할 책임을 거의 포기해버렸다" (*Reconstructing Pastoral Theology*, xvii).

29 George Weigel, *Evangelical Catholicism: Deep Reform in the 21st-Century Church* (New York: Basic Books, 2013), 55.

30 같은 책, 79.

31 Eugene Peterson, *The Pastor: A Memoir* (New York: HarperOne, 2011), 4.《유진 피터슨: 부르심을 따라 걸어온 나의 순례길》(IVP, 2011).

32 참고. Eugene Peterson, *Under the Unpredictable Plant: An Exploration in Vocational Holiness* (Grand Rapids: Eerdmans, 1992), 20.《목회자의 소명》(포이에마, 2012). 제도 중심의 목회를 경멸하는 피터슨에 대한 윌리엄 윌리먼의 부드러운 비판은 다음을 보라. "Eugene Peterson: American Pastor," *Pastoral Work: Engagements with the Vision of Eugene Peterson*, ed. Jason Byasse, L. Roger Owens (Eugene, OR: Cascade, 2014), 53-62.

33 이것은 세계 문학의 명작에서 기독교 목회에 관한 교훈을 끌어내는 소중한 책에서 저자들이 제기하는 주장이기도 하다. Leland Ryken, Philip Ryken, Todd Wilson, *Pastors in the Classics: Timeless Lessons on Life and Ministry from World Literature* (Grand Rapids: Baker Books, 2012)를 보라.

34 리랜드 라이큰과 필립 라이큰, 토드 윌슨은 독자들에게 특히 네 가지 질문을 던져보라고 말한다. 이 책에서 목회자는 어떤 역할을 하는가? 이 목회자에게 어떤 인간관계가 중요한가? 등장인물로 이 목회자의 성격은 어떠한가? 이 책에서 그리는 사회적 맥락에서 목회자는 어떤 위치를 차지하는가?(같은 책, 14).

35 David L. Larsen, *Oracles and Odysseys of the Clergy: Images of the Ministry in Western Literature* (Bloomington, IN: AuthorHouse, 2007), xi.

36 울프는 지금까지 이뤄진 연구가 로마 가톨릭 교회에 초점을 맞추는 경향이 있다고 지적

한다. 예를 들어 Les and Barbara Keyser, *Hollywood and the Catholic Church: The Image of Roman Catholicism in American Movies* (Chicago: Loyola University Press, 1984)와 Colleen McDannell, ed., *Catholics in the Movies* (New York: Oxford University Press, 2008)를 보라. 우리는 아직 아무도《영화 속의 복음주의자》같은 책을 쓰지 않았다는 사실에 고마워해야 할지도 모른다.

37 Richard Wolff, *The Church on TV* (New York: Continuum, 2010).

38 Karl Barth, "The Word of God and the Task of the Ministry" (1922), *The Word of God and the Word of Man* (Gloucester, MA: Peter Smith, 1978), 186, 이탤릭체는 원문의 것이다(이 책에서는 볼드체로 처리했다—편집자).

39 이 이야기는 2007년에 오페라로 상연되기도 했다. 루이스는 캔자스시티에 있는 여러 목회자들을 관찰한 후 이를 기초로 이 이야기를 썼으며, 그는 '연구'를 위해 주일마다 교회에 두 차례 참석했다.

40 Ryken, Ryken, Wilson, *Pastors in the Classics*, 44-45.

41 자신이 아니라 하나님을 가리키는 공적 인물이 되어야 하는 목회자의 역설은 사적으로 보내는 시간, 즉 홀로 공부하고, 무엇보다도 기도하는 시간을 통해 가장 잘 해소된다. 그렇게 함으로써 목회자는 하나님 앞에 나아가고 자신이 누구인지를 기억한다(나에게 이 점을 지적해 준 사람은 폴 위옌Paul Uyen이다). 기도는 우선순위뿐만 아니라 자기 이해를 재조정해준다. 다시 말해서, 기도함으로써 우리는 누가 주권자이시며 누가 종인지를 기억한다.

42 나는 폴 맥스웰에게서 이런 통찰을 얻었다.

43 메릴린 로빈슨 역시 공적 지식인의 본보기다. 그의 수필집 *When I Was a Child I Read Books: Essays* (New York: Farrar, Straus & Giroux, 2012)를 보라.

44 이에 관한 논의에서 유익한 공헌을 한 사람들이 많다. 예를 들어, Derek Prime, Alister Begg, *On Being a Pastor: Understanding Our Calling and Work* (Chicago: Moody, 2013)를 보라.

45 적어도 목회자의 경우, 신학적 지능은 관계적 지능과 정서적 지능을 포함한다. 뒤에서 주장하는 것처럼, 공공신학이 해야 할 일은 개인과 회중이 그리스도 안에서 성숙하도록 돕는 것이다. 목회자-신학자는 하나님뿐만 아니라 사람들도 이해해야 한다(역시 아래서 주장하겠지만, 그렇기 때문에 우리는 목회자가 소설을 읽어야 한다고 믿는다).

46 Philip Clayton, *Transforming Christian Theology for Church and Society* (Minneapolis: Fortress, 2010), 19.《신학이 변해야 교회가 산다》(신앙과지성사, 2012).

47 William Ames, *The Marrow of Theology* 1.1 (라틴어판, 1656; 영역본 재판, Grand Rapids: Baker,

1968),《신학의 정수》(크리스챤다이제스트, 2000).

48 Max L. Stackhouse, "The Pastor as Public Theologian," *The Pastor as Theologian*, ed. Earl E. Shelp, Ronald H. Sunderland (New York: Pilgrim, 1988), 111.

49 같은 책, 113-114. 사실 상황은 더 복잡하다. 여러 유형의 정치신학이 존재한다. 이에 관해서는 Peter Scott, William T. Cavanaugh, eds., *The Blackwell Companion to Political Theology* (Oxford: Blackwell, 2004)와 Elizabeth Phillips, *Political Theology: A Guide for the Perplexed* (London: T&T Clark, 2012)를 보라. 정치신학자들 사이에 의견이 갈리는 한 가지 문제는 그리스도인이 더 광범위한 사회 안에서 '거류민과 나그네'로 살아야 하는지, 그래서는 안 되는지다. 그리스도인은 사회로부터 분리된 채 살아야 하는가? 아니면 영향을 미쳐서 사회를 기독교적 방향으로 이끌기 위해 노력해야 하는가?

50 같은 책, 114.

51 같은 책, 116.

52 같은 책, 120.

53 같은 책, 128.

54 Deirdre King Hainsworth, Scott R. Paeth, eds., *Public Theology for a Global Society: Essays in Honor of Max L. Stackhouse* (Grand Rapids: Eerdmans, 2010), ix.

55 E. Harold Breitenberg Jr., "What Is Public Theology?," 같은 책, 6을 보라.

56 Richard J. Mouw, "Foreword," *Evangelicals on Public Policy Issues: Sustaining a Respectful Political Conversation*, ed. Harold Heie (Abilene, TX: Abilene Christian University Press, 2014), 9.

57 Richard Lints, "Introduction," Lints, *Renewing the Evangelical Mission*, 4. 이런 변화에 관한 더 폭넓은 설명을 위해서는 Brian Steensland, Philip Goff, eds., *The New Evangelical Social Engagement* (Oxford: Oxford University Press, 2013)를 보라.

58 Heie, *Evangelicals on Public Policy Issues*에 실린 열두 개의 사례 연구를 보라.

59 고전적인 주장으로는 Walter Rauschenbusch, *A Theology for the Social Gospel* (New York: Macmillan, 1917)이 있다.《사회복음을 위한 신학》(명동출판사, 2012).

60 Miroslav Volf, *A Public Faith: How Followers of Christ Should Serve the Common Good* (Grand Rapids: Brazos, 2011), xvi.《광장에 선 기독교: 공적 신앙이란 무엇인가》(IVP, 2014).

61 Rowan Williams, *Faith in the Public Square* (London: Bloomsbury, 2012), 2.

62 같은 책, 319.

63 J. G. Millar, "People of God," *New Dictionary of Biblical Theology*, ed. T. D. Alexander, Brian S. Rosner (Downers Grove, IL: InterVarsity, 2000), 684.《성경신학사전》(IVP, 2004).

64 Lesslie Newbigin, "The Congregation as Hermeneutic of the Gospel," *The Gospel in a Pluralist Society* (Grand Rapids: Eerdmans, 1989), 222-233.《다원주의 사회에서의 복음》(IVP, 2007).

65 "예수 그리스도께서 만물의 주님이자 구원자이심을 인정하지 않는다면 삼위일체적 하나님 이해가 공적 진리의 일부가 될 수 없다." Lesslie Newbigin, "The Trinity as Public Truth," *The Trinity in a Pluralistic Age: Theological Essays on Culture and Religion*, ed. Kevin J. Vanhoozer (Grand Rapids: Eerdmans, 1997), 8.

66 눈썰미가 좋은 독자들은 이 책 표지 그림에서 시내 중심가로부터 약간 떨어진 곳에 서 있는 예배당 첨탑을 발견했을 것이다(원서 표지는 그러하다―편집자).

67 Newbigin, "Trinity as Public Truth," 8.

68 Eugene Peterson, "Letter to a Young Pastor," *Pastor*, 316.

69 Lesslie Newbigin, "Ministerial Leadership for a Missionary Congregation," *The Gospel in a Pluralist Society* (Grand Rapids: Eerdmans, 1989), 234.

70 Thomas C. Oden, *Pastoral Theology: Essentials of Ministry* (New York: HarperOne, 1983), 50-52.《목회신학: 목회의 본질》(한국신학연구소, 1986). 또한 Timothy Laniak, *Shepherds after My Own Heart: Pastoral Traditions and Leadership in the Bible* (Downers Grove, IL: InterVarsity, 2006)을 보라. 반대로 앤드루 퍼브스는 (1) '전문적' 목회자와 그의 양떼 사이의 기능적 분리와 (2) 예수 그리스도께 참여하는 관계보다는 그분을 모방하는 관계를 부추기는 경향을 비롯해 목자라는 은유에서 기인하는 네 가지 문제가 있다고 지적한다 (*Reconstructing Pastoral Theology*, xxvi-xxx).

71 Oden, *Pastoral Theology*, 51.

72 Newbigin, "Ministerial Leadership," 241.

73 '유기적 지식인'이라는 용어는 20세기 이탈리아의 사회 이론가이자 문학 비평가인 안토니오 그람시에게서 가져온 것이다. 특히 *Selections from the Prison Notebooks*, ed. Quentin Hoare, Geoffrey Newell Smith (New York: International Publishers, 1971)를 보라.《그람시의

옥중수고 1, 2》(겨름, 1999). 더 자세한 논의를 위해서는 Steven J. Jones, *Antonio Gramsci* (London: Routledge, 2006)를 보라.

74 그람시는 기존 사회 제도와 이데올로기를 강화하는 '전통적' 지식인과 '민중'(그람시에게는 노동 계급을 뜻한다)의 이익을 대변하는 '유기적' 지식인을 구별한다. 그람시는 '성직자들'(즉, 신학자들)이 정통을 강화하는 한 '전통적' 지식인이라고 말한다. 이 책에서는 내 목적에 맞게 그람시의 개념을 창의적으로 전용하여 신학자를 유기적 지식인과 연결시켰다.

75 Gramsci, *Selections from the Prison Notebooks*, 10.

76 한 그람시 연구자는 라틴 아메리카에서 농민들의 의식화를 위해 노력한 사무엘 루이스 가르시아 주교를 가리켜 유기적 지식인이라고 말한다. Adam Morton, *Unravelling Gramsci: Hegemony and Passive Revolution in the Global Economy* (London: Pluto, 2007), 181-182를 보라.

77 그람시에게 언어는 비인격적 신호 체계가 아니라 사회적 관계의 매개체다. 이는 언어를 언약적 관계(즉, 인격체 사이의 상호작용)의 매개체임을 강조하는 성서의 관점과 말 안에서, 말로, 말을 통해 사람들을 섬겨야 하는 목회자의 책무와도 조화를 이룬다.

78 David Wells, *The Courage to Be Protestant* (Grand Rapids: Eerdmans, 2008), 40.《용기 있는 기독교》(부흥과개혁사, 2010).

79 더 구체적으로 말하자면, 성령을 통해 성자 안에서 성부께서 무엇을 행하시는가가 성서의 핵심 사상, 즉 목회자-신학자가 그것을 통해 다른 모든 것을 바라보는 렌즈 역할을 하는 관념이다. 여우와 고슴도치의 대조는 고대 그리스의 경구에 대한 아이자이어 벌린의 해설에서 가져왔다. 이 경구를 통해 벌린은 하나의 거대한 관념에 의해 생각이 지배되는 사상가들과 하나의 관념으로 통합될 수 없는 수많은 경험과 개념을 아우르는 세계관을 지닌 사상가를 대조한다. Isaiah Berlin, *The Hedgehog and the Fox* (London: Weidenfeld & Nicolson, 1953)을 보라.《고슴도치와 여우》(애플북스, 2010).

80 나의 초고를 읽고 논평해준 웨인 존슨과 데릭 리시모이, 그렉 스트랜드, 특히 가장 큰 목소리로 (그리고 가장 자주) 이견을 제기했던 폴 맥스웰에게 감사를 전한다.

1. 예언자, 제사장, 왕: 목회직에 관한 간략한 성서신학

1 Iain Murray, *D. Martyn Lloyd-Jones: The Fight of Faith, 1939-1981* (Edinburgh: Banner of Truth, 1990), 113-115.

2 이것은 영적인 의미에서든, 다른 의미에서든 보통 용기 있는 행동이 아니었다. 이언 머리에 따르면, 며칠이 지난 후 한 영국군 고위 장교는 동료 장교에게 "나는 프랑스의 참호에서 많

은 것을 보았지만, 아무 일도 없었다는 듯이 그 사람이 계속 기도했던 것보다 더 놀라운 일을 본 적이 없다네"라고 말했다(115).

3 구약의 사사와 다른 인물에 대해서도 논할 수 있지만 민족의 삶에서 두드러진 역할을 했던 세 직분으로 우리의 논의를 국한하고자 한다.

4 은혜 언약에 관한 다른 관점에 관해서는 O. Palmer Robertson, *The Christ of the Covenants* (Phillipsburg, NJ: P&R, 1980)와 Peter J. Gentry, Stephen J. Wellum, *Kingdom through Covenant: A Biblical-Theological Understanding of the Covenants* (Wheaton: Crossway, 2012)를 보라. 《계약신학과 그리스도》(개혁주의신학사, 2013).

5 제사장에 관한 더 자세한 논의로는 William R. Millar, *Priesthood in Ancient Israel: Understanding Biblical Themes* (St. Louis: Chalice, 2001)와 Aelred Cody, *A History of the Old Testament Priesthood*, Analecta biblica (Rome: Pontifical Biblical Institute, 1969)를 보라.

6 Eugene Peterson, *Eat This Book: A Conversation in the Art of Spiritual Reading* (Grand Rapids: Eerdmans, 2006)을 보라. 《이 책을 먹으라》(IVP, 2006).

7 아다 타가르-코헨은 언약이라는 관점에서 이 본문을 분석하면서 이 본문이 제사장과 레위인의 '특별한 언약적 지위'를 설명한다고 말한다. 언약의 담당자로서 제사장과 레위인은 이스라엘이 날마다 주 앞에서 살도록 그들을 이끈다. 앞서 지적했듯이 언약이란 질서 잡힌 현실이다. Taggar-Cohen, "Covenant Priesthood: Cross-Cultural Legal and Religious Aspects of Biblical and Hittite Priesthood," *Levites and Priests in Biblical History and Tradition*, ed. Mark Leuchter, Jeremy M. Hutton, 11-24 (Atlanta: Society of Biblical Literature, 2011), 17.

8 율법을 이런 식으로 다룸—그리고 약속과 성취라는 성서신학의 핵심적 범주를 제대로 다루지 못한— 책으로는 A. J. Jacobs, *The Year of Living Biblically: One Man's Humble Quest to Follow the Bible as Literally as Possible* (New York: Simon & Schuster, 2007)이 있다. 《(미친 척하고) 성경 말씀대로 살아본 1년 (상), (하)》(세종서적, 2008).

9 P. Ellingsworth, "Priests," *New Dictionary of Biblical Theology*, ed. T. D. Alexander, B. S. Rosner (Downers Grove, IL: InterVarsity, 2000), 698.

10 James M. Hamilton Jr., *God's Glory in Salvation through Judgment: A Biblical Theology* (Wheaton: Crossway, 2010), 111.

11 Gordon Wenham, *The Book of Leviticus*, New International Commentary on the Old Testament (Grand Rapids: Eerdmans, 1979), 27. 《레위기, 2014》(부흥과개혁사). 웬함은 레위기 율법이 사람들로 하여금 "인간 삶 전체를 하나님의 임재 안에서 살아야 함"을 깨닫게 한다고 주장한다(17).

12 Walter Brueggemann, *Theology of the Old Testament: Testimony, Dispute, Advocacy* (Minneapolis: Fortress, 1997), 623.《구약신학》(기독교문서선교회, 2003).

13 Walter C. Kaiser Jr., *Toward an Old Testament Theology* (Grand Rapids: Zondervan, 1978), 228.《구약 성경신학》(생명의말씀사, 1998).

14 Paul House, *Old Testament Theology* (Downers Grove, IL: InterVarsity, 1998), 222.《구약신학》(기독교문서선교회, 2001).

15 W. A. Grudem, "Prophecy/Prophets," *New Dictionary of Biblical Theology*, 704.

16 Abraham Heschel, *The Prophets* (San Francisco: HarperCollins, 2001), 73.《예언자들》(삼인, 2004).

17 Graeme Goldsworthy, "Kingdom of God," *New Dictionary of Biblical Theology*, 619.

18 같은 책, 637-638.

19 왕과 왕국이라는 예표에 관한 더 자세한 논의로는 Graeme Goldsworthy, *Gospel and Kingdom, The Goldsworthy Trilogy* (Cumbria, UK: Paternoster, 2000), 1-148을 보라.《복음과 하나님의 나라: 성경신학적 구약 해석법》(한국성서유니온선교회, 2006).

20 C. G. Kruse, "Ministry," *Dictionary of Paul and His Letters*, ed. Gerald F. Hawthorne, Ralph P. Martin, Daniel G. Reid (Downers Grove, IL: InterVarsity, 1993), 605.

21 Eugene H. Peterson, *The Pastor: A Memoir* (New York: HarperOne, 2011), 308. 그리스도 와 연합된 삶과 그것이 삶 전체에 어떤 의미를 갖는지에 관한 유익한 논의로는 J. Todd Billings, *Union with Christ: Reframing Theology and Ministry for the Church* (Grand Rapids: Baker Academic, 2011)를 보라.《그리스도와의 연합》(기독교문서선교회, 2014).

22 티모시 레이니액크의 말처럼, "목자가 하는 광범위한 활동은 날마다, 계절에 따라 동물이 필요한 것에 의해 결정된다. 따라서 양떼는 사려 깊은 목자를 사랑하게 된다." Timothy Laniak, *Shepherds after My Own Heart: Pastoral Traditions and Leadership in the Bible*, New Studies in Biblical Theology (Downers Grove, IL: InterVarsity, 2006), 56-57.

23 그리스도께서 중심이 되신다는 새뮤얼 웰스의 말이 떠오른다. "처음부터 끝까지 예수께서 곧 하나님의 계획"이시므로 "성서의 핵심은 예수시다." Samuel Wells, *Speaking the Truth: Preaching in a Pluralistic Culture* (Nashville: Abingdon, 2008), 40.

24 하이델베르크 논쟁(Heidelberg Disputation)과 해설이 담긴 책으로는 Gerhard Forde, *On Being a Theologian of the Cross: Reflections on Luther's Heidelberg Disputation, 1518* (Grand Rapids: Eerdmans, 1997)을 보라. 또한 Alister McGrath, *Luther's Theology of the*

Cross: Martin Luther's Theological Breakthrough (Oxford: Blackwell, 1985)를 보라.《루터의 십자가 신학: 마르틴 루터의 신학적 돌파》(컨콜디아사, 2015)

25 이 복잡한 주제에 관한 탁월한 논의로는 Jeremy R. Treat, *The Crucified King: Atonement and Kingdom in Biblical and Systematic Theology* (Grand Rapids: Zondervan, 2014)를 보라.

26 J. R. R. Tolkien, "On Fairy-Stories," *Essays Presented to Charles Williams*, ed. C. S. Lewis (Grand Rapids: Eerdmans, 1966), 81.

27 또한 보이지 않는 세계를 드러내야 할 설교자의 책임을 강조하는 P. T. 포사이스의 글을 보라. "사도적 설교자의 유일한 책무는 사람들로 하여금 보이지 않는 영적 세계를 실제로 깨닫게 하는 것이다." Forsyth, *Positive Preaching and the Modern Mind* (New York: Armstrong, 1907), 3–4; Richard Lischer, ed., *The Company of Preachers: Wisdom on Preaching-Augustine to the Present* (Grand Rapids: Eerdmans, 2002), 99에서 재인용.

28 이 본문에 관해 티모시 켈러는 이렇게 주장한다. "바울은 자신이 의도적으로 그리스 웅변가들이 사용하는 전형적인 수사와 논리를 사용하지 않았다고 말한다." 대신 "그는 성령께서 듣는 이들에게 능력으로 역사하시기를 바랐으며, 따라서 자신의 메시지가 지나치게 논리적인 '강의'처럼 들리지 않도록 주의를 기울였다." Keller, "Preaching the Gospel in a Post-Modern World" (Jackson, MS: Christian Reformed Seminary, 2002), 15. https://simeon.org/cst/media/doc-tkeller-preaching syllabus.pdf.

29 바울의 목회에 관해 크루즈는 이렇게 말한다. "그는 사도적 복음 설교를 통해 사람들을 그리스도와 약혼시켰다. … 거짓 가르침에 의해 그들의 생각이 제 갈 길을 잃어버렸을 때 그들의 경건이 위협을 받았으며, 따라서 사도는 그들로 하여금 복음의 진리를 분명히 깨닫게 하기 위해 모든 노력을 다했다"(Kruse, "Ministry," 606).

30 바울은 최고의 목회자-신학자였다. "바울 서신은 목회자인 그의 마음에 대한 분명한 증언이다. 그의 서신서는 그가 행한 목회적 돌봄의 산물이다. 이 서신서를 통해 바울은 자신이나 자신이 회심으로 이끈 사람들이 세운 교회에 대해 목회자로서의 역할을 수행했다. 바울은 교회의 삶의 현실과 동떨어진 학문적 신학자가 아니었다. 오히려 교회에 대한 그의 관심이 바로 그의 신학의 원동력이었다." P. Beasley-Murray, "Paul as Pastor," *Dictionary of Paul and His Letters*, ed. Gerald F. Hawthorne, Ralph P. Martin, Daniel G. Reid (Downers Grove, IL: InterVarsity, 1993), 654.

31 "지성으로 하나님을 사랑하고 마음으로 생각하는 설교자는 사려 깊게, 그리고 사랑하는 마음으로 '어떻게 이 회중에게 신학적으로 말할 수 있을까?'라고 자문할 것이다." John M. Stapleton, "Loving God with the Mind and Thinking with the Heart," *The Power to Comprehend with All the Saints: The Formation and Practice of a Pastor-Theologian*, ed. Wallace M. Alston Jr., Cynthia A. Jarvis (Grand Rapids: Eerdmans, 2009), 211.

32 Carl R. Trueman, "The Preacher as Prophet: Some Notes on the Nature of Preaching," *The People's Theologian: Writings in Honour of Donald Macleod*, ed. Iain D. Campbell, Malcolm Maclean (Glasgow: Mentor, 2011), 205.

33 인격적 차원이 없다면 설교는 강의, 즉 의도는 좋지만 불충분한 지적 활동이 되고 말 것이다. 로이드 존스는 설교를 가리켜 '열정적인 논리'라고 말했다. D. Martyn Lloyd-Jones, *Preaching and Preachers* (Grand Rapids: Zondervan, 1972), 97을 보라.《설교와 설교자》(복있는사람, 2012).

34 이와 관련하여, 목회직의 본질에 관한 앨버트 몰러의 말이 떠오른다. "하나님의 진리를 위해 하나님의 양떼를 지키는 소명보다 더 신학적인 소명은 없다." Mohler, *He Is Not Silent: Preaching in a Postmodern World* (Chicago: Moody, 2008), 107.《말씀하시는 하나님》(부흥과개혁사, 2010).

35 David J. Bosch, *Transforming Mission: Paradigm Shifts in Theology of Mission* (Maryknoll, NY: Orbis, 1991), 16.《변화하고 있는 선교: 선교신학의 패러다임 전환》(기독교문서선교회, 2000).

36 마지막 구절은 에드 스테처가 "Not Tweeting? Repent: Ed Stetzer on Why Ignoring Social Media Is No Longer an Option for Church Leaders," *Leadership Magazine* 34 (2013): 29에서 했던 말을 풀어서 적은 것이다.

37 하지만 나는 George Pattison, *Thinking about God in an Age of Technology* (Oxford: Oxford University Press, 2005)와 Jacques Ellul, *The Technological Bluff* (Grand Rapids: Eerdmans, 1990), Quentin Schultze, *Habits of the High-Tech Heart* (Grand Rapids: Baker Books, 2002), John Dyer, *From the Garden to the City* (Grand Rapids: Kregel, 2011), Arthur Boers, *Living into Focus* (Grand Rapids: Brazos, 2012)에서 도움을 받았다.

38 Read Bain, "Technology and State Government," *American Sociological Review* 2 (December 1937): 860.

39 돈은 바로 이 두 경향을 보여주는 단적인 예다.

2. 학자와 성인: 목회직의 간략한 역사

1 Douglas Sweeney, *Jonathan Edwards and the Ministry of the Word* (Downers Grove, IL: InterVarsity, 2009), 199.《조나단 에드워즈의 말씀 사역》(복있는사람, 2011).

2 David Wells, *The Courage to Be Protestant* (Grand Rapids: Eerdmans, 2008), 40.《용기 있는 기독교》(부흥과개혁사, 2010).

3   Irenaeus, *Against Heresies* 1.10.1; *Apostolic Fathers with Justin Martyr and Irenaeus*, vol. 1 of *The Ante-Nicene Fathers*, ed. Philip Schaff (Edinburgh: T&T Clark, 1887), 330-331.

4   Fred Sanders, *The Deep Things of God: How the Trinity Changes Everything* (Wheaton: Crossway, 2012), cf. 8-12.

5   *The Shepherd of Hermas*, in *The Apostolic Fathers: The Shepherd of Hermas; The Martyrdom of Polycarp; The Epistle of Diognetus* (New York: Putnam, 1917), 39.《목자》(분도출판사, 2002).

6   http://www.fordham.edu/halsall/basis/nicea1.txt에서 이 공의회의 공식문서를 볼 수 있다. 이에 관한 유익한 해설로는 Chad Brand, Daniel L. Akin, R. Stanton Norman, *Perspectives on Church Government: Five Views of Church Polity* (Nashville: B&H, 2004), 172-174을 보라.

7   Alistair C. Stewart, *The Original Bishops: Office and Order in the First Christian Communities* (Grand Rapids: Baker Academic, 2014)를 보라.

8   John Chrysostom, *On the Priesthood* 6.4.9; in *On the Priesthood, Ascetic Treatises, Select Homilies and Letters, Homilies on the Statues*, vol. 9 of *Nicene and Post-Nicene Fathers of the Christian Church*, ed. Philip Schaff (New York: Christian Literature Publishing Library, 1886), 69.《성직론》(엠마오, 1992)

9   "요한 크리소스토무스는 교회의 목회를 영적, 신학적 기준이라는 관점에서만 이해하고 실천해야 한다고 보았다. … 목회직 역시 무엇보다도 그분의 백성에 대한 그리스도의 사랑을 나누는 것으로 신학적으로 이해해야 한다고 보았다." Andrew Purves, *Pastoral Theology in the Classical Tradition* (Louisville: Westminster John Knox, 2001), 43.

10 Letter 73, Augustine to Jerome (AD 404), in *St. Augustine's Life and Work, Confessions, Letters*, vol. 1 of *Nicene and Post-Nicene Fathers of the Christian Church*, ed. Philip Schaff (New York: Christian Literature Publishing Library, 1886), 331.

11 Michael Pasquarello III, *Sacred Rhetoric: Preaching as a Theological and Pastoral Practice of the Church* (Grand Rapids: Eerdmans, 2005), 21.

12 여기서 신학*theologia*과 습관*habitus*, 지혜*sapientia*라는 고전적 삼위일체를 염두에 두었다. 같은 책, 21을 보라. 또한 Kevin J. Vanhoozer, *The Drama of Doctrine: A Canonical-Linguistic Approach to Christian Theology* (Louisville: Westminster John Knox, 2005), 252-256의 흥미진진한 논의를 보라.

13 Augustine, *On Christian Doctrine* 4.4.6; in *St. Augustine: City of God and Christian*

Doctrine, vol. 2 of *Nicene and Post-Nicene Fathers of the Christian Church*, ed. Philip Schaff (Buffalo: Christian Literature, 1887), 576.《그리스도교 교양》(분도출판사, 2011).

14　Augustine, *Letters: Volume 1*, Fathers of the Church 12 (Washington, DC: Catholic University Press of America, 2008), 48.

15　"여자가 … 남자에게 적합한 기능, 특히 성직을 맡겠다고 주장해서는 안 된다[*nedum sacerdotalis officii*]." Tertullian, *De virginibus velandis* 9.1, *Tertulliani Opera*, ed. E. Dekkers (Turnhout: Brepols, 1954).

16　Hippolytus, *The Apostolic Tradition*, in *The Treatise on the Apostolic Tradition of St. Hippolytus of Rome, Bishop and Martyr*, ed. Gregory Dix (London: Alban, 1992), 18.《사도전승》(분도출판사, 1992).

17　Gregory, *The Book of Pastoral Rule: St. Gregory the Great*, Popular Patristics Series (Crestwood, NY: St. Vladimir's Seminary Press, 2007), 29.《사목 규범》(대구효성가톨릭대학교영성신학연구소, 1996).

18　Thomas Aquinas, *Summa Theologica* (Raleigh, NC: Hayes Barton, 1985), 2:4350.《신학 대전》(바오로딸, 1985-2000).

19　John Calvin, "Draft Ecclesiastical Ordinances" (1541), *Calvin's Theological Treatises*, ed. J. K. S. Reid, Library of Christian Classics 22 (Philadelphia: Westminster, 1954), 58; 같은 저자, *Institutes of the Christian Religion*, ed. J. T. McNeill, trans. F. L. Battles, Library of Christian Classics 21 (Philadelphia: Westminster, 1960), 2:1068-69 (4.4.1)을 보라.《기독교강요》(기독교문사, 2006-2008).

20　Martin Luther, "Lectures on Galatians," in *Martin Luther's Basic Theological Writings*, ed. Timothy Lull (Minneapolis: Fortress, 2005), 23.《갈라디아서 강해》(루터신학대학교출판부, 2003).

21　Calvin, *Institutes of the Christian Religion*, 2:1156-57 (4.8.9).

22　John Dillenberger, *John Calvin: Selections from His Writings* (Atlanta: Scholars Press, 1975), 35.

23　Scott M. Manetsch, *Calvin's Company of Pastors: Pastoral Care and the Emerging Reformed Church, 1536-1609*, Oxford Studies in Historical Theology (Oxford: Oxford University Press, 2013), 190.

24　같은 책, 188.

25 같은 책, 190.

26 Thomas Randolph to Sir William Cecil, September 24, 1561. W. Stanford Reid, *Trumpeter of God: A Biography of John Knox* (New York: Charles Scribner's Sons, 1974), 216에서 재인용.《존 낙스의 생애와 사상: 하나님의 나팔수》(기독교문서선교회, 2016).

27 William Ames, *The Marrow of Theology* (Grand Rapids: Baker, 1997), 77.

28 Richard Sibbes, *The Bruised Reed*, Puritan Paperbacks (Carlisle, PA: Banner of Truth, 1998), 3-4.《내가 어찌 너를 버리겠느냐》(규장, 2008).

29 같은 책, 34.

30 Richard Baxter, *The Reformed Pastor*, Puritan Paperbacks (Carlisle, PA: Banner of Truth, 1974), 177.《참 목자상》(생명의말씀사, 2012).

31 Purves, *Pastoral Theology in the Classical Tradition*, 113.

32 J. I. Packer, *A Quest for Godliness: The Puritan Vision of the Christian Life* (Wheaton: Crossway, 1994), 102.

33 같은 책, 103.

34 Jonathan Edwards, "Pastor and People Must Look to God," *The Salvation of Souls: Nine Previously Unpublished Sermons on the Call of Ministry and the Gospel*, ed. Richard Bailey, Gregory Wills (Wheaton: Crossway, 2002), 142.

35 Robert Caldwell, "The Ministerial Ideal in the Ordination Sermons of Jonathan Edwards: Four Theological Portraits," *Themelios* 38, no. 3 (November 2013): 390-401, http://legacy.thegospelcoalition.org/themelios/article/the_ministerial_ideal_in_the_ordination_sermons_of_jonathan_edwards.

36 Jonathan Edwards, "The Excellency of Christ," *Sermons and Discourses, 1734-38*, vol. 19 of *The Works of Jonathan Edwards*, ed. M. X. Lesser (New Haven: Yale University Press, 2001), 588. "그리스도의 탁월하심,"《조나단 에드워즈 대표설교선집》(부흥과개혁사, 2005)

37 Richard A. Bailey, "Driven by Passion: Jonathan Edwards and the Art of Preaching," *The Legacy of Jonathan Edwards: American Religion and the Evangelical Tradition*, ed. D. G. Hart, Sean Michael Lucas, Stephen Nichols (Grand Rapids: Baker Academic, 2007), 70.《조나단 에드워즈의 유산: 미국의 종교와 복음주의 전통》(부흥과개혁사, 2009)

38 E. Brooks Holifield, *God's Ambassadors: A History of the Christian Clergy in America*

(Grand Rapids: Eerdmans, 2007), 78.

39 Nathan Hatch, *The Democratization of American Christianity* (New Haven: Yale University Press, 1991), 3.

40 Charles G. Finney, *Lectures on Systematic Theology* (London: William Tegg, 1851), 35.

41 Charles G. Finney, *Lectures on Revivals of Religion*, ed. William G. McLoughlin (Cambridge, MA: Harvard University Press, 1960), 13.《찰스 피니의 부흥론》(생명의말씀사, 2001).

42 Randall Herbert Balmer, Lauren F. Winner, *Protestantism in America*, Columbia Contemporary American Religion Series (New York: Columbia University Press, 2005), 59.

43 Hatch, *Democratization of American Christianity*, 57.

44 George Marsden, *The Soul of the American University: From Protestant Establishment to Established Nonbelief* (Oxford: Oxford University Press, 1994), 105, 154-155.

45 Holifield, *God's Ambassadors*, 173-174.

46 E. Brooks Holifield, *A History of Pastoral Care in America* (Nashville: Abingdon, 1983)을 보라.

47 H. Richard Niebuhr, *The Purpose of the Church and Its Ministry* (New York: Harper &Brothers, 1956), 81.

48 George Marsden, *Fundamentalism and American Culture: The Shaping of Twentieth Century Evangelicalism, 1870-1925* (1980; repr., Oxford: Oxford University Press, 2006), 130.《근본주의와 미국 문화》(생명의말씀사, 1997).

49 Harold J. Ockenga, "Challenge to the Christian Civilization of the West" (Fuller Theological Seminary Convocation Address, Delivered on October 1, 1947, Pasadena, CA, Ockenga Papers, Gordon-Conwell Theological Seminary, South Hamilton, MA), 9.

50 기독교 지성에 대한 촉매 역할을 하고자 했던 신복음주의 운동에 관해서는 Owen Strachan, *The Reawakening of the Evangelical Mind* (Grand Rapids: Zondervan, 2015)를 보라. 또한 Garth M. Rosell, *The Surprising Work of God: Harold John Ockenga, Billy Graham, and the Rebirth of Evangelicalism* (Grand Rapids: Baker Academic, 2008)과 Owen D. Strachan, "Reenchanting the Evangelical Mind: Park Street Church's Harold Ockenga, the Boston Scholars, and the Mid-century Intellectual Surge" (PhD diss., Trinity Evangelical Divinity School, 2011)을 보라.

51 Cormac McCarthy, *The Road* (New York: Knopf, 2006), 70. 《로드》(문학동네, 2008).

52 더 구체적으로 말하자면, "하나님께 은혜를 입고 그분의 영원한 보상을 받을 자격이 있는 사람들을 구별시켜주는 특징은 무엇인가? 참된 종교의 본질은 무엇인가? 하나님이 보시기에 받으실 만한 덕의 특징은 어디에 존재하는가?" Jonathan Edwards, *A Treatise Concerning Religious Affections*, in *The Works of Jonathan Edwards* (Carlisle, PA: Banner of Truth, 1984), 1:234. 《신앙감정론》(부흥과개혁사, 2005).

53 같은 곳.

54 Edwards, *A Faithful Narrative of the Surprising Work of God*, http://www.jonathan-edwards.org/Narrative.html을 보라. 《놀라운 부흥과 회심 이야기》(부흥과개혁사, 2006).

55 이름은 다 바꾸었다.

56 찰스 웨슬리의 찬송가에서 따옴. "죄로 상한 나의 심령 흑암 중에서 헤맬 때 주의 긍휼 내게 임해 주의 광명한 그 빛 비쳐 나는 주의 소유 되고 광명을 찾았도다."

3. 복음의 기분: 목회자―신학자의 목적

1 폴 W. 프루이저의 말을 참고하라. "나는 사람들이 자신의 신앙과 종교적 전통에 비추어 자신과 자신의 문제를 바라볼 기회를 갖기 원하기 때문에 이에 관해 전문적인 도움을 줄 수 있는 목회자를 찾는다고 점점 확신하게 되었다." "The Diagnostic Process in Pastoral Care," *Psychiatry, Ministry, and Pastoral Counseling*, ed. A. W. Richard Sipe, Clarence J. Rowe (Collegeville, MN: Liturgical Press, 1984), 109.

2 목회자가 여러 명인 교회는 어떨까? 그들 모두가 공공신학자가 되어야 할까? 각자가 받은 특정한 분야의 은사를 무시한 채 목회자가 모두 똑같이 목회를 할 수 있어야 할까? 이것은 복잡한 문제다. 짧은 답은 '그렇다'이다. 그들 모두가 특수한 역할이나 목회 분야가 무엇이든지 사람들과 함께 일한다는 의미에서 공공신학자가 되어야 하며, 그들의 신학적 기여는 구속의 드라마에 비추어, 즉 그리스도 안에서 만물을 하나가 되게 하기 위해 삼위일체 하나님이 행하시는 일에 비추어 삶 전체를 바라보고 모든 상황을 해석하는 능력을 길러주는 것이다.

3 Seneca, *On the Shortness of Life*, trans. C. D. N. Costa (London: Penguin, 2004), 1-33. 《인생이 왜 짧은가》(숲, 2005).

4 Paul Tillich, *The Courage to Be* (New Haven: Yale University Press, 1952), 46-50. 《존재의 용기》(예영커뮤니케이션, 2006). '불안의 시대(Age of Anxiety)'는 1948년 퓰리처상을 받은 W. H. 오든의 시와 그의 시에서 영감을 받아서 만든 레너드 번스타인의 교향곡 제목이기도 하다. 틸

리히는 인간 역사상 각 시대마다 존재론적이든, 도덕적이든, 영적이든 특정한 종류의 불안을 느끼는 경향이 있다고 생각했다(Courage to Be, 57-63을 보라).

5 2001년에서 2010년까지의 정신 보건 의학 동향에 관한 Medco Health Solution의 보고서 "America's State of Mind Report"를 보라. http://apps.who.int/medicinedocs/documents/s19032en/s19032en.pdf.

6 마르틴 하이데거에 대한 이 논의에서는 그의 책 Being and Time, trans. John Macquarrie, Edward Robinson (Oxford: Blackwell, 1980)을 일차자료로 삼았다.《존재와 시간》(까치, 1998).

7 Søren Kierkegaard, The Sickness unto Death: A Christian Psychological Exposition for Upbuilding and Awakening, vol. 19 of Kierkegaard's Writings (Princeton: Princeton University Press, 2013), 5.《죽음에 이르는 병》(한길사, 2007).

8 Sarah Bachelard, Resurrection and Moral Imagination (Farnham, Surrey, UK; Burlington, VT: Ashgate, 2014), 2. 또한 Oliver O'Donovan, Resurrection and Moral Order: An Outline for Evangelical Ethics (Grand Rapids: Eerdmans, 1986)를 보라.

9 N. T. Wright, The Resurrection of the Son of God (Minneapolis: Fortress, 2003), 578.《하나님의 아들의 부활》(크리스챤다이제스트, 2005).

10 또한 Pope Francis, The Joy of the Gospel: Evangelii Gaudium (Frederick, MD: Word among Us, 2014)을 보라.《복음의 기쁨》(한국천주교주교회의, 2014).

11 신학의 법(mood)에 관한 더 자세한 논의로는 David F. Ford, The Future of Christian Theology (Oxford: Wiley-Blackwell, 2011), 71-83을 보라.

12 로언 윌리엄스에 따르면, 형이상학(존재에 대한 철학적 탐구)은 우리에게 가장 중요한 실천에 의해 암시되는 존재의 방식에 대한 우리의 기본적 확신이라는 관점에서 가장 잘 이해할 수 있다. "Between Politics and Metaphysics: Reflections in the Wake of Gillian Rose," Modern Theology 11 (1995): 6.

13 Wright, Resurrection of the Son of God, 679-682을 보라.

14 다음 장에서 우리는 목회자-신학자가 비슷한 목적을 가지고, 즉 그리스도의 몸에 양분을 공급하고 그 몸을 든든히 세우기 위해 빵과 포도주를 나눠준다는 사실을 강조할 것이다.

15 E. D. Hirsch, Cultural Literacy (New York: Vintage Books, 1988).

16 같은 책, xiii.

17 Kevin J. Vanhoozer, "Scripture and Hermeneutics," Oxford Handbook of Evangelical

Theology, ed. Gerald McDermott (Oxford: Oxford University Press, 2010), 35–52, 같은 저자, "Ascending the Mountain, Singing the Rock: Biblical Interpretation Earthed, Typed, and Transfigured," *Modern Theology* 28, no. 4 (2012): 781–803, 같은 저자, "Interpreting Scripture between the Rock of Biblical Studies and the Hard Place of Systematic Theology: The State of the Evangelical (Dis)union," *Renewing the Evangelical Mission*, ed. Richard Lints (Grand Rapids: Eerdmans, 2013), 201–225을 보라.

18 James M. Hamilton Jr., *What Is Biblical Theology? A Guide to the Bible's Story, Symbolism, and Patterns* (Wheaton: Crossway, 2014)의 탁월한 논의를 보라. 《성경신학이란 무엇인가: 성경의 이야기, 상징, 패턴에 대한 안내서》(부흥과개혁사, 2015).

19 Jonathan Edwards, "The Church's Marriage to Her Sons, and to Her God," *Sermons and Discourses, 1743-1758*, vol. 25 of *The Works of Jonathan Edwards* (New Haven: Yale University Press, 2006), 187.

20 아이자이어 벌린은 두 종류의 사상가, 즉 다양한 종류의 지식을 넓게 활용하는 여우와 하나의 중심 사상을 통해 모든 것을 해석하는 경향이 있는 고슴도치를 구별했다. 벌린은 고대 그리스의 시에 기초해 이런 구분을 제시했다. "여우는 많은 것을 알지만 고슴도치는 큰 것 하나를 안다"(아르킬로코스, 단편 103). Isaiah Berlin, *The Hedgehog and the Fox: An Essay on Tolstoy's View of History* (London: Weidenfeld & Nicolson, 1953)를 보라.

21 James K. A. Smith, *Desiring the Kingdom: Worship, Worldview, and Cultural Formation* (Grand Rapids: Baker Academic, 2009), 《하나님나라를 욕망하라》(IVP 근간).

22 "도덕주의적이며 심리요법적인 이신론"은 크리스천 스미스가 미국 십 대의 신학을 묘사하면서 사용한 용어다. Christian Smith, Melinda Lundquist Denton, *Soul Searching: The Religious and Spiritual Lives of American Teenagers* (Oxford: Oxford University Press, 2005)를 보라.

23 Carl F. H. Henry, *God Who Speaks and Shows: Preliminary Considerations*, vol. 1 of *God, Revelation, and Authority* (Waco: Word Books, 1976), 1. 《신, 계시, 권위》(대한기독교서회, 1978).

24 신학적 문화 해석에 대한 더 자세한 논의로는 Kevin J. Vanhoozer, "What Is Everyday Theology: How and Why Christians Should Read Culture," *Everyday Theology: How to Read Cultural Texts and Interpret Trends*, ed. Kevin J. Vanhoozer, Charles A. Anderson, Michael J. Sleasman (Grand Rapids: Baker Academic, 2007), 15–62을 보라. 《문화신학》(부흥과개혁사, 2009).

25 우리가 어디에 있는지를 이해하는 일에서 상상력이 맡은 역할에 관해서는 Kevin J. Vanhoozer, "In Bright Shadow: C. S. Lewis on the Imagination for Theology and

Discipleship," *The Romantic Rationalist: God, Life, and Imagination in the Work of C. S. Lewis*, ed. John Piper, David Mathis (Wheaton: Crossway, 2014), 81-104을 보라.

26 Andrew Purves, *Pastoral Theology in the Classical Tradition* (Louisville: Westminster John Knox, 2001), 120.

27 그럼에도 불구하고 다음 장에서는 심방을 실천할 것을 추천한다. 목회자는 문학을 통해 인간의 조건을 배워야 할 뿐만 아니라 자기 교인들을 직접 인격적으로 알고 있어야 한다.

28 C. S. Lewis, *An Experiment in Criticism* (Cambridge: Cambridge University Press, 1961), 141.《문학비평에서의 실험》(동문선, 2002).

29 Lesslie Newbigin, *Foolishness to the Greeks: The Gospel and Western Culture* (Grand Rapids: Eerdmans, 1986).《헬라인에게는 미련한 것이요: 복음과 서구 문화》(IVP, 2005).

30 Cornelius Plantinga, *Reading for Preaching: The Preacher in Conversation with Storytellers, Biographers, Poets, and Journalists* (Grand Rapids: Eerdmans, 2014), 42.《설교자의 서재: 창조적 설교를 위한 세속적 책 읽기》(복있는사람, 2014). 또한 이 책에 실린 그의 글을 읽어보라.

31 비슷하게 에베소서 4:1과 빌립보서 2:12에서도 직설법에서 명령법으로 어법이 전환된다.

32 Richard B. Gaffin Jr., *By Faith, Not by Sight*, 2nd ed. (Phillipsburg, NJ: P&R, 2013), 82.《구원이란 무엇인가》(크리스챤출판사, 2007).

33 마찬가지로 요한서신에서도 '진리를 행함'에 대해 말하며(요일 1:6), 바울도 진리를 순종해야 할 바라고 말한다(롬 2:8).

34 Philip H. Towner, *The Letters to Timothy and Titus*, New International Commentary on the New Testament (Grand Rapids: Eerdmans, 2006), 171-174에 실린 '경건'에 관한 보론을 보라.

35 Oliver O'Donovan, *Resurrection and Moral Order: An Outline for Evangelical Ethics* (Grand Rapids: Eerdmans, 1986), 15.

36 같은 책, 25.

37 같은 책, 236.

38 C. S. Lewis, *Mere Christianity* (Glasgow: Collins, 1955), 171.《순전한 기독교》(홍성사, 2001).

39 자세한 논의로는 Jason B. Hood, *Imitating God in Christ: Recapturing a Biblical*

Pattern (Downers Grove, IL: InterVarsity, 2013)을 보라.

40 목회자-신학자가 할 수 있는 가장 중요한 일 중 하나는 교회가 이러한 종말론적 현실의 본질을 이해하도록 돕는 것이다.

41 Bonhoeffer, *Ethics*, vol. 6 of *Dietrich Bonhoeffer Works* (Minneapolis: Fortress, 2005), 49-50.《윤리학》(대한기독교서회, 2010).

42 Christopher R. J. Holmes, *Ethics in the Presence of Christ* (London: T&T Clark, 2012), 12.

43 그리스도로 옷 입음에 관한 더 자세한 논의로는 Kevin J. Vanhoozer, *Faith Speaking Understanding*, chap. 5, "Learning (and Becoming) the Part: 'Little Christs'"를 보라.

44 Wallace M. Alston Jr., "The Education of a Pastor-Theologian: Toward a Learned Ministry," *The Power to Comprehend with All the Saints: The Formation and Practice of a Pastor-Theologian*, ed. Wallace M. Alston Jr. and Cynthia A. Jarvis (Grand Rapids: Eerdmans, 2009), 68.

45 지혜를 가르칠 수 있는가 하는 문제에는 이론의 여지가 있지만, 만약 가르칠 수 있다면 최선의 방법은 더 경험이 많은 목회자가 젊은 목회자를 도제처럼 훈련시키는 것이다. 많은 신학교에서 목회학석사 과정 학생들에게 의무적으로 목회 실습을 이수하게 하지만, 대개는 교과과정과 별개로 이뤄진다. 신학교와 지역 교회가 협력해서 학생들이 실제 삶에서 부딪히는 사례 연구를 해볼 수 있는 목회 실습 과정을 제공해야 한다. 이를 통해 학생들은 선배 목회자와 멘토 관계를 통해서 목회를 배울 수 있을 뿐만 아니라 목회 실습을 교과과정 중에서 가장 유익하고 소중한 경험이라고 여기게 될 것이다.

46 앞의 책, 70.

47 새러 코클리는 2012년 인터뷰에서 비슷한 주장을 한 적이 있다. "Ministry Is Not Easier than Theology," http://www.faithandleadership.com/multimedia/sarah-coakley-ministry-not-easier-theology.

48 Purves, *Pastoral Theology in the Classical Tradition*, 121.

49 이런 삶의 아름다움을 다룬 탁월한 책으로는 N. D. Wilson, *Death by Living* (Nashville: Nelson, 2013)을 보라.

50 Ernest Becker, *The Denial of Death* (New York: Free Press, 1973).《죽음의 부정》(인간사랑, 2008).

51 John Steinbeck, *East of Eden* (New York: Viking, 1952), chap. 24.《에덴의 동쪽 1, 2》(민음사, 2008).

4. 하나님 집의 장인들: 목회자—신학자의 활동

1 Thomas C. Oden, *Pastoral Theology: Essentials of Ministry* (New York: HarperOne, 1983), 313.

2 앤드루 퍼브스는 아타나시우스의 말을 풀이하며 이렇게 주장한다. "예수 그리스도의 것이 아닌 목회는 치유받지 못한 목회이며, 교만하게 천국을 급습하려고 노력하는 사이에 무기력해지고 말 것이다." Purves, *Reconstructing Pastoral Theology: A Christological Foundation* (Louisville: Westminster John Knox, 2004), ix.

3 같은 책, xxiii.

4 퍼브스는 '그리스도 안에 있는 바'도 비슷한 관점에서 설명한다. 그는 그리스도와의 연합으로 시작되는 사중적 목회, 즉 하나님의 말씀과 은총, 임재, 다스리심의 목회를 제시한다 (*Reconstructing Pastoral Theology*, part 2).

5 교회 지도자에 대한 신약의 범주는 다소 유동적이다. 교인들이 그리스도인으로서 성숙하게 자라가도록 돕는 것은 목회자만이 아니라 모든 교회 장로들의 특권이자 책임이다(엡 4:11-13). 교회의 장로에 관해서는 Jeramie Rinne, *Church Elders: How to Shepherd God's People Like Jesus* (Wheaton: Crossway, 2014)를 보라.《교회의 장로》(부흥과개혁사, 2016).

6 Jonathan Leeman, *Church Membership: How the World Knows Who Represents Jesus* (Wheaton: Crossway, 2012), 27.

7 Grant Osborne, *Matthew*, Zondervan Exegetical Commentary on the New Testament (Grand Rapids: Zondervan, 2010), 627.《강해로 푸는 마태복음》(디모데, 2015).

8 같은 곳.

9 Robert H. Gundry, *Commentary on the New Testament: Verse-by-Verse Explanations with a Literal Translation* (Peabody, MA: Hendrickson, 2010), 72.

10 '이 반석'이 베드로가 고백한 내용을 가리킨다는 입장에 관해서는 Chrys C. Caragounis, *Peter and the Rock* (Berlin: de Gruyter, 1989)을 보라.

11 조너선 리먼은 마태복음 16:19에 언급된 천국 열쇠가 누구의 고백이 복음과 조화를 이루며 어떤 고백자가 천국을 대표하는지를 판단할 권위를 가리킨다고 주장한다. *Church Membership: How the World Knows Who Represents Jesus* (Wheaton: Crossway, 2012), 58-59.

12 Douglas Harink, *1 and 2 Peter*, Brazos Theological Commentary on the Bible (Grand Rapids: Brazos, 2009), 124.

13 Eugene H. Peterson, "Curing Souls: The Forgotten Art," *Leadership Journal* 4 (Summer 1983): 48-60.

14 이것은 Boyd Taylor Coolman, *The Theology of Hugh of St. Victor: An Interpretation* (Cambridge: Cambridge University Press, 2010)의 핵심 주장이다.

15 같은 책, 27.

16 Rhys S. Bezzant, *Jonathan Edwards and the Church* (Oxford: Oxford University Press, 2014), 107.

17 Matthew Levering, *Ezra and Nehemiah*, Brazos Theological Commentary on the Bible (Grand Rapids: Brazos, 2007), 20 주 2.

18 마크 A. 트론트비트는 에스라기의 주요한 신학적 관심은 "공동체로 하여금 현재 획득한 정치적 구조 안에서 하나님의 백성이 되도록 권면하는 것"이라고 주장한다. *Ezra-Nehemiah*, Interpretation (Louisville: Westminster John Knox, 1992), 31. 《현대성서주석: 에스라-느헤미야》(한국장로교출판사, 2001).

19 Bede, *On Ezra and Nehemiah*, trans. Scott DeGregorio (Liverpool: Liverpool University Press, 2006), 1-2.

20 H. G. M. 윌리엄슨은 에스라기가 포로 귀환을 두 번째 출애굽, 따라서 하나님의 은총의 행위라고 예표론적으로 설명하고 있다고 지적한다. *Ezra, Nehemiah*, Word Biblical Commentary (Nashville: Nelson, 1985), 20, 111. 《에스라, 느헤미야》(솔로몬, 2008).

21 같은 책, 92. 제사장으로서의 에스라에 관해서는 Throntveit, *Ezra-Nehemiah*, 40-41을 보라.

22 Derek Kidner, *Ezra and Nehemiah: An Introduction and Commentary*, Tyndale Old Testament Commentaries (Leicester, UK: Inter-Varsity, 1979), 62.

23 Bede, *On Ezra and Nehemiah*, 108.

24 신약성서에서 신자가 불신자와 결혼했다는 이유로 이혼해서는 안 된다고 분명히 말하고 있다는 사실은 중요하다(고전 7:12-13을 보라).

25 Williamson, *Ezra, Nehemiah*, 160.

26 Bede, *On Ezra and Nehemiah*, 139.

27 Throntveit, *Ezra-Nehemiah*, 78.

28 Bede, *On Ezra and Nehemiah*, 178.

29 트론트비트(*Ezra-Nehemiah*, 110)는 본문에서 에스라를 제2의 모세로, 낭독/응답을 언약 갱신 의식으로 그리고 있다고 주장한다.

30 Harink, *1 and 2 Peter*, 69.

31 Peter O'Brien, *The Letter to the Ephesians*, Pillar New Testament Commentary (Grand Rapids: Eerdmans, 1999), 219. 《에베소서》(부흥과개혁사 근간).

32 같은 책, 221.

33 G. K. Beale, *The Temple and the Church's Mission: A Biblical Theology of the Dwelling Place of God* (Downers Grove, IL: InterVarsity, 2004), 48. 《성전 신학: 하나님의 임재와 교회의 선교적 사명》(새물결플러스, 2014).

34 Timothy G. Gombis, *The Drama of Ephesians: Participating in the Triumph of God* (Downers Grove, IL: InterVarsity, 2010), 182. 《이렇게 승리하라: 에베소서가 전하는 하나님의 승리에 참여하기》(에클레시아북스, 2013).

35 James M. Hamilton Jr., *What Is Biblical Theology?* (Wheaton: Crossway, 2014), 106.

36 반대로 십자가를 보면서 행복한 표정을 지어서도 안 된다. 목회자-신학자가 직면한 어려움은 죽을 수밖에 없는 우리 몸 안에 예수의 생명을 담아내고, 부활하신 그분이 십자가에 달려 죽으셨던 그분이기도 하심을 기억하는 것이다(고후 4:10-12을 보라).

37 John H. Leith, *Introduction to the Reformed Tradition: A Way of Being the Christian Community* (Atlanta: John Knox Press, 1981), 85. 《개혁주의란 무엇인가?》(생명의샘, 2014).

38 William H. Willimon, *Pastor: The Theology and Practice of Ordained Ministry* (Nashville: Abingdon, 2002), 183.

39 James G. Samra, *Being Conformed to Christ in Community: A Study of Maturity, Maturation and the Local Church in the Undisputed Pauline Epistles* (London: T&T Clark, 2006), 167-168. 그리스도의 '마음'을 품는다는 것(빌 2:5)은 일차적으로 그분이 인지하시는 내용(즉, 정보)을 모방하는 것이 아니라 그분의 태도(즉, 지향)를 본받는 것을 말한다.

40 Oden, *Pastoral Theology*, 314.

41 같은 책, 127.

42 http://www.psychologytoday.com/blog/communication-success/201311/5-tips-

reduce-the-fear-public-speaking을 보라.

43 존 더럼 피터스는 의사소통을 "자아와 타자를 화해시키려는 노력"이라고 정의한다. *Speaking into the Air: A History of the Idea of Communication* (Chicago: University of Chicago Press, 1999), 9.

44 Andrew Purves, *The Resurrection of Ministry: Serving in the Hope of the Risen Lord* (Downers Grove, IL: InterVarsity, 2010), 37.《부활의 목회: 부활의 소망 안에서 참으로 해방된 목회》(새세대, 2013).

45 허먼 멜빌은《모비 딕》의 8장에서 강단을 배의 이물에 비유한다. 참고. 오든이 말하는 설교의 네 차원: 복음적, 도덕적, 교리적, 도덕 형성적 차원(*Pastoral Theology*, 128-129); David L. Bartlett, "Sermon," *Concise Encyclopedia of Preaching*, ed. William H. Willimon and Richard Lischer (Louisville: Westminster John Knox, 1995), 433-437.

46《설교학 사전》(기독교문서선교회, 2003). 성서정과(lectionary)를 사용하는 교회에서 목회자는 매주 구약과 신약을 연결시켜서 읽을 기회, 따라서 초대교회가 대답해야만 했던 가장 오래된 신학적 질문, 즉 '구약은 교회의 책인가? 이스라엘의 하나님은 예수 그리스도의 아버지와 같은 분이신가?'에 대답할 기회를 얻는다.

47 Graeme Goldsworthy, *Preaching the Whole Bible as Christian Scripture* (Grand Rapids: Eerdmans, 2000)를 보라.《성경신학적 설교 어떻게 할 것인가》(성서유니온선교회, 2002).

48 이 책에 실린 샘라의 글을 보라. 그의 글은 "어떻게 교회는 기술에 대해 신학적으로 생각해야 하는가?"라는 물음에 답한다.

49 "오늘날 전문적 종교 시장에서 잘 팔리는 목회직을 만들기 위한 공식은 넘쳐난다. 이 모든 공식은 목회자가 이미 교회 안에 있는 이들, 특히 아직 목표에 도달하지 못한 이들의 기대를 충족시켜야 한다는 가정에 기초한다." Craig M. Barnes, *The Pastor as Minor Poet: Texts and Subtexts in the Ministerial Life* (Grand Rapids: Eerdmans, 2009), 12.

50 칼뱅은 이렇게 말했다. "말씀의 목회라는 책무를 제대로 감당하고 싶은 사람들은 대화하고 공적으로 말하는 법을 배울 뿐만 아니라 양심을 꿰뚫고 들어가서 사람들이 십자가에 달려 죽으신 그리스도와 거기서 흘러나오는 그분의 피를 볼 수 있게 하는 법을 배우라. 교회에 이런 종류의 예술가들이 있다면, 나무나 돌, 즉 죽은 조각상은 필요가 없을 것이고 더 이상 아무런 형상도 필요가 없을 것이다." Herman J. Selderhuis, *John Calvin: A Pilgrim's Life* (Downers Grove, IL: InterVarsity, 2009), 115에서 재인용.《칼빈》(코리아닷컴, 2009).

51 '대'시인은 삶의 가장 심오한 진리를 오래 기억될 수 있도록 표현해낸다. (하나님은 대시인이시다!) '작은' 시인은 "특정한 장소에서 특정한 사람들에게 그 진리를 심어주는" 더 작지만 그럼에도 불구하고 중요한 책무를 수행한다(Barnes, *Pastor as Minor Poet*, 17).

52 L. Roger Owens, *The Shape of Participation: A Theology of Church Practices* (Eugene, OR: Cascade, 2010), 67.

53 가장 유명한 지침서는 Hippolytus, *Apostolic Tradition*; Augustine, *On the Instruction of Beginners*; Gregory of Nyssa, *Great Catechetical Oration* 등이다.

54 스티븐 파울은 "목사와 교사가 승천하신 그리스도께서 성령을 통해 주시는 선물"이라고 설명한다. *Ephesians: A Commentary*, New Testament Library (Louisville: Westminster John Knox, 2012), 130.

55 O'Brien, *Letter to the Ephesians*, 300.

56 생물학적(유기적) 이미지와 건축적(비유기적) 이미지를 결합시키는 에베소서 4:12과 비슷하게 두 가지를 함께 이야기하는 2:20-21이 짝을 이룬다는 점을 눈여겨보라.

57 Calvin, *Commentary*, on Eph. 4:11. 교회의 박사에 관해 스콧 매니치는 칼뱅의 제네바에서 "그들의 명령은 지역 회중을 넘어 더 광범위한 교회에 영향을 미쳤으며 … 그들에게는 미래의 목회자를 가르치고 교리적 오류로부터 교회를 보호하는 책임도 있었다"라고 지적한다. *Calvin's Company of Pastors: Pastoral Care and the Emerging Reformed Church, 1536-1609* (Oxford University Press, 2013), 28.

58 *Catechizing the Uninstructed* 3.5. 아우구스티누스는 대단히 현실적인 태도로 여러 장에 걸쳐서 '교리 교육을 받는 새신자를 지치게 만드는 여러 원인'에 대해 논한다.

59 칼뱅이 에드워드 시모어에게 보낸 편지, 1548년 10월 22일(Manetsch, *Calvin's Company of Pastors*, 266에서 재인용).

60 칼뱅의 교리문답은 목회적 목적을 위해 만들어졌고, 교리와 의무, 경건의 삶에 관한 가르침을 제공했다(http://www.reformed.org/documents/calvin/geneva_catachism/geneva_catachism.html).

61 J. I. Packer, "Reflection and Response," *J.I. Packer and the Evangelical Future: The Impact of His Life and Thought*, ed. Timothy George (Grand Rapids: Baker Academic, 2009), 174.

62 J. I. Packer with Gary A. Parrett, "The Return to Catechesis: Lessons from the Great Tradition," *Renewing the Evangelical Mission*, ed. Richard Lints (Grand Rapids: Eerdmans, 2013), 112.

63 같은 책, 129.

64 또한 J. I. Packer, Gary A. Parrett, *Grounded in the Gospel: Building Believers the Old-Fashioned Way* (Grand Rapids: Baker Books, 2010)를 보라. 《복음에 뿌리를 내려라》(생명의말씀

사, 2010).

65 참고. 패커도 "Reflection and Response," 174에서 비슷한 주장을 한다.

66 다른 책에서 나는 교리 학습과 연극 지도를 비교한 적이 있다. 교리는 제자들이 그리스도 안에 있는 바를 실천하도록, 따라서 구속의 드라마에서 제 역할을 하도록 도와준다. 특히 Kevin J. Vanhoozer, *Faith Speaking Understanding: Performing the Drama of Doctrine* (Louisville: Westminster John Knox, 2014)을 보라.

67 "예전을 이끄는 회중의 지도자로서 목회자는 대개는 교회의 예배 위원회를 통해 평신도와 상의하여 예배의 무대 전체를 조직하고 해석하고 인도할 책임이 있다 (Oden, *Pastoral Theology*, 90).

68 참고. 마르틴 루터는 예배의 목적이 "우리 주께서 그분의 거룩한 말씀을 통해 우리에게 말씀하시고, 그에 응답해 우리도 기도와 찬송을 통해 그분께 말씀을 아뢰는 것"이라고 말했다 (같은 책, 91에서 재인용).

69 같은 책, 93.

70 이 물음은 "왜 무가 아니라 무언가가 존재하는가?"라는 오래된 철학적 질문을 신학적으로 바꾼 것이다.

71 Graham Kendrick, *Learning to Worship as a Way of Life* (Minneapolis: Bethany House, 1985), 32.

72 다수의 시편을 왕들이 쓴 것은 아마도 우연이 아닐 것이다.

73 Daniel Block, *For the Glory of the Lord: Recovering a Biblical Theology of Worship* (Grand Rapids: Baker Academic, 2014), 23-24을 보라.

74 David Peterson, *Engaging with God: A Biblical Theology of Worship* (1993; repr., Downers Grove, IL: InterVarsity, 2002), 18.《성경신학적 관점으로 본 예배신학》(부흥과개혁사, 2011).

75 John E. Burkhart, *Worship: A Searching Examination of the Liturgical Experience* (Philadelphia: Westminster, 1982), 17.

76 *Engaging with God*, 174에서 피터슨은 '*logikēn latreian*'(롬12:1)을 '합리적 예배'라고 번역해야 한다고 주장한다. 바울이 드린 산 제물은 곧 그의 복음 사역이었다. "전제와 같이 내가 벌써 부어지고"(딤후 4:6; 참고. 빌 2:17).

77 같은 책, 73.

78 같은 책, 206을 보라.

79 "모든 그리스도인의 모임을 천상의 교회의 지상적 표현으로 간주할 수 있다(같은 책, 205).

80 Mark Labberton, *The Dangerous Act of Worship: Living God's Call to Justice* (Downers Grove, IL: InterVarsity, 2007), 《껍데기 예배는 가라》(좋은씨앗, 2010).

81 Evagrius Ponticus, *The Praktikos & Chapters on Prayer* (Piscataway, NJ: Gorgias, 2009), 65. 《폰투스의 에바그리오스 실천학》(새물결플러스, 2015).

82 지금은 고인이 된 제임스 몽고메리 보이스는 복음주의 예배가 하나님의 말씀의 공적인 읽기와 목회 기도 같은 전통적 요소가 사라짐에 따라 '얄팍'해졌다며 안타까워했다. Philip Ryken, Derek Thomas, J. Ligon Duncan, eds., *Give Praise to God: A Vision for Reforming Worship; Celebrating the Legacy of James Montgomery Boice* (Phillipsburg, NJ: P&R, 2003), 18-20에서 재인용).《개혁주의 예배학: 예배 개혁을 위한 비전》(기독교문서선교회, 2012).

83 Scott Hoezee, "The Pastoral Prayer as a Theological Occasion," Alston, Jarvis, *The Power to Comprehend with all the Saints*, 337.

84 C. S. Lewis, *Letters to Malcolm: Chiefly on Prayer* (New York: Harcourt, Brace & World, 1964), 81.《개인 기도》(홍성사, 2007).

85 "공동체가 주의 만찬에 참여하는 '수직적' 차원은 … 자연스럽게 삶의 방식이라는 '수평적' 차원으로 흘러 들어간다." Anthony C. Thiselton, *The First Epistle to the Corinthians*, New International Greek Testament Commentary (Grand Rapids: Eerdmans, 2000), 770.

86 John Jefferson Davis, *Worship and the Reality of God: An Evangelical Theology of Real Presence* (Downers Grove, IL: InterVarsity, 2010), 162.

87 참고. 데이비스는 교회를 향해 매주 모일 때마다 주의 만찬을 가장 중요한 순서로 행할 것을 촉구한다(같은 책, 114).

88 John Chrysostom, *Homilies on Titus*, 디도서 1:9에 대한 주석.

89 새로운 무신론자들(예를 들어, 크리스토퍼 히친스, 샘 해리스, 리처드 도킨스)은 종교를 용인해서는 안 되며, 합리적이고 과학적인 논증으로 그 결함을 폭로해야 한다고 주장한다. (이에 대한 지적인) 논박으로는 Tom Gilson, Carson Weitnauer, eds., *"True Reason": Confronting the Irrationality of the New Atheism* (Grand Rapids: Kregel, 2013)을 보라.

90 Stanley Hauerwas, *With the Grain of the Universe: The Church's Witness and Natural Theology* (Grand Rapids: Brazos, 2001), 210.

91 Dietrich Bonhoeffer, *Life Together* (New York: Harper &Row, 1954), 30.《신도의 공동생활》(대한기독교서회, 2003).

92 M. Robert Mulholland Jr., Marjorie J. Thompson, *The Way of Scripture: A Small-Group Experience in Spiritual Formation* (Nashville: Upper Room Books, 2010).

93 Kevin J. Vanhoozer, *The Drama of Doctrine: A Canonical-Linguistic Approach to Christian Theology* (Louisville: Westminster John Knox, 2005), 31.

> 기고자

제럴드 히스탠드 Gerald Hiestand

일리노이 주 오크 파크에 있는 갈보리 기념교회Calvary Memorial Church 선임 부목사이며 목회자 신학자 연구소Center for Pastor Theologians 소장이다. 켄트 대학교University of Kent, Canterbury에서 고전학 박사 과정을 수료했으며, 토드 윌슨과 함께《목사 신학자: 고대 교회의 목회자상 회복 *The Pastor Theologian: Resurrecting an Ancient Vision*》(부흥과개혁사)을 썼다.

조시 무디 Josh Moody

케임브리지 대학교에서 박사학위를 받았고, 일리노이 주 휘튼에 있는 대학교회College Church 의 담임목사로 일하고 있다. 지은 책으로는 *Journey to Joy: The Psalms of Ascent* (Crossway), *No Other Gospel* (Crossway), *The God-Centered Life: Insights from Jonathan Edwards for Today* (Regent College Publishing) 등이 있다. 블로그(GodCenteredLife.org)에는 그의 설교도 올리고 있다.

멜빈 팅커 Melvin Tinker

옥스퍼드의 위클리프 홀Wycliffe Hall(목회학)과 옥스퍼드 대학교 신학부에서 공부했다. 영국 요크셔 주 킹스턴 어폰 헐 뉴랜드의 세인트 존 교회St. John의 관할사제다. 지은 책으로는 *Intended for Good: The Providence of God* (InterVarsity)과 *What Do You Expect? Ecclesiastes for Today* (Evangelical Press) 등이 있다.

토드 윌슨 Todd Wilson

일리노이 주 오크 파크에 있는 갈보리 기념교회의 담임목사로 일하고 있다. 휘튼 대학Wheaton College(학사, 석사)과 케임브리지 대학교University of Cambridge(박사)를 졸업했다. *Galatians: Gospel-Rooted Living* (Crossway)과 *Real Christian: Bearing the Marks of Authentic Faith* (Zondervan)를 비롯해 일곱 권의 책을 썼다.

짐 샘라 Jim Samra

미시건 주 그랜드래피즈에 있는 갈보리 교회Calvary Church의 담임목사다. 미시건 대학교 University of Michigan에서 기계공학으로 학사 학위를, 댈러스 신학교Dallas Theological Seminary에서 신약학과 목회학 전공으로 신학석사 학위를, 영국 옥스퍼드 대학교University of Oxford에서 신약학 전공으로 박사 학위를 받았다. 《갓 톨드 미: 내 안에 하나님의 음성을 들어라*God Told Me*》(넥서스)와 *The Gift of Church* (Zondervan), *Being Conformed to Christ in Community* (T&T Clark)의 저자다.

웨슬리 패스터 Wesley G. Pastor

버몬트 주 윌리스턴에 그리스도 기념교회Christ Memorial Church를 개척하여 담임목사로 섬기고 있다. 역시 윌리스턴에 있는 네츠 교회 개척 연구소NETS Institute for Church Planting의 설립자이자 회장이기도 하다. 오하이오 주 마이애미 대학교Miami University에서 경영학 석사 학위를 받은 후 웨스트민스터 신학교Westminster Theological Seminary, Philadelphia에서 신학 전공으로 석사 학위를, 웨일스 대학교University of Wales에서 성서학과 실천신학 전공으로 석사 학위를 받았다.

케빈 드영 Kevin DeYoung

미시건 주 이스트 랜싱에 있는 대학개혁교회University Reformed Church의 목회자다. 호프 칼리지(학사)와 고든콘웰 신학교(목회학 석사)에서 공부했고 지금은 레스터대학교University of Leicester의 박사 과정 학생으로 등록되어 있다. 《왜 우리는 하나님의 인도를 바르게 받아야 하는가*Just Do Something*》(부흥과개혁사), 《미친 듯이 바쁜*Crazy Busy*》(부흥과개혁사) 《성경, 왜 믿어야 하는가 *Taking God at His Word*》(디모데)를 비롯해 여러 책을 썼다.

데이비드 깁슨 David Gibson

애버딘 대학교University of Aberdeen에서 박사학위를 받았고, 장로교 목사로서 스코틀랜드 애버딘의 트리니티 교회Trinity Church를 섬기고 있다. 교회와 장로들은 그가 서재로 숨어서 여러 주제에 관해 글을 쓸 수 있게 해주고 있으며, 현재도 그는 세례와 전도서, 도르트 회의에 관한 글을 쓰고 있다.

빌 카인스 Bill Kynes

옥스퍼드 대학교(석사)와 트리니티 복음주의신학교Trinity Evangelical Divinity School(목회학 석사),

케임브리지 대학교(박사)에서 신학을 공부한 후 1986년부터 버지니아 주 애년데일에 있는 코너스톤 복음주의 자유교회Cornerstone Evangelical Free Church에서 목회자로 섬기고 있다. 그의 논문은 *A Christology of Solidarity: Jesus as the Representative of His People* (University Press of America)로 출간되었다.

코닐리어스 닐 플랜팅가 Cornelius 'Neal' Plantinga Jr.

프린스턴 신학교에서 박사학위를 받았다. 10년 이상 설교자들을 위해 '설교를 위한 독서'세미나를 공동 주최해온 신학 교육자이자 작가, 설교가다. 그의 책《설교자의 서재: 창조적 설교를 위한 세속적 책 읽기》*Reading for Preaching: The Preacher in Conversation with Storytellers, Biographers, Poets, and Journalists*》(복있는사람)는 이 세미나의 결실이다.

가이 데이비스 Guy A. Davies

런던신학교London Theological Seminary에서 목회 훈련을 받고 그리니치 신학교Greenwich School of Theology에서 신학학사 학위(우등 졸업)를 받았다. 영국 윌트셔에 있는 프라비던스 침례교회 Providence Baptist Church, Westbury와 에버니저 침례교회Ebenezer Baptist Church, West Lavington에서 목회자로 섬기고 있다.

제이슨 후드 Jason B. Hood

리폼드 신학교에서 공부했으며 하일랜드 신학교Highland Theological College와 애버딘 대학교에서 신약학박사 학위를 받았다. 아내, 네 자녀와 함께 탄자니아의 모시Moshi에서 살고 있으며, 그곳에서 국제적인 회중인 세인트 마거릿 성공회 교회St. Margaret's Anglican Church를 섬기고 있다. 그의 학술 논문은 *Journal of Biblical Literature*와 *Bulletin for Biblical Research*에 실렸으며, 가장 최근에는 *Imitating God in Christ: Recapturing a Biblical Pattern* (InterVarsity)을 냈다.

찾아보기

ㄱ

가르시아, 사무엘 루이스 Garcia, Samuel Ruiz 327

강해 설교 109, 141, 150-152, 171, 172; 제자를 기름 105, 106, 267, 268; 공적 가르침 111-113, 277

개신교 218, 242, 243

개혁, 공동체 249-252

개혁주의 신학 28, 174

객관적 계시 81-86

거룩함 75-78, 92-95, 229, 256, 288, 313

거짓 가르침과 이에 대한 논박 73, 129, 131, 275, 275, 295, 330

건덕 建德 (든든히 세움) 57, 284-286, 294, 316; 교회 공동체 56, 62, 139, 140, 242-244, 247-258, 316, 317; 제자 49-52, 180, 242, 245, 278, 316; -과 성령 49, 72, 73, 212, 254, 276, 279

걸림돌 신념 barrier beliefs 306-308

게으름(나태) 184

겸손 122, 226, 232; 예수의- 108, 109, 212-216; 왕과- 89, 96, 99

경건 210, 229, 314

경력지상주의 29

경영자/관리자로서의 목회자 25, 29, 49, 159, 160

계몽주의 158

고립 60

고통 86, 98, 135, 145, 158, 167, 182, 186, 226, 261, 297, 306, 307

공공신학 41-46, 188-191, 225, 247, 267, 268; 변증 297-299; 주의 만찬 291-293; 기도 287-289

공적 여론 19

공적 지식인 38, 39, 44, 195, 315

교리 51-53, 113, 129, 217, 219; 성서적- 46, 107, 131, 132, 138-140, 150; 구원의- 169, 170, 193, 277; 건전한- 53, 188, 229, 276-279, 318; 가르침과- 128, 227-230, 276-279

교리문답 교사/교리문답 57, 145, 175, 274-279, 318, 345

교만 30, 34, 223, 224, 312

교제(사귐) 47, 127, 289, 290-294, 296-298, 319

교회 95, 159, 160, 215, 282; 세우기 56, 62, 139, 140, 242-244, 247-258, 316, 317; 하나님의 처소 105, 247-258, 317; 구현된 복음 296-304; 종말론적 대사관 241; 공적 첨탑 47, 48, 312; 직원 59, 60; 전통을 계승함 218

구속사적 설교 302

구현 207, 217, 263; 복음의 기분 185-187, 315; 교회에 의한 복음의- 254, 293, 294, 296-299

군주적 주교직/주교 130, 313

권면 82, 83, 107, 208, 209, 316, 342

그레이엄, 빌리 Graham, Billy 161

그리스도 기념 교회 Christ Memorial Church 166, 170

그리스도-내-존재 being-in-Christ 184, 185, 193

그리스도의 몸 16, 52, 55, 56, 213, 215, 261, 269, 272, 273, 275, 276, 279, 280, 291, 294, 312, 318, 337; 세움 49, 241, 242, 247, 248; 분별 292, 293

그리스도의 신부 114, 173, 216, 229, 247

《기독교 강요 Institutes of the Christian Religion》 61, 140

기쁨 185-187, 228

기술의 신학 120-123

기적/초자연적 158, 295, 296

《길리아드 Gilead》 31, 205, 232

ㄴ

나른함 184

네트워크 만들기 60

〈노인을 위한 나라는 없다 No Country for Old Men〉 125, 126

논쟁적 주제 115-118

농부로서의 목회자 18, 180, 216, 231 ☞ 또한 '제자를 기름'을 보라

뉴비긴, 레슬리 Newbigin, Lesslie 47, 206

뉴에이지 복음 206

느헤미야 248, 249, 252

니케아공의회 130

ㄷ

다윗 75, 88

대각성 운동 150, 154, 155, 158, 166

대사 185

대속죄일 79, 80

대중문화 30-32, 111, 305-309

대학개혁교회 University Reformed Church 171

던컨, 리건 Duncan, Ligon 164

데버, 마크 Dever, Mark 164

도덕적 감독 142

도덕주의적이며 심리요법적인 이신론 MTD 201, 206, 207, 262, 338

도스토옙스키, 표도르 Dostoevsky, Fyodor 205

돕는 전문직 27, 239, 314

동화 faerie 100, 101

듣기 234, 262, 265, 266, 272

ㄹ

라슨, 데이비드 Larsen, David 31

램보, 데이비드 Rambo, David 30

레위인 77-80, 328

레이코프, 조지 Lakoff, George 24

《로드 The Road》 165

로마 가톨릭 교회 29, 137, 138, 218, 242, 243, 323

로빈슨, 메릴린 31, 205, 232, 324

로이드 존스, 마틴 Lloyd-Jones, D. Martyn 71, 72, 108, 109, 163, 331

루이스, C. S. Lewis, C. S. 100, 204, 214, 231, 290

루이스, 싱클레어 Lewis, Sinclair 33, 34, 205, 324

루터, 마르틴 Luther, Martin 98, 138-140, 147, 346

리스, 존 Leith, John 28

ㅁ

《마녀의 숲 Witch Wood》 31
마우, 리처드 Mouw, Richard 44
만족설 137
매개자 79-81, 93, 94, 96-99
매더, 코튼 Mather, Cotton 151, 153
매카시, 코맥 McCarthy, Cormac 125, 126, 165
맥아더, 존 MacArthur, John 164
먹임 104-109, 242, 317
메이천, 그레셤 Machen, J. Gresham 162
메인라인 개신교 29
명령법 208-216, 219, 303, 316, 339
목회 기도 286-290, 318, 319
목회 상담 260-263, 317
목회서신 99, 169, 229, 275, 276
목회신학 205, 210, 220
목회자상 51, 159, 179, 311
목회자-신학자, 정의 15, 16, 21, 33-38, 39, 54-56, 180
목회적 대위임 239-242, 317
목회직 135-137
문학 203-205, 231-235
문화 268, 269; -의 영향력 24-27, 30-35, 126, 127, 305-309, 316; 대중- 30-33, 111, 112, 305-309; 공적 여론 19
문화 해독력 197, 199-203, 205, 316
물질주의 200, 268
미디어, 태도 32, 159
믿음 80, 169, 184, 185; 의義 113, 139; 신앙의 규칙 128, 129, 313
밀턴, 존 Milton, John 34

ㅂ

반反문화 19
백스터, 리처드 Baxter, Richard 145, 146
버컨, 존 Buchan, John 31
번역, 신학적 66
베드로(사도) 18, 51, 54, 102, 104, 106, 242-246, 254, 341
변증 295-299, 305-309, 319
보이스, 제임스 Boice, James 163, 347
보편적 지식인 21, 39, 51, 55, 153, 158, 196, 199, 220, 221, 279, 312, 317
복음 44, 47, 97-100, 164, 217, 315; 문화와- 19-21; 구현된- 297-304; 직설법과- 187-193, 208; 실천 258-260; -의 목회 148-150; 발화 행위 270, 315; 선포 156, 157, 227-230; 사회- 44, 45; -이해 39, 40, 191-193, 258-260, 315, 316
복음 전도자 67, 155-157, 160, 161, 258-260, 276
복음의 기분/어법 mood 185-187, 210
복음적 지성인 52-55, 217, 218, 312
복음주의 11, 29, 31, 59, 126, 162, 217, 218, 220, 320, 334, 335, 347
복음주의자 28, 44, 158, 218, 314, 324
본 기도 collect 288, 289
본회퍼, 디트리히 Bonhoeffer, Dietrich 215, 298
부르심(소명) 48, 59, 64, 76-78, 81, 85, 89, 83, 86, 97, 101, 103, 127, 134-136, 147, 148, 151, 157, 174, 191, 194, 214, 216, 217, 218, 221, 227, 228, 230, 234, 235, 241, 278, 281, 282, 289, 290, 298, 304, 312-314, 320, 331
부활을-향해-존재함 being-toward-resurrection 187, 192, 202, 209, 258, 279, 315

부흥 149, 152-154, 160, 162, 163
불안 182-185, 315
비드(가경자) Bede 249, 251, 252

ㅅ

사랑 49, 50, 57, 168, 204, 212, 213, 264
사사화, 종교의 20, 42, 112
사울(이스라엘 왕) 88
사회복음 44, 45
산 제물 269, 283, 284, 286, 318, 346
삼위일체 23, 47, 61, 113, 129, 190, 194, 198, 238, 254, 255, 266, 281, 285, 301, 326, 332, 336
상담, 목회 260-263, 317
상상력 24, 25, 29, 192, 204, 270, 274, 308, 338; 종말론적- 193, 271
상황화 110-112, 134, 135, 303
새 언약 74, 90-95, 291, 313
새로운 신학 New Divinity 152
샌더스, 프레드 Sanders, Fred 129
선데이, 빌리 Sunday, Billy 160, 161
〈설득자들 The Persuaders〉 200
성공 50, 344
성령 107, 110, 237, 239, 259, 260, 266, 273; 교회를 세움 49, 72, 212, 235, 253, 254, 276, 279; 능력을 주심 86, 102, 104, 105, 169, 215, 282, 302; 은사를 주심 56, 243, 271; 내주 208, 209, 247, 254-256; 가르침 54, 129, 192, 266; 주의 만찬 293; 설교와- 302-304; 연합 208, 293, 294; 증언 266, 295-297
성서 해독력 196-199, 204, 267, 277, 316, 317

성서 해석 194-199, 315, 316
성서신학 47, 57, 73, 90, 105, 112, 120, 218, 267, 302, 316, 317, 328; 설교 113, 301, 302
성서적 교리 107, 113, 132, 138, 150
성서정과 lectionaries 277, 344
성서학 22-24, 198, 219, 311
성숙 146, 262, 276, 318
세례 192, 274, 279-281
세속화 15, 112, 157, 159, 160, 165, 237
소망 126, 214
소비주의 29, 112, 275
소설 읽기 31, 53, 203-207, 232-234, 316, 324
솔제니친, 알렉산드르 Solzhenitsyn, Alexander 36, 37, 50, 55
순종 209, 313
슐라이어마허, 프리드리히 Schleiermacher, Friedrich 22
스콜라주의 137, 138
스타인벡, 존 Steinbeck, John 233
스택하우스, 맥스 Stackhouse, Max 42, 43
스토트, 존 Stott, John 164
스펄전, 찰스 Spurgeon, C. H. 160
시내 산 언약 75-81
시브스, 리처드 Sibbes, Richard 144, 145
신앙고백 243, 244, 317
신앙의 규칙 rule of faith 128, 129, 313
신학 교육 21-24, 155-159, 163, 216-221; 회중에 대한- 173-175, 200
신학, 정의 40, 65, 143, 144, 209
신학교 216-221, 316, 317, 340
실천신학 17, 20, 22, 119-123, 145, 218-

220, 316
심방 263, 264, 317, 339
심판 83, 84
십자가 91, 92, 122, 228, 291, 306; -의 도 98-100, 202, 267; -의 지혜 296, 319

ㅇ

아라투스 Aratus 104
아브라함 언약 75
아우구스티누스, 히포의 Augustine of Hippo 61, 130, 132-135, 137, 139, 200, 201, 243, 277, 345
아퀴나스, 토마스 Aquinas, Thomas 23, 60, 136, 137
악 37, 205
안셀무스 Anselm 137
안수 89, 148
앤절루, 마야 Angelou, Maya 204
앨스턴, 월리스 Alston, Wallace M. 218
약속, 하나님의 82-85
언약의 담당자 73, 88, 93, 328
에드워즈, 조나단 Edwards, Jonathan 113, 147-155, 157, 164, 166, 169, 189, 198, 247, 248, 314, 322
에드워즈, 존 Edwards, John 151
에스겔 86
에스라 248-252
에임스, 윌리엄 Ames, William 40, 143, 144
에피메니데스 Epimenides 104
《엘머 갠트리 Elmer Gantry》 33, 34, 205
《연금술사》 206
열정 172, 173

영적 전쟁 71-74, 201
영혼을 감독함 245, 246
영혼을 돌봄 256-262; 치유 144, 145, 183-187, 245, 246, 275-277, 315; 감독 245, 246; 고침 247, 248
영혼을 치유함 144, 145, 183-187, 245, 246, 275-277, 315
예레미야 82-84
예배 112-114, 151, 174, 279-287; 이스라엘의- 78-81, 86; 목회자의 리더십 238, 239, 318; 설교와- 101, 102
예수 그리스도 40, 46-48, 112, 180, 190, 266; 불안과- 183-185; -안에 존재함 183-185, 191-193, 208, 212, 294; 교회와- 240-244, 317; 본받음 213-216; 왕되심 89, 96-100; 기도 286-290; 제사장적 사역 90-93; -라는 현실 99, 182-191, 208-216, 269-274, 290-294; -와의 관계 151, 287-289; 목자로서의- 90, 91, 238, 245; 참된 성전 253; 심방과- 263, 264; - 안에 있는 바 188-193, 196-198, 208-210, 269-272, 315
예언자 81-86, 101-107, 120, 268, 313
예전 집례자/예전 279, 280, 281, 283, 285, 288, 290, 298 ☞ 또한 '예배'를 보라
예표론 199
예화 232-235
오든, 톰 Oden, Tom 51, 264, 344
《오만과 편견 Pride and Prejudice》 179
오스틴, 제인 Austin, Jane 32, 179
오스틴, 존 Austin, John 302
오켕가, 해럴드 존 Ockenga, Harold John 162-164
오코너, 플래너리 O'Connor, Flannery 205
왕 86-89, 96-101, 313
요한(사도) 54
우상/우상숭배 86, 112, 122, 222, 228, 251,

268, 269, 275, 283, 286
우시아 ousia 193
울프, 리처드 Wolff, Richard 32, 323
웨슬리, 존 Wesley, John 154
웨슬리, 찰스 Wesley, Charles 336
웰스, 데이비드 Wells, David 30, 53, 127
위그, 생 빅토르의 Hugh of St. Victor 247
윌리엄스, 로언 Williams, Rowan 46, 337
윤리 112, 212, 215, 278
율법 75-81, 93, 209
은혜(은총) 75, 76, 78-85, 88, 89, 155, 270; -의 사역자 90-95
의사로서의 목회자 143, 184, 279
의심, 후기근대적 33, 201, 266
이단 67, 134, 251
이데올로기 201, 269, 275, 307, 327
이레네우스 Irenaeus 128-130
인간의 기원 115-118
《인간이 되신 하나님 Cur Deus Homo》 137
인간 해독력 31, 203-207, 324(주 45) ☞ 또한 '소설 읽기'를 보라
인내 169, 232, 233, 297, 319
인본주의적이며 비현실적인 범신론 HQP 207

ㅈ

적실성 104
적용 150, 301-304
절망 183, 184, 204, 226
정경 지식 canon sense 198
정경 해독력 150, 198, 267

정치신학 41, 42, 325
정통 217, 280
제네바 140-142, 278, 345
제사 282-284
제사장적 사역
제자도 24, 52, 116, 202, 269, 278; 세움 49-52, 180, 242, 245, 278, 316; 제자 만들기 209-211, 215, 216, 240-242, 245-247
제자를 기름 184, 209-211; 강해 설교와- 104-106, 267-269; 농사의 비유 241, 242, 245-247; 신학이 해야 할 일 171-174, 215, 216
조직신학 20, 22, 57, 66, 105, 113, 120, 172, 218, 300, 316
존슨, 마크 Johnson, Mark 24
종교개혁 138-143, 314
종말론 192, 193, 241, 271, 272; 현실 220, 258, 259, 316
죄 75, 77-79, 97, 222, 223, 318; -의 사라짐 26, 27; 원죄 125, 126
주교, 초대교회 128, 130, 313
주를 경외함 211
주석 exegesis 110-112, 128, 129, 164
주석 commentaries 23, 24, 32, 321
주의 만찬 91, 282, 290-294, 298, 319
주일 예배 48, 111, 246, 283-285
죽음 181-183, 192, 222-226, 233, 234, 315; -을-향해-존재함 182-184, 202, 315
《죽음에 이르는 병 The Sickness unto Death》 184
죽음을-향해-존재함 being-toward-death 182-184, 202, 315
지식 207, 211, 217; 하나님을 아는- 278; 성숙과- 146

지식인 153, 219, 295; 정의 49-55, 327;
발전 117, 152, 153; 유기적- 203, 215,
219, 220, 269, 273, 277, 312, 326, 327;
공적- 11, 38, 39, 44, 194, 195, 315, 324

직설법 187-194, 208-210, 212, 213, 219,
244, 258, 303, 315, 316, 339

진리, 공적 47, 48

진화 115-117

크롱카이트, 월터 Cronkite, Walter 266

크리소스토무스, 요한 Chrysostom, John
130-132, 295, 296, 332

크리스웰, W. A. Criswell, W. A. 163

키르케고르, 쇠렌 Kierkegaard, Søren 184

ㅌ

테르툴리아누스 Tertullianus 128, 135, 200

〈텍사스에 사는 하나님의 사람 God's Man
in Texas〉 30

톨킨 Tolkien, J. R. R. 100

트루먼, 칼 Trueman, Carl 106

ㅊ

참된 종교 166-170

《참 목자상 The Reformed Pastor》 145,

참여함, 그리스도의 사역에 90, 238, 239,
285, 292

창의성 17, 126

창조 질서/피조물 42, 45, 146, 147, 212; 갱
신 185, 188, 189, 195, 210, 316, 317

청교도 143-147, 314

청유법 208

청중 20, 37, 95, 98, 102, 103, 151, 160,
172, 227, 228, 231, 232, 235, 302

초대교회 128-135

ㅋ

칼뱅, 장 Calvin, John 60, 61, 73, 74, 136,
140, 142, 277, 278, 300, 344, 345

캅, 존 Cobb, John 25

《캔터베리 이야기 Canterbury Tales》 31

켈러, 티모시 Keller, Timothy 306, 330

코엘료, 파울로 Coelho, Paulo 206

코헬렛 223-226

ㅍ

파렐, 기욤 Farel, Guillaume 140

파루시아 parousia 193

파이퍼, 존 Piper, John 164

파크 스트리트 교회 Park Street Church
162

패커, 제임스 Packer, J. I. 146, 278, 346

퍼거슨, 싱클레어 Ferguson, Sinclair 164

풀러 신학교 163

플랜팅가, 코닐리어스 Cornelius 'Neal'
Plantinga Jr. 207, 231

피니, 찰스 Finney, Charles 155-157, 161,
314

ㅎ

하나님나라 44, 99, 188-193

하나님 드라마에 초점을 맞추는 설교 301-304

《하나님을 아는 지식 Knowing God》278

하나님의 뜻 81-86, 105, 106, 214

하나님의 집 재건 248-253

하나님의 처소 16, 105, 247-258, 317

하이데거, 마르틴 Heidegger, Martin 182, 183, 185, 339

하이델베르크 교리문답 174

하퍼, 윌리엄 레이니 Harper, William Rainey 159

학계, 교회와 21-24, 157-159, 311, 312

학문적 신학자 137, 330

해치, 네이선 Hatch, Nathan 154

행동 208-210, 223-226, 316

행복 51, 146, 151, 185, 186

허쉬 Hirsh, E. D. 197

헤게모니 53, 269, 318

《헤르마스의 목자 Shepherd of Hermas》130

헨리, 칼 Henry, Carl F. H. 163, 201

형벌 대속설 137

형이상학 190, 337

회심 34, 60, 155, 156, 161, 166-168, 330

후기근대 33, 34, 51, 182, 183, 201, 266

휫필드, 조지 Whitefield, George 154, 161, 173

휴, 조지프 Hough, Joseph 25

The Pastor as Public Theologian
:Reclaiming a Lost Vision